R&AW के फाउंडर
आर.एन. काव
की बायोग्राफी

R&AW के फाउंडर
आर.एन. काव
की बायोग्राफी

विपुल कुमार

प्रभात
प्रकाशन

प्रकाशक
प्रभात प्रकाशन प्रा. लि.
4/19 आसफ अली रोड, नई दिल्ली–110002
फोन : 011–23289777 • हेल्पलाइन नं. : 7827007777
इ–मेल : prabhatbooks@gmail.com ❖ वेब ठिकाना : www.prabhatbooks.com

संस्करण
प्रथम, 2025

अनुवाद
तृणा मुकर्जी

पेपरबैक मूल्य
चार सौ रुपए

मुद्रक
आर–टेक ऑफसेट प्रिंटर्स, दिल्ली

———— ★ ————

R&AW KE FOUNDER R.N. KAO KI BIOGRAPHY
by Shri Vipul Kumar
(Hindi translation of R.N. KAO: A COMPLETE BIOGRAPHY)

Published by **PRABHAT PRAKASHAN PVT. LTD.**
4/19 Asaf Ali Road, New Delhi-110002

ISBN 978-93-5562-393-5

₹ 400.00 (PB)

लेखकीय

भारत के खुफिया जगत् के गुप्त गलियारों में एक महान् व्यक्तित्व उभरता है—रामेश्वर नाथ काव। भारत के स्पाईमास्टर, जिन्हें सब 'आर.एन. काव' के नाम से जानते हैं। वर्ष 1918 में वाराणसी में जनमे काव का जीवन उस देश के लिए अत्यधिक महत्त्वपूर्ण था, जिससे उन्हें प्रेम था। एक प्रतिष्ठित परिवार के सदस्य होने के साथ ही उनमें देश सेवा की जिम्मेदारी और प्रतिबद्धता कम उम्र में ही दिखाई देने लगी थी।

भारतीय प्रशासनिक सेवा (आई.ए.एस.) के माध्यम से काव ने सरकार में एक प्रतिष्ठित कॅरियर की शुरुआत की, लेकिन 1968 में एविएशन रिसर्च सेंटर (ए.आर.सी.) के प्रमुख के रूप में उनकी नियुक्ति ने उनकी सबसे प्रभावशाली भूमिका का आधार तैयार किया। भारत की बाहरी खुफिया एजेंसी की स्थापना का जिम्मा सौंपे जाने पर काव ने अपनी दूरदर्शिता से रिसर्च एंड एनालिसिस विंग (रॉ) की स्थापना की। यह एक ऐसी संस्था है, जिसने भारत की राष्ट्रीय सुरक्षा को एक नया आयाम दिया।

भारत की खुफिया क्षमताओं को बढ़ाने में आर.एन. काव ने अमूल्य योगदान दिया। उनके कुशल नेतृत्व में रॉ एक शक्तिशाली संस्था बन गई, जिसने देशहित की रक्षा के लिए परदे के पीछे रहकर निरंतर काम किया। 1971 के भारत-पाकिस्तान युद्ध के दौरान सफल खुफिया अभियानों से लेकर सिक्किम के भारत में विलय तक काव की रणनीतिक कुशलता और समर्पण ने भारत का भाग्य तय करने में महत्त्वपूर्ण भूमिका निभाई।

अपनी ऐतिहासिक उपलब्धियों के बावजूद आर.एन. काव परदे के पीछे रहे और विनम्रता को बनाए रखा। शायद ही उन्होंने कभी अपने काम को पहचान दिलाने की माँग की।

उनका जीवन इतना गोपनीय और रहस्यों से घिरा रहा कि अधिकांश लोग उनकी ऐतिहासिक विरासत से अनभिज्ञ हैं।

हम जब आर.एन. काव के जीवन और उनकी उपलब्धियों को जानने का प्रयास करते हैं, तब हम उस मूक नायक के प्रति श्रद्धांजलि भी प्रकट करते हैं। राष्ट्र के प्रति उनके अडिग समर्पण और उल्लेखनीय योगदान ने अनेक पीढ़ियों को प्रेरित किया है। भारतीय खुफिया समुदाय पर उनका गहरा प्रभाव आज भी है और देश के इतिहास के पन्नों पर उनकी विरासत अब भी अंकित है।

संपूर्ण विनम्रता और सम्मान के साथ मैं इस जीवनी को प्रस्तुत कर रहा हूँ, जो एक ऐसे व्यक्ति को श्रद्धांजलि देने का गंभीर प्रयास है, जिन्होंने हमारे देश के हित और उसके भविष्य को सुनिश्चित करने के लिए अपना जीवन समर्पित कर दिया था।

इस पुस्तक के माध्यम से मुझे आशा है कि मैं आर.एन. काव की उल्लेखनीय उपलब्धियों और उनके जीवन के अनसुने-अनजाने पहलुओं को सामने ला सका, उनकी जीवन-कहानी सभी क्षेत्र के पाठकों के मन को स्पर्श करने के साथ ही उन्हें प्रेरित करेगी। यह श्रद्धांजलि एक बार फिर यह भी याद दिलाती है कि कोई चाह ले तो वह इतिहास की दिशा बदल सकता है।

अनुक्रम

भूमिका

भारत की सैन्य परछाइयाँ अपने रहस्य अपने सीनों में बड़े गहरे दबाए रखती हैं। ज्यादातर लोग इन गुप्त ऑपरेशंस के विषय में बहुत कम जानकारी रखते हैं और जो रखते भी हैं, वे अपने क्रिया-कलापों, जिन पर उनका सबकुछ दाँव पर लगा रहता है, अपनी खामियों और गलतियों के लिए हमेशा आलोचनाओं के घेरे में रहा करते हैं। फिर भी, अपने देश की खातिर पुरुष और महिलाओं का यह खास तबका बड़े ही खतरनाक काम की जिम्मेदारी लेता है, उसे अंजाम देता है। यह त्याग इसलिए भी संभव हो पाता है, क्योंकि देश के सैन्य समूह की ताकत वह ताकत है, जो अपने सामूहिक स्मृति घर में अपने परिवार जनों के साथ साझा करते हैं; उन लोगों के विषय में, जो संग्राम क्षेत्र में कुछ भी खुलासा किए बगैर वीरगति को प्राप्त हुए, जिससे एजेंट और ऑपरेशन—दोनों जोखिम से परे रह पाए। भारत की जनता भले ही इस बात को कभी ठीक से समझ नहीं पाएगी कि ये गुप्तचर आखिरकार करते क्या हैं, लेकिन इतना तो बखूबी जानते हैं कि इनके बगैर उनका देश सुरक्षित नहीं है।

यह तथ्य कि हम भारत की जासूसी/गुप्तचरी की दुनिया के विषय से कतई अनजान हैं, यह उनके और उनके कार्य की सफलता को दरशाता है। हर वह शख्स, जो ऐसे गुप्त ऑपरेशन का हिस्सा बनता है, अपना काम बिल्कुल अदृश्य होकर करता है और अपना कार्य पूरा होते ही बिल्कुल हवा में विलीन-सा हो जाता है। यह राजदारी देश की सुरक्षा और बचाव के लिए बहुत महत्त्वपूर्ण होती है। किसी भी तरह का अनावरण या रहस्योद्घाटन पूरे ऑपरेशन के लिए और

उससे संबंधित लोगों के लिए खतरा पैदा कर सकता है।

इसी वजह से देश के प्रति इन जाँबाज लोगों के बलिदान को पूरी तरह समझना और उसकी कद्र करना अकसर आम जनता के लिए मुश्किल हो जाता है। लेकिन, इनमें से कुछ ऐसे हैं, जो देश की ऐसी अमूल्य निधि हैं कि अगर उनके बारे में उल्लेख न कर हम सिर्फ उनकी धरोहर को आने वाली पीढ़ियों को सौंपने पर ही सारा ध्यान केंद्रित करते हैं, कई कारणों से हम विभिन्न अवसरों से चूक जाएँगे। इनमें से ऐसा एक नाम श्री रामेश्वर नाथ काव का है। देश के प्रति उनका जो योगदान है, वह अत्यंत महत्त्वपूर्ण होने के साथ इतना वृहद् है कि उसे कहाँ से आरंभ किया जाए, तय करना आसान नहीं है। श्री रामेश्वर नाथ काव भारत की विदेशी खुफिया एजेंसी रिसर्च एंड एनालिसिस विंग (रॉ) के संस्थापक प्रमुख थे और भारत की राष्ट्रीय सुरक्षा को सशक्त करने में उनकी भूमिका बहुत अहम रही थी। यह पुस्तक देश के प्रति उनके योगदान की वृहदता के हिमशैल का सिर्फ शीर्ष ही अनावृत्त कर पाएगी, लेकिन उनकी धरोहर आने वाली पीढ़ियों के लिए प्रेरणास्रोत बनी रहेगी और देश के प्रति उनका योगदान हमेशा असीम आभार के साथ याद किया जाएगा। राष्ट्रीय सुरक्षा के प्रति उनके अनगिनत योगदानों के बावजूद श्री आर.एन. काव के अधिकतर कारनामे सार्वजनिक नहीं किए गए हैं। इसका कारण यह भी है कि अपने हर कारनामे, लिखी गई विषय-वस्तु को लेकर वे स्पष्ट निर्देश छोड़ गए और इसलिए उनके साथ जुड़े हुए जो अनगिनत कारनामे और मजमून हैं, उन्हें अब भी राज रखा गया है। उन खुफिया कारनामों में सबसे ज्यादा प्रत्याशित इंदिरा गांधी की हत्या से जुड़े कागजात हैं और आर.एन. काव के स्पष्ट निर्देशानुसार उनका रहस्योद्घाटन 2025 में होगा।

यह पुस्तक आर.एन. काव के जीवन और उनकी उपलब्धियों को समर्पित श्रद्धांजलि तो है ही, एक साधारण लोक सेवक से रॉ तक का अद्भुत सफर, जो उन्होंने तय किया, उस पर भी प्रकाश डालती है। एजेंसी को आरंभ करने में उन्होंने जिन समस्याओं का सामना किया और उनकी दूरदर्शिता और उनका नेतृत्व कैसे इन समस्याओं का समाधान ढूँढ़ने में सहायक रहे।

चूँकि आर.एन. काव के जीवन को सुव्यवस्थित रूप से गुप्त रखा गया

था, इस पुस्तक में दी गई जानकारी उतनी सटीक नहीं भी हो सकती है। इसलिए भी कि उनके बारे में अगर आप ऑनलाइन जानकारी हासिल करना भी चाहें तो आपके शायद ही कुछ हाथ लगे! यह पुस्तक उनके परिजनों, मित्रों और दूसरे लोग, जिनके साथ वे संलग्न रहे, उनके अनुभवों पर आधारित है।

फिर भी, संभावित त्रुटियों, अशुद्धियों के बावजूद यह पुस्तक आर.एन. काव के जीवन और कार्य पर बहुमूल्य अंतर्दृष्टि प्रदान करती है; ऐसी शख्सियत, जिन्हें खुफिया जानकारी एकत्रित करने और उनका विश्लेषण करने के क्षेत्र में व्यापक रूप से अग्रणी मान लिया गया है। यह पुस्तक उनकी नेतृत्व शैली और भारत के खुफिया समुदाय के विकास में उनके योगदान पर प्रकाश डालती है।

पत्रकारों द्वारा शायद ही कभी उनका साक्षात्कार किया गया या उनकी तसवीर ली गई हो! नौकरशाही की सीढ़ी के सबसे ऊँचे पायदान पर खड़ा यह शख्स, जो देश के प्रथम प्रधानमंत्री पं. जवाहरलाल नेहरू का सबसे विश्वस्त अधिकारी रहा, उन्हें हमेशा पीछे, साए में खड़े देखना हैरत में डाल देता है!

बहरहाल, उस वक्त की बात का जिक्र है, जब भारत बँगलादेश के निर्माण की 25वीं सालगिरह मना रहा था। वर्ष 1996 था। एक आयोजन के दौरान मंच पर प्रतिनिधिगण विराजमान थे और मीडिया उनका साक्षात्कार ले रही थी। प्रतिनिधिगण भारत और बँगलादेश के बीच मजबूत रिश्ते के बारे में और किस तरह यह गुजरते सालों में और पुख्ता होता चला गया था, इस पर अपने विचार प्रस्तुत कर रहे थे। मीडिया उनसे भविष्य में इस रिश्ते की संभावनाओं पर सवाल पूछ रही थी। रिश्ते को और सशक्त बनाने के लिए क्या कदम उठाए जा सकते हैं, उन संभावनाओं पर बातें हो रही थीं। इन सब के दौरान एक शख्स ऐसा था, जो कमरे की आखिरी बेंच पर बैठा हुआ था। किसी एक पत्रकार ने उन्हें पहचान लिया। उनकी शख्सियत ही ऐसी आकर्षक और मनभावन थी, जिसे नजरअंदाज करना असंभव था। उन्हें पहचानने पर पत्रकार उनके पास जा पहुँचा और पूछ बैठा, "आप यहाँ क्यों बैठे हैं, सर? आपको तो ऊपर उस मंच पर होना चाहिए; क्योंकि अगर आप नहीं होते तो जाहिर तौर पर 1971 का वह ऑपरेशन कभी कामयाब नहीं हो सकता था।" प्रतिक्रिया-स्वरूप उस शख्स ने मुसकराते हुए

कहा, "मैंने कुछ भी नहीं किया था। पूर्ण रूप से यह एक टीम की मेहनत का फल था।" हालाँकि, उन्हें इस बात से काफी निराशा हुई कि उन्हें किसी एक ने पहचान लिया था! वे इतना उद्वेलित, विचलित और शर्मिंदा हुए कि जैसे ही आयोजन समाप्त हुआ, वे बड़ी तेजी से कमरे से बाहर निकल गए। ऐसा प्रतीत हो रहा था कि वे ग्रुप के सामूहिक प्रयासों के लिए भी प्रत्यक्ष कोई श्रेय नहीं लेना चाहते थे। वे तो बस, बेनाम ही रहना चाहते थे। कुछ ऐसी तबीयत के मालिक रहे श्री आर.एन. काव!

सन् 1971 के भारत–पाकिस्तान युद्ध के दौरान आर.एन. काव और उनकी टीम ने यह बखूबी साबित कर दिया था कि भारत की खुफिया एजेंसी रॉ का शुमार अब दुनिया की बेहतरीन खुफिया एजेंसियों में हो चुका था। भारत पर पाकिस्तान के हमला करने से कहीं पहले रॉ ने हमें युद्ध जीतने की सारी आवश्यक जानकारियाँ एक–एक कर दे दी थीं, जिसकी वजह से हम उनके आक्रमण के लिए पहले से ही पूरी तरह से तैयार थे। आर.एन. काव का अपने कार्य के प्रति समर्पण और उनकी विनम्रता उनकी शख्सियत के ऐसे विलक्षण गुण थे, जिसकी वजह से खुफिया समुदाय में उनकी औरों से बिल्कुल अलग पहचान बनी हुई थी। सन् 1971 में भारत की जीत का श्रेय उनके नेतृत्व और उनकी टीम की कड़ी मेहनत को जाता है। इस जीत ने रॉ की साख को वैश्विक स्तर पर और अधिक दृढ़ता प्रदान की।

सन् 1971 की जीत के बाद इंदिरा गांधी का उन पर विश्वास इस कदर बढ़ गया था कि देश में उठती हर एक समस्या के समाधान का दायित्व वे उन पर डालने लगी थीं। दूसरी ओर, काव को अपनी टीम पर इस कदर भरोसा था कि वर्ष 1975 में जब इंदिरा गांधी ने सिक्किम के भारत में विलय के मिशन की जिम्मेदारी उन्हें सौंपी तो उन्होंने मात्र चार अफसर अपने साथ लिये और उस कार्य को त्रुटिहीन ढंग से पूरा किया। काव के नेतृत्व में रॉ की सफलता सन् 1971 के पश्चात् भी जारी रही। भारत के हितों की रक्षा हेतु खुफिया जानकारी हासिल करने के लिए उन्होंने अपनी निगरानी में पड़ोसी देशों में कई खुफिया ऑपरेशंस को अंजाम दिया।

उस दौर में आर.एन. काव पूरी नौकरशाही महकमे में सबसे सुरुचिपूर्ण ढंग से अपने पहनावे के लिए बड़े व्यापक रूप से जाने जाते थे। वे अकसर ऐसे सूट धारण किया करते, जो लंदन में बनता था। उनकी कद-काठी और उनकी मौजूदगी बहुत सारे लोगों में एक ही साथ सराहना और ईर्ष्या—दोनों पैदा किया करती थी। अपने नेतृत्व और अपने सफल ऑपरेशंस की बदौलत उन्होंने खूब सम्मान व सराहना हासिल की और भारतीय खुफिया संसार में वे एक किंवदंतीस्वरूप स्थापित हो गए। यद्यपि सन् 1977 में वे रॉ से सेवानिवृत्त हुए, तथापि 2002 में अपनी मृत्यु तक वे विभिन्न सरकारी समितियों में बतौर सलाहकार संलग्न रहे।

वे लोग, जो आर.एन. काव को जानते थे और अतीत में उनके साथ काम कर चुके थे, हमेशा ऐसा कहा करते थे कि उनके समक्ष आई हर एक समस्या से निपटने का उनका ढंग बहुत निराला हुआ करता था। रिकॉर्ड और डॉक्युमेंट के दायरों में बँधे रहने वाला व्यक्तित्व वह कदापि नहीं थे। वे ऐसे व्यक्ति थे, जो बातों को गहराई से और बारीकी से सोचने में आनंदित हुआ करते और हर क्षेत्र में शीर्ष पर रहने में कामयाबी हासिल कर ही लेते थे।

भविष्य में ली जाने वाली दिशा क्या हो और किस तरह से वह देश को लाभान्वित कर सकेगी, इस पर वे हमेशा विचार किया करते थे।

आर.एन. काव ऐसे परिवार में जनमे थे, जो समाज के उच्च वर्ग से संबंध रखता था; लेकिन यह एक खुशहाल बचपन की गारंटी नहीं बन सकी थी। उनकी जिंदगी की राह शुरुआती दिनों से लेकर दुनिया की बेहतरीन खुफिया एजेंसियों में से एक के संस्थापक और मुखिया होने तक ऊबड़-खाबड़ और मुश्किलों से भरी रही।

□

विस्तृत भूमिका

जब मालिनी काव (उनकी पत्नी) को पहली बार उनसे मिलवाया गया था तो उन्होंने उनका नाम पूछा था, जिसके जवाब में उन्होंने अपना नाम 'राम जी' बताया था। तब उन्हें इस बात का एहसास कहाँ था कि उनका नाम मात्र उनका परिचय नहीं, उनकी शख्सियत का प्रतिबिंब भी था!

आर.एन. काव में वे सारी खूबियाँ और विशेषताएँ मौजूद थीं, जो अमूमन इस नाम 'रामजी' के साथ जुड़ी हैं।

रामजी भगवान् श्रीराम से जुड़ा नाम है, जो हिंदू पौराणिक कथा के एक बड़े श्रद्धेय पात्र हैं। वे अपने शौर्य, कर्तव्य और न्याय-परायणता के लिए जाने जाते हैं। आर.एन. काव भी अपने देश और कार्य के प्रति अपनी अडिग कर्तव्यनिष्ठा के लिए जाने जाते थे। ईमानदारी की समग्रता और अपनी सशक्त नैतिकता के कारण वे ऐसी भूमिका के लिए हर लिहाज से उपयुक्त थे, जिसमें जिम्मेदारी और विश्वास—दोनों की बहुत बड़ी मात्रा में दरकार थी। काव का शारीरिक गठन और आचरण भी राम जी के नाम से जुड़ी खूबियों को प्रतिबिंबित करता था। उनके व्यक्तित्व से शांत व सहज आत्मविश्वास झलकता था और उनके नपे-तुले शब्द एवं क्रिया-कलाप उनके विवेक तथा क्रियात्मक बुद्धि के परिचायक थे।

कई मायनों में आर.एन. काव का नाम उनके चरित्र और अपने देश के प्रति उनके योगदान का बड़ा सटीक और उपयुक्त परिचय रहा है। उन मूल्यों और आदर्शों का अनुस्मारक रहा है, जिनके समर्थन में वे आजीवन रहे और

दूसरों के अनुसरण के लिए उदाहरण भी बने।

आर.एन. काव बहुमुखी प्रतिभा के स्वामी थे और उनकी रुचियों का विस्तार उनके पेशेवर जिंदगी के परे भी था। हिंदू पौराणिक कथाओं की उनमें गूढ़ समझ और उनके लिए सराहना थी। रामायण और श्रीमद्‌भगवद्‌गीता के प्रति उनका विशेष लगाव था। उनकी समय की पाबंदी से उनके निकट जन भलीभाँति परिचित थे। अपनी दिनचर्या में भी वे समय के बड़े पाबंद थे; जैसे सुबह का नाश्ता ठीक 9 बजे, दोपहर का भोजन 1.30 बजे और रात का खाना 9 बजे लिया करते थे। अपने परिवार को जब वे समय विशेष पर तैयार रहने को कहा करते, परिवार के सदस्यों को मालूम होता था कि उन्हें तय समय से कुछ मिनट पहले ही तैयार रहना होगा!

अपने व्यस्त कार्यक्रम के बावजूद दोस्तों और सहकर्मियों के लिए पार्टियों की मेजबानी करने में उन्हें आनंद आता था, जहाँ मेहमानों के लिए ड्रिंक्स और खाने का वे स्वयं बंदोबस्त किया करते थे। हालाँकि, वे स्वयं शाकाहारी थे और शराब नहीं पीते थे, लेकिन मेहमानों के लिए हमेशा शराब उपलब्ध रहा करती थी। उनकी पत्नी मालिनी, जो बहुत अच्छा खाना बनाया करती थीं, अकसर मेहमानों के लिए स्वादिष्ट व्यंजन बनाकर परोसा करती थीं।

आर.एन. काव अपनी त्रुटिहीन स्टाइल के लिए भी जाने जाते थे। सर्दियों में वे अकसर थ्री पीस सूट में नजर आते तो गरमियों में वे खादी के बुशर्ट (आधे आस्तीन की शर्ट) पहनना पसंद करते थे। सूक्ष्म विवरणों पर उनका ध्यान उनके निजी जीवन में भी दिखाई देता था और वे यह हमेशा सुनिश्चित किया करते थे कि उनके पहनावे की क्वालिटी उच्च कोटि की हो और उसकी फिटिंग अच्छी रहे।

अपने परिवार के प्रति काव का समर्पण उनके रहन-सहन की व्यवस्था में झलकता था। वे और उनका छोटा भाई अपने-अपने परिवारों और बच्चों के साथ एक ही घर में रहा करते थे। श्री रामजी की पौराणिक नगरी अयोध्या पर उन्होंने अपने घर का नाम 'साकेत' रखा था। दोनों भाई राम-लक्ष्मण-से थे और यह इस बात का द्योतक था कि काव परिवार और रिश्तों को कितनी अहमियत दिया करते थे!

होर्मिस थरकन, जिन्होंने वर्ष 2005 से 2007 तक रॉ की अगुवाई की, 1998 में घटित एक वाकए का जिक्र करते हैं, जब अपनी दूसरी पोस्टिंग पर जाने से पहले वे आर.एन. काव से आखिरी बार मिले थे। काव ने विनम्रतापूर्वक उन्हें उनकी पत्नी मौली के साथ अपने घर आमंत्रित किया था, जहाँ काव की पत्नी मालिनी ने एक बड़ी सी मुसकान के साथ बड़े खुले दिल से उनका स्वागत किया था। हालाँकि, यह और बात है कि वक्त के बड़े पाबंद काव ने इस बात पर अपनी अप्रसन्नता जाहिर की, जब उन्हें मालूम हुआ कि ट्रैफिक के चलते होर्मिस और मौली 15 मिनट देर से पहुँचने वाले थे।

अपनी इन मामूली चिढ़ या खीज के बावजूद काव एक विनम्र मेजबान की तरह पेश आए थे और होर्मिस को स्कॉच पेश की थी; जबकि वे स्वयं सॉफ्ट ड्रिंक लिये हुए थे। होर्मिस इस वाकए को सानुराग याद करते हैं, क्योंकि यह काव के चरित्र का साक्ष्य था; मामूली चिड़चिड़ाहट के बावजूद वे हमेशा विनीत और विनम्र रहा करते थे।

के. शंकरन नायर, जो सन् 1977 में काव के उत्तराधिकारी और रॉ के द्वितीय चीफ बने, काव के साथ एक बड़ी रोचक मुलाकात का जिक्र करते हुए बताते हैं कि काव इस तरह के इनसान थे, जो अपने शत्रु को भी हानि नहीं पहुँचा सकते थे और हमेशा दूसरों के हित को खुद से आगे रखते थे। यह काव के सच्चे चरित्र को दरशाता था।

एक घटना को याद करते हुए शंकरन नायर बताते हैं कि एक पूर्व सहकर्मी, जो काव के विषय में अफवाहें फैलाया करता था, एक बार मदद के लिए काव के पास पहुँचा। अपनी पूर्व कटुता के बावजूद काव अपने पूर्व सहकर्मी की मदद के लिए बिल्कुल बेझिझक तैयार हो गए थे। जब नायर ने ऐसे व्यक्ति की मदद करने का निर्णय लेने पर, जिन्होंने उनके बारे में दुष्प्रचार किया था, काव से सवाल किया, तब काव का जवाब था कि अफवाहें उनका कुछ नहीं बिगाड़ सकती थीं; लेकिन अगर वे अपने सहकर्मी की जरूरत के वक्त मदद करने से पीछे हटते तो उनका अपना मानसिक स्वास्थ्य बिगड़ जाता! उनके इस जवाब पर शंकरन नायर मुसकराकर रह गए थे। काव को हिमालय की गुफा में बैठ

साधु बन जाने की बात कह उन्हें छेड़ दिया था।

शंकरन नायर और आर.एन. काव की शख्सियतें बेशक एक-दूसरे से बिल्कुल अलग थीं, लेकिन बिल्कुल विपरीत शख्सियतों के लोगों का एक-दूसरे के साथ अच्छा ताल-मेल बैठाकर साझा लक्ष्य को प्राप्त करने के उदाहरण इतने गैर-मामूली भी नहीं हैं। नायर की काव की साधु प्रकृति से अस्वीकृति बेशक रही हो, पर दोनों का एक-दूसरे के लिए परस्पर आदर परिलक्षित होता है कि किस तरह दोनों ने आपसी सहयोग से रॉ को बिल्कुल आरंभ से उसके संपूर्ण रूप तक पहुँचाया! यह मुमकिन है कि रॉ की सफलता सिर्फ इन दोनों की अपनी शख्सियत पर आधारित नहीं रही थी, बल्कि दोनों की अनोखी ताकत और परिप्रेक्ष्य का सम्मिश्रण थी।

आखिरकार, साझा काम और टीम वर्क ही किसी भी संगठन को सफलता की ओर ले जाता है।

अचला अपने पिता को याद करते हुए उनकी सृजनात्मक दिलचस्पियों और प्रकृति के प्रति उनके प्रेम पर रोशनी डालती हैं। उनके घर में सजी हुई, उनके द्वारा बनाई गई कलाकृतियों में लकड़ी पर नक्काशी को लेकर उनका जुनून स्पष्ट रूप से झलकता है। उनका प्रकृति-प्रेम लकड़ी पर नक्काशी किए जाने से कहीं परे भी था। उन्हें चिकनी मिट्टी और पत्थरों से भी लगाव था। उनका फूलों के प्रति प्रेम तो दृष्टिगोचर होता ही था। घर के फूल दिन में दो बार बदले जाते थे और इस बात को वे स्वयं सुनिश्चित किया करते थे। प्रकृति-प्रेम उनकी शख्सियत का बड़ा अंतरंग पहलू था, जो उनके रचनात्मक क्रिया-कलापों, बारीकियों पर उनके ध्यान और तवज्जो में परिलक्षित होता था।

आर.एन. काव सेवानिवृत्त होने के पश्चात् मूर्तिकला के अपने शौक पर ज्यादा समय दे पाए, और समय के साथ यह उनकी लत बनता चला गया। वे अकसर दिल्ली के गढ़ी गाँव जाया करते थे, जहाँ बहुत सारे स्थानीय कलाकारों से उनका मेल-जोल बढ़ा। वहीं मुहम्मद सादिक नाम के एक नौजवान कलाकार से उनका बड़ा खास रिश्ता कायम हुआ। दोनों ने साथ मिलकर मूर्तिकला के कई प्रोजेक्ट्स को अंजाम दिया। हालाँकि, आज सादिक लंदन में रहते हैं, लेकिन

काव के परिवार के साथ उनके संबंध आज भी बने हुए हैं।

अपनी बेटी अचला के प्रति उनका सुरक्षात्मक बरताव ऐसे व्यक्ति के संदर्भ में, जो खुफिया क्षेत्र में कार्यरत था, कोई असहज या असामान्य बात नहीं रही होगी। उनके कार्य की अतिसंवेदनशील प्रकृति की बदौलत यह स्वाभाविक ही था कि अपने परिजनों की सुरक्षा हेतु वे अतिरिक्त सावधानी बरतते! अचला के पूरे दिन का प्लान पूछना उनकी दिनचर्या का हिस्सा बन गया था। शायद इसके जरिए वे उसकी गतिविधियों पर नजर रख पाते और यह सुनिश्चित भी कर सकते थे कि वह कभी भी, किसी भी संभावित खतरे के समक्ष कहीं भी खुद को अकेली या असुरक्षित और कमजोर स्थिति में न पाए।

इस स्तर की सुरक्षात्मकता भले ही अचला को उस वक्त ज्यादती लगी होगी, लेकिन बाद में उसने इस बात को बखूबी समझ लिया था कि उसकी सुरक्षा के लिए वह कितना जरूरी था! खुफिया क्षेत्र से जुड़े होने के कारण काव अपने कार्य के साथ जोखिमों एवं खतरों से भलीभाँति परिचित थे और अपने परिवार की सुरक्षा सुनिश्चित करना उनकी अपनी जिम्मेदारी थी।

इसके अलावा, बेशक काव का अपनी बेटी के प्रति प्यार भी उनके इस अतिरिक्त सुरक्षात्मक रवैए का कारण रहा होगा, लेकिन अपने इस कार्य के अलावा वे किसी और क्षेत्र में भी रहते तो बेटी को सुरक्षित रखने के लिए वे किसी भी हद तक जा सकते थे।

आर.एन. काव की धरोहर उनकी मृत्योपरांत भी जीवित है। उनका परिवार उनके किए गए कार्य के लिए और उनके चरित्र की विशिष्टताओं के लिए आज भी सराहनाएँ प्राप्त कर रहा है। लोग आज भी उनके बारे में उतने ही सम्मान से पेश आते हैं और उनकी महानता के किस्से उनके परिवार के साथ साझा करते हैं।

श्रीमती काव को रोककर लोगों का उनके पति के प्रति अपनी प्रशंसा व्यक्त करना कोई असामान्य बात नहीं है। इतने वर्षों बाद भी लोग इतने प्रेम और प्रशंसा से उनके पति को नवाजते हैं तो वे अभिभूत हो जाती हैं।

आर.एन. काव के दामाद एक विशेष घटना का जिक्र करते हैं, जो बहुत छू

लेने वाली है। एक बार एक वृद्ध सज्जन उन्हें श्री काव के दामाद की हैसियत से पहचानकर फूट-फूटकर रोते हुए कई बातों के लिए काव की भूरि-भूरि प्रशंसा करने लगते हैं। श्री काव के प्रति लोगों की प्रशंसा और सम्मान ऐसा ही रहा है।

श्री काव ऐसे असाधारण व्यक्तित्व और उपलब्धियों के मालिक थे कि भीड़ में भी अपनी अलग पहचान रखते थे। यह बात उस वक्त एक उदाहरणस्वरूप सामने आई, जब दलाई लामा की भारत-यात्रा के दौरान आमंत्रित दर्शकगणों में उन्हें भी शामिल किया गया था। अब, चूँकि लोगों में खामख्वाह ध्यान आकर्षित करने को लेकर उनकी आपत्ति थी ही, इसके चलते उन्होंने पीछे की पंक्ति में बैठना निश्चित किया, जिससे किसी तरह उन पर ध्यान केंद्रित न हो! लेकिन उनकी प्रतिष्ठा और प्रसिद्धि तो उनके पहले ही पहुँच चुकी थी! दलाई लामा जैसे ही कमरे में दाखिल हुए, वे फौरन काव को पहचान गए और सीधे उनकी ओर चल पड़े। आध्यात्मिक गुरु ने बड़ी गर्मजोशी से उनसे हाथ मिलाया और उन्हें उनके नाम से पुकारते हुए दर्शकों में से बहुतों को आश्चर्य में डाल दिया, जिन्हें आर.एन. काव के विषय में कोई जानकारी नहीं थी। अचानक ही सारी निगाहें काव की ओर मुड़ गईं और वे अचानक आई इस तवज्जो से कुछ शर्मिंदा-से और बड़े अभिभूत-से हो गए। अपनी इस असहजता के बावजूद पूरे आयोजन के दौरान वे बड़े विनम्र व विनीत बने रहे। अलबत्ता, अपने आसपास के लोगों की लगातार पड़ती नजर और उनके सूक्ष्म परीक्षण को वे झेल नहीं पाए और वहाँ से जल्दी ही निकल गए।

□

आरंभिक जीवन

मोतीलाल नेहरू कश्मीर से निकलकर इलाहाबाद (आज का प्रयागराज) व बनारस क्षेत्र में आ बसे और यहीं अपनी संपत्ति बनाई तथा जोड़ी। बाद के दिनों में, जब पं. नेहरू (जवाहरलाल नेहरू) का नाम घर-घर में आम होने लगा, बहुत सारे कश्मीरी पंडित कश्मीर से निकलकर इसी इलाहाबाद-बनारस क्षेत्र में इस उम्मीद से आ बसे कि यहाँ व्यापार करेंगे या खुद को शिक्षित करेंगे, जो भारतीय प्रशासनिक तंत्र में उच्च स्तरीय नौकरियों को हासिल करने में मददगार साबित होगी। इससे वे भी अपना नाम और शोहरत कमा लेंगे। कश्मीर से बाहर निकल इस इलाहाबाद-बनारस क्षेत्र में आ बसने का सिलसिला स्वाधीनता के बाद भी जारी रहा और उनमें से बहुत सारे भारतीय सरकारी प्रशासन में उच्च पदों पर आसीन भी हुए।

इसी समय, पी.एन. हक्सर तथा एक और युवा कश्मीरी पंडित, जो हक्सर से करीबन दो से तीन साल छोटा रहा होगा, विख्यात इलाहाबाद विश्वविद्यालय में शिक्षा प्राप्त कर रहे थे। यह वर्ष 1929-1935 के बीच का दौर था। वह युवा कश्मीरी कोई और नहीं, आर.एन. काव थे। काव और हक्सर की जोड़ी आने वाले समय में स्वतंत्र भारत के शुरुआती दौर में कई उल्लेखनीय भूमिकाएँ निभाने के लिए निर्दिष्ट थी।

लोगों में यह भ्रांति है कि कश्मीरी पंडित होने के नाते पं. नेहरू हक्सर और काव के प्रति पक्षपाती रहे; जबकि सच्चाई यह है कि वे दोनों अपने कार्यों में बड़े दक्ष व कुशल थे और मामले जब देश-हित के प्रतिकूल जाने लगते थे, वे

प्रधानमंत्री को सलाह देने से नहीं हिचकते थे। वे लोग, जो इस बात को लेकर नेहरूजी की समीक्षा किया करते थे कि उन्होंने अपने पसंदीदा लोगों को सरकार में उच्च पदों पर रखा, उन्हीं लोगों को बाद में यह ज्ञात हुआ कि देश की खुफिया इकाई के लिए उन्होंने जो विकल्प चुने थे, बेहतरीन थे। रॉ, जिसका गठन सन् 1968 में हुआ, उसका नेतृत्व करने के लिए आर.एन. काव से बेहतर कोई नहीं था। हक्सर और काव कार्य के प्रति अपनी निष्ठा के लिए जाने जाते थे। देश के प्रति उनका विपुल योगदान रहा है।

आर.एन. काव का सरकार के लिए कार्य करना अपनी पारिवारिक धरोहर को आगे बढ़ाने जैसा ही था। उनके दादा केदार नाथ काव सन् 1870 में अपनी पढ़ाई पूरी कर ब्रिटिश राज में डिप्टी कलेक्टर के पद पर आसीन हुए और उनकी नियुक्ति बनारस में हुई। उन्होंने यह पद अपने पूरे कार्यकाल के दौरान सँभाला। इसके पश्चात् उनके दोनों बेटों में छोटे बेटे द्वारका नाथ काव भी उनके पदचिह्नों पर चलते हुए डिप्टी कलेक्टर बने। वे आर.एन. काव के पिता थे। आर.एन. काव अपने परिवार की रिवायत को आगे बढ़ाते हुए सन् 1947 से भारतीय प्रशासनिक सेवा (आई.ए.एस.) के साथ जुड़े। हालाँकि, बाद में वे इंटेलिजेंस ब्यूरो (आई.बी.) में स्थानांतरित हुए, तत्पश्चात् भारत की बाह्य खुफिया एजेंसी रिसर्च एंड एनालिसिस विंग (रॉ) के पहले प्रमुख नियुक्त हुए।

सन् 1918 में, जब काव का जन्म हुआ था, उनके पिता की आयु 24 वर्ष की थी। यह काव द्वारा लिखे गए अपने बचपन और लड़कपन के नोट्स के जरिए मालूम होती है। उनके पिता की मृत्यु मात्र 29 वर्ष में हो गई थी, उस उम्र से बहुत पहले, जब अपने पिता का चेहरा या उनका कार्य-व्यवहार याद रखा जा सके! काव की उम्र तब मात्र 5 साल की थी। उनके पिता की मृत्यु परिवार के लिए बहुत बड़ी क्षति थी और परिवार के उत्तरजीविका को सुनिश्चित करने के लिए काव के चाचा त्रिलोकी नाथ काव ने पूरे परिवार को, समस्त रिश्तेदारों सहित, बड़ौदा स्थानांतरित करने का निर्णय लिया। वहाँ एक केमिकल इंडस्ट्री थी, जिसका प्रबंधन और संचालन त्रिलोकी नाथ किया करते थे। बड़ौदा में स्थानांतरण परिवार के लिए नए विकल्प एवं अवसर लेकर आया और त्रिलोकी

नाथ की केमिकल इंडस्ट्री एक सफल उद्यम साबित हुई।

बहरहाल, छोटी उम्र में अपने पिता को खोने की त्रासदी के बावजूद काव एक स्थिर और समृद्ध वातावरण में पल-बढ़ पाए, जिसका श्रेय उनके चाचा के नेतृत्व को जाता है। उनके लिए गुजराती भाषा को सीखना आसान रहा, क्योंकि अपने कैशोर्य का अधिकांश भाग उन्होंने बड़ौदा में बिताया था। त्रिकोली नाथ ने अपने छह बच्चों का परिवार—तीन बेटे एवं तीन बेटियों को काव और उनके भाई के साथ, एक ही घर में लालन-पालन किया। नतीजतन, काव ने बचपन को लेकर बड़ी खुशगवार यादें सँजो रखी थीं। लेकिन जैसे-जैसे उनके चाचा की फैक्टरी एकाधिक मोरचे पर असफल होने लगी, त्रिलोकी नाथजी की आर्थिक स्थिति कमजोर पड़ने लगी, जिसके चलते मजबूरन काव की माँ को अपने बच्चों सहित उन्नाव शहर में अपने भाई के घर शरण लेनी पड़ी।

उन्नाव में साल भर व्यतीत करने के बाद परिवार एक बार फिर वहाँ से निकल बनारस आ गया। वे बाबू दुर्गाप्रसाद के यहाँ बतौर किराएदार रहने लगे, जो शहर के बड़े रसूख वाले अफसर थे। वे आर.एन. काव की जिंदगी में आने वाले उन लोगों में थे, जिनका काव की जिंदगी पर उल्लेखनीय असर पड़ा। बाबू दुर्गाप्रसाद संपन्न व्यक्ति थे और उन्हें शास्त्रीय संगीत सुनना बहुत भाता था, जिसे वे अपने उपकरणों पर सुनते और बजाया करते थे। पुरानी घड़ियों पर भी काम करने का उन्हें शौक था और यह जुनून घर की सबसे ऊपरी मंजिल पर दिखाई देता था, जो पुरानी घड़ियों का कब्रिस्तान-सा मालूम देता था।

बहरहाल, बनारस में एक साल गुजारने के बाद उन्हें एक बार फिर बड़ौदा की ओर रवाना होना पड़ा। अपने लेखों में उन्होंने इस बात का जिक्र किया है कि उनके पिता का इतनी कम उम्र में गुजर जाना, अपनी माँ को तमाम जिम्मेदारियों को उठाते देखना, बार-बार एक जगह से दूसरी जगह जाना—ये उनके बचपन की कुछ ऐसी यादें थीं, जो बहुत खुशनुमा नहीं थीं और इसकी उनके मानस पर अमिट छाप पड़ी थी।

अलावा इसके, बड़ौदा के शुरुआती दिन बेहद निराशाजनक थे, क्योंकि उन्हें तब गुजराती बिल्कुल समझ नहीं आती थी और दूसरे बच्चों के साथ

बातचीत का माध्यम उनके पास तब सिर्फ अंग्रेजी ही था, जिसका दूसरे बच्चे मजाक उड़ाते थे। इस बात को भी याद कर उन्होंने दर्ज किया कि उन दिनों में उनका वजन भी बढ़ने लगा था और उनका नाम 'brown cow' पड़ गया था। वे उनका उपनाम गलत उच्चारित करते थे—Kao को cow।

इस बात को याद रखते हुए उन्होंने दर्ज किया है कि स्कूल कैंटीन से दोपहर का खाना खरीदने के लिए उनकी माँ उन्हें पैसे दिया करती थीं। चूँकि वे दूसरे बच्चों से डरते थे, इसलिए खुद कैंटीन जाने से कतराया करते थे। अपने नौकरों को वे खाना लाने के लिए भेजते और कमरे के एक शांत कोने में बैठकर अकेले खाना खाया करते थे। बड़े होने पर भी, सड़क किनारे लगे फूड स्टॉल या स्टैंड पर खाने के खयाल मात्र से ही अभ्यस्त होने में उन्हें खासी परेशानी हुई थी। तब भी सार्वजनिक जगहों की व्याकुलता ने उनका पीछा नहीं छोड़ा था।

आर.एन. काव का अपनी माँ और दादी दोनों के प्रति अपार स्नेह था। उनके लिए दोनों में से किसी के मुख से भी अपने पिता की बातें सुनना बड़ा आनंददायी था। वर्षों बाद उन्हें यह बात समझ आई कि उनके पिता ने ही उन्हें अच्छे कपड़े तथा सलीके से पहनने की सीख दी थी। यह उन्हें अपने पिता से विरासत में मिली थी। वे अद्भुत रूपवान् थे और पहनावे या पोशाक की सिलाई को लेकर बड़े कीमती चयन किया करते थे। अपने पिता की उन्हें बड़ी धुँधली-सी याद थी, लेकिन इतनी महत्त्वपूर्ण नहीं कि स्पष्टता लिये हुए हो! उन दिनों उनके पिता को अकसर पेट में दर्द उठा करता था, जिसकी वजह से वे बिस्तर पर ही रहते और इससे उनकी दिनचर्या पर प्रभाव पड़ता था। ऐसा लगभग तीन महीने तक चला और अंततः उनकी जान लेकर ही गया था। उन्हें यह भी याद था कि उनके पिता के गुजरने के बाद कुछ दिन ऐसे भी बीते थे, जब पिता के कमरे की खिड़की के पास बैठे वे सिर्फ सड़क पर आते-जाते लोगों को देखा करते थे! उनका दिमाग किसी भी तरह की सोच से बिल्कुल खाली-सा हो गया था।

बहरहाल, आर.एन. काव की माँ के लिए घर का खर्च चलाने का संघर्ष बदस्तूर जारी रहा। चाचाजी के लिए वक्त मुश्किलों वाला था, क्योंकि उनकी फैक्टरी बंद हो गई थी और उन्होंने अपना कार्यक्षेत्र केमिकल फैक्टरी से बदलकर

सीमेंट कंपनी कर लिया था। हालाँकि, वहाँ भी उन्हें नुकसान उठाना पड़ा।

परिवार इसके बाद बंबई चला गया, लेकिन वहाँ भी उनका रहना बहुत कम समय के लिए ही हुआ। विले पार्ले में रामकृष्ण मिशन हॉस्टल आर.एन. काव और उनके चचेरे भाई-बहनों की रिहाइश का नया ठिकाना बना। यही वह वक्त था, जब काव की योग के प्रति एक नई दिलचस्पी जागी और वे उसका नियमित अभ्यास करने लगे। वे अपने अतिरिक्त वजन से भी छुटकारा पाना चाहते थे और इसलिए उन्होंने अपना समय और रुझान—दोनों इसमें लगाए। यही वह समय भी रहा, जब उन्होंने स्वामी विवेकानंद के विषय में और उनके लेखन को पढ़ना आरंभ किया। उनके लेखन ने उन्हें बहुत ज्यादा आकर्षित किया। उस हॉस्टल में एक वर्ष की रिहाइश के दौरान योग के प्रति उनका जो प्रेम उपजा, वह आजीवन उनके साथ रहा।

योग और स्वामी विवेकानंद के लेखन के प्रति आर.एन. काव की दिलचस्पी का उनके जीवन पर बड़ा गहरा प्रभाव पड़ा। उन्होंने योग का अभ्यास जारी रखा और ऐसा माना जाता है कि खुफिया अधिकारी तथा एक जासूस की हैसियत से उन्होंने उसके सिद्धांतों को अपने कार्यों में भी शामिल किया।

इधर काव परिवार की आर्थिक स्थिति बदतर होती चली जा रही थी और आर.एन. काव के पुन: स्थानांतरण के पीछे का कारण भी यही रहा।

अपने चचेरे भाई के साथ वे उत्तर प्रदेश चले आए, जहाँ इलाहाबाद विश्वविद्यालय में स्नातक की डिग्री के लिए दोनों को प्रवेश मिल गया था।

अपने लेखन में इसे याद कर इसका जिक्र करते हुए आर.एन. काव बताते हैं कि यह वो दौर था, जब भारतीय इतिहास में उनकी रुचि जाग्रत् हुई। विषयों के चयन के दौरान उन्होंने भारतीय इतिहास चुना और समय के साथ किस प्रकार भारत विकसित हुआ, इसे लेकर उनमें अद्‌भुत जिज्ञासा जागी। इस विषय पर पढ़ते हुए उनमें अपनी मातृभूमि के प्रति गहरा लगाव भी पनपने लगा था।

भारतीय इतिहास पर पुस्तकें पढ़ते हुए उनकी दिलचस्पी भारतीय स्थापत्य कला की ओर भी हुई। विभिन्न मंदिरों और उनकी सांस्कृतिक पृष्ठभूमि ने उन्हें बहुत आकर्षित किया। स्थापत्य कला और मूर्तियों के प्रति उनका गहन

आकर्षण चिकनी मिट्टी के नमूने बनाने के रास्ते प्रस्फुटित हुआ। वे घंटों मंदिरों और मूर्तियों के पेचीदा नमूने बनाने में लगाया करते, जिससे भारतीय स्थापत्य कला की जटिलता को समझने में उन्हें मदद मिलती थी। चिकनी मिट्टी के नमूनों के निर्माण के जरिए उन्होंने अपनी सांस्कृतिक धरोहर से जुड़ने और अपनी सृजनात्मकता की अभिव्यक्ति की एक नई राह निकाली।

इलाहाबाद विश्वविद्यालय के आरंभिक दो वर्षों में उन्होंने अपने शैक्षणिक जीवन के हर पहलू का भरपूर आनंद उठाया, जहाँ उन्होंने विभिन्न पाठ्यक्रमों के साथ जुड़ते हुए खुद के साथ प्रयोग किए और अंततः अंग्रेजी लेखन एवं कथन में अपनी खास जगह पाई। यह पहली बार था, जब उन्हें अंग्रेजी बोलने की क्षमता के लिए पहचाना गया। विश्वविद्यालय में बाद के दिनों में उन्होंने अंग्रेजी वाद-विवाद प्रतियोगिताओं में बढ़-चढ़कर हिस्सा लिया। सन् 1939 में इलाहाबाद में हुई अंतर-विश्वविद्यालय वाद-विवाद प्रतियोगिता में उनका अव्वल आना उनकी जिंदगी के श्रेष्ठतम क्षणों में से रहा। उन्हें इस बात का पता चला कि वे तथ्यों और अपने शब्दों को निस्संकोच, बड़े पुरजोर और असरदार ढंग से अभिव्यक्त कर लेते हैं। उनके शिक्षकों ने उन्हें अपने उच्च स्नातक की पढ़ाई के लिए इलाहाबाद विश्वविद्यालय में अंग्रेजी साहित्य के चुनाव का सुझाव दिया। उन्होंने भी बेझिझक उसमें दाखिला ले लिया। इसके साथ ही, वे प्रतियोगी परीक्षाओं की तैयारी में भी लग गए। वे कुछ अनोखा करना चाहते थे और इस बात से वाकिफ थे कि सिर्फ कड़ी मेहनत ही उन्हें उनका लक्ष्य प्राप्त करने में मददगार सिद्ध होगी।

परीक्षाओं के लिए तैयारी करते समय उन्होंने अपने लिए बड़ी अनुशासित दिनचर्या का गठन किया और उसका अनुपालन किया। वे प्रातः 3 बजे उठते और लगातार 8 घंटे तक पढ़ाई में जुटे रहते। बस, बीच में बिल्कुल छोटे-छोटे विराम लिया करते। अपनी उस भयानक आर्थिक तंगी के चक्रव्यूह को वे तोड़ना चाहते थे, जो उनके परिवार को जकड़े हुए थी। साथ ही, अपने पिताजी और दादाजी की परंपरा को भी वे आगे बढ़ाना चाहते थे।

यह वह दौर था, जब उनकी माँ उनके संपूर्ण मासिक खर्चे के लिए 50

रुपए दिया करती थीं। उनमें 12 रुपए की ट्यूशन फी और 8 रुपए का हॉस्टल के कमरे का खर्च भी सम्मिलित था। इसमें उनकी एकमात्र विलासिता, जो उनके हक के हद में आती थी, वह थी—पास ही के सिनेमा हॉल में हर हफ्ते एक सिनेमा देखना! छात्र रियायत के चलते, जिसका मूल्य करीबन 9 आने होता था, लेकिन उनकी पसंद भी औरों से बड़ी जुदा हुआ करती थी। उन्हें अंग्रेजी फिल्में देखना बहुत भाता था और ग्रेटा गार्बो, जेनेट मैकडोनाल्ड, रॉबर्ट टेलर आदि उनके पसंदीदा अभिनेता रहे, जिनका काम उनमें एक अद्‍भुत ढाढ़स बँधाता था। उनकी अदाकारी उन पर एक अमिट छाप छोड़ती थी और उनके दैनिक जीवन की नीरसता में विलासिता का आभास देती थी।

सन् 1938 में उन्होंने इलाहाबाद विश्वविद्यालय से अंग्रेजी साहित्य में स्नातकोत्तर की पढ़ाई पूरी की। विश्वविद्यालय में अव्वल आने पर उन्हें स्वर्ण पदक से नवाजा गया।

वह दिन आर.एन. काव के लिए बड़ी उपलब्धि का दिन भी था। वर्षों की मेहनत व लगन रंग लाई थी और आर्थिक तंगियों के बावजूद अपनी पढ़ाई जारी रखने के उनके फैसले को भी एक प्रकार की मान्यता मिल गई थी। स्नातकोत्तर की डिग्री हासिल करने के 2 साल पहले काव की माँ ने उन्हें किसी भी नौकरी में लग जाने की सलाह दी थी। उनके पिता द्वारा रखा गया पैसा अब खत्म होने को चला था और काव के लिए अपनी पढ़ाई जारी रखना अब मुश्किल होता जा रहा था। उन्हें उच्च शिक्षा की महत्ता की बखूबी समझ थी और इसलिए उन्होंने अपनी शिक्षा जारी रखी थी। गले में स्वर्ण पदक से आभूषित मंच पर खड़े हुए उन्हें एक उपलब्धि का अहसास हुआ, खासकर यह जानते हुए कि इस सम्मान का हकदार बनने के लिए उन्होंने कठिन चुनौतियों का सामना किया था।

बहरहाल, अब उन्हें जल्द-से-जल्द काम ढूँढ़ना था, क्योंकि अब उनके और उनकी माँ के पास मात्र 500 रुपए ही बचे थे, जो उन दोनों के ज्यादा दिन काम आने वाले नहीं थे।

खुशकिस्मती रही कि उन्हें नौकरी के लिए बहुत दिनों तक इंतजार नहीं करना पड़ा।

आर.एन. काव की शैक्षिक उपलब्धियाँ और तत्पश्चात् भारतीय पुलिस सेवा में उनकी नियुक्ति अपनी शिक्षा और अपने देश के प्रति उनकी अडिग आस्था एवं प्रतिबद्धता को दरशाता है। शिक्षा की अहमियत और देश के भविष्य-निर्माण में उसकी भूमिका को वे बखूबी समझते थे। यही वजह रही कि उन्होंने अपना सारा जीवन देश को और देश की खुफिया क्षमताओं की बेहतरी में लगा दिया। बाद के वर्षों में भी वे शिक्षा के प्रबल पक्षधर रहे। उन्हें विश्वास था कि भारत की वैश्विक शक्ति बनने की यह एकमात्र कुंजी थी।

विश्वविद्यालय में बिताए अपने समय के दौरान आर.एन. काव का देश के कई नेताओं से मिलना हुआ, जिनमें भारत के प्रथम प्रधानमंत्री जवाहरलाल नेहरू एक थे। काव याद करते हुए बताते हैं कि किस प्रकार वे नेहरू की शख्सियत से और उनके दमकते चेहरे से बड़े प्रभावित हुए थे तथा मानते थे कि यह उनके महत्त्वपूर्ण होने का सूचक था।

आर.एन. काव जब नेहरू से पहली बार मिले तो वे अपनी पत्नी कमला नेहरू की मृत्यु के बाद सन् 1936 में वे हाल-फिलहाल ही यूरोप से लौटे थे। यद्यपि उस समय एक व्यक्तिगत क्षति से गुजर रहे थे, किंतु एक समर्पित नेता की हैसियत से वे अपना कार्य करते रहे और क्रमशः देश के भविष्य-निर्माण में एक महत्त्वपूर्ण भूमिका निभाई।

अपने विश्वविद्यालय के दिनों में काव छात्र राजनीति से पूरी तरह से जुड़े हुए थे और उनकी खास रुचि छात्रों के अधिकारों के क्षेत्र में थी। उन्हें राजनीति से जुड़ने का एक जुनून था, लेकिन एक नेता बनने की हसरत कभी नहीं रही, बल्कि वे तो ख्याति से एक कदम पीछे रहना ही पसंद करते थे।

इस दौरान वे सांप्रदायिक राजनीति से भी रू-बरू हुए और भारत में उसकी जड़ों को पहचानने-समझने लगे थे। उन्हें आई.एन.सी. के झंडे को लेकर एक घटना की बात बहुत स्पष्ट रूप से याद थी, जिसको लेकर छात्रों में बहुत बड़ा विवाद शुरू हो गया था। जहाँ कुछ छात्र आई.एन.सी. का झंडा हॉस्टल के ऊपर फहराने का समर्थन कर रहे थे, वहीं कुछ और—खासकर मुसलिम छात्र—उसका विरोध कर रहे थे। उनकी दलील यह थी कि या तो कोई झंडा न

फहराया जाए या फिर मुसलिम लीग का झंडा फहराया जाए। काव ने यह कहते हुए पुरजोर तरीके से इस बात का विरोध किया कि आई.एन.सी. का झंडा देश के हर नागरिक का प्रतिनिधित्व करता था, जबकि मुसलिम लीग का झंडा सिर्फ मुसलमानों का ही प्रतिनिधित्व करता था।

सन् 1939 में आर.एन. काव ने विश्वविद्यालय में कानून की पढ़ाई का पहला साल पूरा किया और 21 साल की उम्र में अपने भविष्य में अपना अगला कदम रखने को वे प्रस्तुत थे। वे भारतीय पुलिस सेवा (आई.पी.एस.) में शामिल हुए और यहीं से आगे चलकर खुफिया क्षेत्र में उनके शानदार कॅरियर की शुरुआत हुई।

□

प्रारंभिक कार्यभार

सन् 1939 में आर.एन. काव ने इंडियन पुलिस (आई.पी.) की लिखित परीक्षा उत्तीर्ण की और उन्हें साक्षात्कार के लिए बुलाया गया। साक्षात्कार में उनका सामना प्रतिष्ठित व्यक्तियों के एक पैनल से हुआ, जिसके अध्यक्ष महोदय एक अंग्रेज थे और उनके साथ दो-तीन भारतीय, जिनमें से एक खान बहादुर मोहम्मद जकी थे, जो गोरखपुर से थे और एक सेवानिवृत्त सरकारी वकील थे।

यह आर.एन. काव के लिए महत्त्वपूर्ण क्षण था, क्योंकि लिखित परीक्षा उत्तीर्ण करना देश-सेवा को लेकर उनके सपने का पहला पायदान था। वह साक्षात्कार यह तय करने वाला था कि वे इस पद के लिए उपयुक्त थे भी या नहीं? और यह बात वे बखूबी जानते थे कि अपनी जगह सुरक्षित करने के लिए उन्हें हर हाल में पैनल को प्रभावित करना था।

बहरहाल, साक्षात्कार वाले कमरे में काव जैसे ही दाखिल हुए, पैनल ने उनका अभिवादन किया और वे कुछ उद्विग्न-से कुरसी पर आ बैठे। साक्षात्कार के आरंभ होते ही पैनल के लोग उनसे उनकी पारिवारिक पृष्ठभूमि से लेकर कानून व व्यवस्था पर उनके विचारों को जानने हेतु सिलसिलेवार प्रश्न पूछते चले गए। हालाँकि, काव दबाव में थे, लेकिन उन्होंने प्रत्येक प्रश्न का बड़ी स्पष्टता और आत्मविश्वास के साथ उत्तर दिया।

उन्होंने अपने ज्ञान और विषयों के प्रति अपनी प्रतिबद्धता से सबको प्रभावित किया। साक्षात्कार की समाप्ति तक आते-आते उन्हें राहत और उपलब्धि का

मिला-जुला अहसास हुआ। उन्होंने अपना सर्वोत्तम दिया था और इस बात से आत्म-विश्वस्त थे कि पैनल पर उन्होंने अच्छा प्रभाव छोड़ा था। अब उनके भाग्य का निर्धारण करने वाली बात उन लोगों पर आ टिकी थी और वे इस बात को मान रहे थे कि उन्हें भी उनके अंदर की वे संभावनाएँ नजर आई होंगी, जो वे खुद जानते थे कि उनमें थीं।

बहरहाल, साक्षात्कार के बाद काव बड़ी बेसब्री से इंडियन पुलिस रिक्रूटमेंट प्रोसेस (भारतीय पुलिस भरती प्रक्रिया) के नतीजों का इंतजार करने लगे। उनकी कड़ी मेहनत और समर्पण साक्षात्कार में अपनी छाप छोड़ चुका था, लेकिन वे यह भी जानते थे कि उनकी नियति तो अंततः पैनल के हाथ ही थी!

आखिरकार, मार्च 1940 में नतीजे घोषित किए गए और काव इस बात से हैरान हुए कि उन्होंने भारतीय पुलिस सेवा में अपनी जगह सुरक्षित कर ली थी! बीते दिनों पर नजर डालते हुए उन्हें इस बात का अहसास हुआ था कि इस बात में वे बड़े खुशकिस्मत रहे थे, क्योंकि हालात उनके पक्ष में रहे थे।

आरंभ में, यू.पी. में भरती प्रक्रिया में सिर्फ दो उम्मीदवारों के चयन का प्रावधान था, लेकिन द्वितीय विश्व युद्ध, जो उस समय अपने चरम पर था, के चलते भारत में भरती के लिए नए सदस्यों की कमी थी, जिसकी वजह से उन्हें एक और उम्मीदवार को लेना पड़ा था और वह उम्मीदवार आर.एन. काव थे।

काव के परिवार को जब भारतीय पुलिस में उनके चुन लिये जाने के बारे में पता चला तो उनकी खुशी का ठिकाना नहीं था। खासकर उनकी माँ, जिन्होंने अपनी सारी उम्मीदें उन पर लगा रखी थीं, उनकी इस सफलता पर बेहद खुश थीं। उनका छोटा भाई भी इस खबर से बेहद खुश था। पिता के गुजर जाने के बाद परिवार ने पहली बार ऐसी खुशी का अनुभव किया था।

आर.एन. काव का बचपन उनकी माँ के सख्त अनुशासन और दिनचर्या से बँधा हुआ था। हर सुबह वे उन्हें सूर्योदय के पहले जगाया करती थीं और अपने पाठ का अभ्यास कराया करती थीं। इसके बाद ही उन्हें सुबह का नाश्ता मिला करता था। स्कूल भेजते हुए उन्हें यह सख्त ताकीद की जाती कि वे बड़े मन से अपनी पढ़ाई करेंगे और उसमें श्रेष्ठ बनेंगे। उस समय काव को अपनी माँ का

यह सख्त अनुशासन बड़ा अखरता था; लेकिन जैसे-जैसे वे बड़े हुए, अपनी माँ की सीख को सराहने लगे। माँ के अनुशासन ने ही उन्हें कड़ी मेहनत व लगन का सबक सिखाया था और उन्हें इस बात का अहसास भी दिलाया था कि अपनी सफलता के लिए वे अपनी माँ के ऋणी थे।

काव की माँ उनकी सबसे बड़ी समर्थक और उत्साहवर्धन करने वाली रहीं। जिंदगी में जब भी उन्होंने चुनौतियों का सामना किया, वे हमेशा उनके समर्थन में खड़ी उनका हौसला अफजाई करती रहीं। काव पर उनका विश्वास अडिग रहा और इसी बात ने काव को उनके बुरे समय में भी अपने सपनों को साकार करने का हौसला दिया, उन्हें दृढ़ता प्रदान की।

काव का परिवार जब उनकी उपलब्धियों का जश्न मना रहा था, वे खुद को उनके प्रति कृतज्ञता से भरा महसूस करने से रोक नहीं पा रहे थे। उन्हें यह बात मालूम थी कि बिना उनके प्रेम और समर्थन के उन्हें यह उपलब्धि हासिल नहीं हो सकती थी। उन्होंने खुद यह प्रण लिया कि वे उनके इस भरोसे का प्रतिफल कड़ी मेहनत से, ऐसा कुछ कर दिखाएँगे कि उन्हें उन पर गर्व हो!

काव को अपने भाई श्याम सुंदर नाथ काव से बहुत प्रेम था। काव उनसे 6 साल छोटे थे। वे जब पैदा हुए तो उन्हें लगा था कि माँ का प्रेम अब दोनों के बीच बँट जाएगा। लेकिन ऐसा नहीं हुआ और काव ने पाया कि जैसे-जैसे वे बड़े हुए, अपने भाई के अच्छे दोस्त बन गए और उनका रिश्ता अटूट बन गया।

आर.एन. काव का अपने भाई संग नाता भाइयों वाले रिश्ते से कहीं आगे था—यह प्रेम, विश्वास और अडिग समर्थन के सह-संबंध पर बना था। वर्ष 2002 के जनवरी महीने में जब काव को खबर मिली कि उनका भाई राम मनोहर लोहिया अस्पताल के आई.सी.यू. में भरती है और मौत से जूझ रहा है, उन पर असहाय-सी भावना तारी हो गई। दिन बीतते गए और उनके भाई की तबीयत चिंताजनक ही बनी रही। काव को अपनी दुनिया टूटती-सी नजर आई। उन्हें अपनी जिंदगी में मायने ढूँढ़ने के लिए संघर्ष करना पड़ रहा था। जहाँ एक ओर उनका भाई एक-एक साँस के लिए लड़ रहा था, वहीं वे कुछ न कर पाने की स्थिति में बिल्कुल असहाय और अशक्त महसूस करने लगे थे।

अपने निश्छल प्रेम को दरशाते हुए काव ने स्वयं उसी अस्पताल में दाखिल होने का फैसला लिया। अपने भाई के पास रह सकें, इस बात को लेकर वे दृढ़ थे। अपने भाई को सहारा और आश्वासन देने के लिए वे हर क्षण उसके निकट रहना चाह रहे थे। उनके दर्द और अनिश्चय के हर पल में वे उनका हाथ थामे रखना चाह रहे थे।

तब वे खुद को इतना असहाय महसूस करने लगे थे कि 20 जनवरी, 2002 को वे परलोक सिधार गए, जिसके कुछ ही दिनों बाद उनके छोटे भाई का भी स्वर्गवास हो गया।

बहरहाल, आर.एन. काव और आई.पी. में उनके चयन की कहानी पर वापस लौटते हैं। आई.पी. प्रोबेशन अधिकारी की ट्रेनिंग के दौरान उन्हें जिन मेस किट और दूसरे साधनों की जरूरत थी, वरदी के साथ उन चीजों को भी उन्होंने बड़े उत्साह से खरीदा। मुरादाबाद के पुलिस ट्रेनिंग कॉलेज की ओर निकलते हुए उन्होंने अपने भीतर एक जोश और उत्साह को महसूस किया। यह जोश सिर्फ एक नई शुरुआत की संभावनाओं को लेकर ही नहीं था, बल्कि अपने नए कार्यभार की शान के अनुसार उस वरदी को खरीदने का अवसर मिलने को लेकर भी था। उन्हें मालूम था कि यह नई वरदी न केवल पुलिस अफसर के रूप में उनकी पहचान का चिह्न होगी, अपनी ड्यूटी के प्रति उनके अनुशासन और समर्पण का भी प्रतिबिंब होगी।

लिहाजा, उन्होंने सीधे लखनऊ के एंडरसन एंड कंपनी की ओर रुख किया, जो आला दर्जे के टेलर थे और अपने हुनर व कारीगरी के लिए मशहूर थे। वहाँ विभिन्न कपड़ों और नमूनों को देखते हुए काव इस बात से काफी प्रभावित हुए कि एक-एक सेट को बनाने में कितनी कारीगरी और बारीकियों के विस्तार पर तवज्जो की जरूरत होती है!

आखिरकार, उनका दिल एक डिनर जैकेट पर आ गया। उन्होंने इस तरह का पहले कभी कुछ नहीं देखा था। कपड़ा बेहद शानदार था, सिलाई उम्दा थी और उसका फिट बिल्कुल सही था। उन्हें उसे पहनकर अपने सहकर्मियों और वरिष्ठों को दिखाने की बड़ी इच्छा और चाव था।

जैकेट तो वरदी का सिर्फ एक हिस्सा था। काव को घुड़सवारी और पोलो खेल के जूते भी लेने थे। अब उन्होंने एक कुशल मोची के ठिकाने की ओर रुख किया। काव के लिए यह अनुभव महज एक वरदी खरीदने से कहीं बढ़कर था—यह विलासिता और खूबसूरती की एक झलक थी, जो जिंदगी उनके समक्ष प्रस्तुत कर रही थी। बेहतरीन दर्जियों और हुनरमंद कारीगरों की दुनिया उनके हुनर का तकाजा थी। यह जिंदगी की उम्दा चीजों का स्वाद चखने वाली बात थी और वे इसके हर क्षण का आनंद उठा रहे थे।

7 अप्रैल, 1940 को आर.एन. काव मुरादाबाद पुलिस ट्रेनिंग कॉलेज में अपनी ड्यूटी पर तैनात होने के लिए पहुँचे। वहाँ के शानदार अफसरों के लिए बने मेस से वे खासे प्रभावित हुए। इसका निर्माण प्रथम विश्व युद्ध के दौरान हुआ था। उस इमारत का वैभव जैसा उन्होंने पहले कभी कुछ अनुभव नहीं किया था।

अब जाकर वे यहाँ रहने के काबिल हुए थे, इस बात को लेकर एक प्रकार का विशेषाधिकार और गर्व महसूस करने से वे खुद को रोक नहीं पाए। उन्हें एक बड़ा सा कमरा दिया गया, जिससे अटैच्ड एक बाथरूम भी था।

काव एक सीखनेवाले इनसान थे। उनमें मिल्टन, शेली और शेक्सपियर जैसे लेखकों की कृतियों के प्रति गहरी सराहना थी और वे इस धारणा से वशीभूत थे कि वह दुनिया, जो उनके इंतजार में थी, उनकी अपनी परवरिश का प्रतिबिंब ही होगी! पर वास्तव में, हकीकत कुछ और थी। पुलिस अकादमी में दाखिल होते ही जिस बात ने सबसे पहले उनका ध्यान आकृष्ट किया, वह यह थी कि अंग्रेज अधिकारी भारतीय छात्रों के साथ बेहद बदसलूकी का और बड़ा रूखा व्यवहार करते थे और बहुधा अशिष्ट भाषा का प्रयोग करते थे। वे उन्हें अर्धशिक्षित समझते और सौंपे गए किसी भी कार्य के लिए सर्वथा अनुपयुक्त समझते थे। काव को अकादमी के जीवन के साथ तालमेल बैठाने में खासा समय लगा था।

अकादमी के प्रिंसिपल के बारे में मशहूर था कि कैंपस में उनके मुखबिर फैले हुए थे, जिससे अफसरों को बेखौफ अपनी निजी बातें करने में मुश्किल

पेश आती थी और हमेशा नजर रखे जाने का खौफ बना रहता था। एक बार भारतीय राष्ट्रीय आंदोलन पर हो रही बहस के बीच प्रिंसिपल ने अचानक दिलचस्पी लेते हुए दूसरे अफसरों से आर.एन. काव का मत जानने का प्रस्ताव रखा, क्योंकि काव 'हिंदुस्तान टाइम्स' जैसी पत्रिका के बड़े उत्साही पाठक के रूप में जाने जाते थे; ऐसी पत्रिका, जो उस समय भारतीय स्वतंत्रता आंदोलन की हिमायती के रूप में जानी जाती थी।

प्रिंसिपल की इस अचानक ली जाने वाली दिलचस्पी से काव को बड़ी हैरानी हुई। वे फौरन समझ गए कि वे उन पर और उनके पढ़ने की आदत पर नजर रखे हुए थे। वे यह भी समझ गए कि अकादमी में उन्हें अपने शब्दों और क्रिया-कलापों को लेकर सतर्क रहना होगा, खासकर इसलिए भी कि वे किसी भी स्थिति में अधिकारियों का अवांछित ध्यान अपने ऊपर नहीं चाहते थे।

उन दिनों अंग्रेज चाहते थे कि भारतीय 'द स्टेट्समैन' और 'रिपब्लिक' जैसे अखबार पढ़ा करें, जो उनके विचार और दृष्टिकोण के साथ सामंजस्य लिये हुए होते थे। लेकिन काव की पठन सामग्री का चयन उन्हें सबसे अलग करता था। बहरहाल, इस घटना ने काव को सावधानी बरतने की महत्ता सिखाई और अपने चारों ओर फैले उन पर नजर रखने वालों के प्रति सजग-सतर्क होने की जरूरत को भी समझाया।

पुलिस अकादमी में काव को अकसर यह महसूस हुआ करता था कि एक भारतीय होने के नाते उन पर निगरानी रखी जाती थी। यह बात उन्हें असहज करती थी कि अंग्रेज अफसर किस तरह भारतीय भोजन को नीची नजर से देखा करते थे और अकसर अपने वक्तव्य दिया करते, जो बड़े अरुचिकर-से हुआ करते थे; जैसे—"क्या यह स्वाद में भी इतना बुरा है, जितना दिखने में है?"

ऐसी घटनाओं के घटित होते रहने पर भी काव ने उन्हें लेकर कम ही कहा है।

मुरादाबाद पुलिस अकादमी में काव ने जो समय बिताया, उनमें सबसे यादगार क्षण वे रहे, जब अकादमी में पहुँचने के हफ्ते भर में उन्हें एक घोड़ा उपलब्ध कराया गया। उन्हें घुड़सवारी का बहुत शौक भी था, जिसके चलते

यह उनके पसंदीदा शौकों में से एक हो गया। उनके दैनिक रुटीन का तनाव, थकान मिटाने और राहत हासिल करने का यह अच्छा तरीका था। यह उनके लिए केवल एक तफरीह में की गई सरगर्मी नहीं थी; वे इसे ऐसे हुनर के तौर पर भी देखते थे, जो आने वाले दिनों में पुलिस फोर्स में उनके लिए कारगर सिद्ध हो सकता था! वे घंटों अपनी घुड़सवारी के हुनर की तकनीकियों को बेहतर व पुख्ता करने में और अपने घोड़े की देखभाल करने में लगे रहते थे। घुड़सवारी का उनका यह प्यार पुलिस अकादमी से निकलने के बाद भी उनके साथ रहा और मुरादाबाद से निकलने के बाद 7 वर्षों तक उन्होंने उस घोड़ी को अपने साथ रखा, जो उन्हें मिली थी, हालाँकि, समय के साथ घोड़ी के रख-रखाव का खर्च उन पर भारी पड़ने लगा, जिस वजह से घोड़ी का साथ उन्हें छोड़ना पड़ा था।

घुड़सवारी के साथ एक और यादगार अनुभव पड़ोस के शहर रामपुर, जो वहाँ से लगभग 80 मील की दूरी पर था, के नवाब के यहाँ से न्योतों का आना रहा था। नवाब साहब अफसरों के साथ सलीके और दरियादिली से पेश आते, जो हर किसी के लिए अनमोल अनुभव हुआ करता था। अफसरों के लिए निजी स्क्रीनिंग की व्यवस्था भी की जाती थी, जो उनके कठोर प्रशिक्षण से उन्हें एक विश्राम भी प्रदान करता था, जिसकी उन्हें बहुत जरूरत रहती थी।

काव ऐसे ही एक शो को याद करते हैं, जब उन्होंने 'गॉन विथ द विंड' देखी थी और कथानक व अभिनेताओं के अभिनय से वे किस तरह अभिभूत हुए थे! नवाबों के द्वारा इतनी दरियादिली और प्रेम से पेश आने का और साथ ही सिनेमा देखने का अनुभव, इसने काव पर अमिट छाप छोड़ी थी। अकादमी के कड़े अनुशासन का यह ऐसा बदलाव था, जिसका हृदय से स्वागत था, साथ ही इस बात की भी याद दिलाता था कि कानून व्यवस्था की बहाली वाले कॅरियर के प्रशिक्षण के बीच भी दुनिया में खुशियाँ और खूबसूरती अभी बाकी थीं।

यद्यपि अकादमी में अंग्रेज अफसरों के भारतीयों के प्रति पक्षपातपूर्ण रवैए के चलते आर.एन. काव का अकादमी में बिताया गया समय बहुत खुशनुमा नहीं रहा, लेकिन सन् 1940 में ट्रेनिंग के पूरा होने पर उनका तबादला खीरी, जो

लखीमपुर खीरी का मुख्यालय हुआ करता था, में हुआ। अलबत्ता, यह तबादला व्यावहारिक जिला प्रशिक्षण के पूरा होने पर ही हुआ।

प्राकृतिक दृश्य में परिवर्तन के फल-स्वरूप काव को कुछ राहत जरूर मिली और खुद के हालात को लेकर वे कुछ आश्वस्त हुए। आगामी 7 वर्षों के दौरान काव यूनाइटेड प्रोविंस (संयुक्त प्रांत) के कई जिलों में नियुक्त हुए और चुनौतियों से सामना होने के बावजूद अपने कार्यक्षेत्र में उन्हें बहुमूल्य अनुभव प्राप्त हुए। वे कड़ी मेहनत से अपना कार्य करते रहे और अपने कॅरियर में सफलता पाने की चेष्टा करते रहे।

यूनाइटेड प्रोविंस के विभिन्न जिलों में 7 वर्षों तक कार्यरत रहने के बाद सन् 1947 में उनके कॅरियर में एक नया मोड़ आया, जब उन्हें खुफिया ब्यूरो निदेशालय (डायरेक्टरेट ऑफ इंटेलिजेंस ब्यूरो) में नियुक्त किया गया। उनके लिए यह बड़ा महत्त्वपूर्ण बदलाव था, क्योंकि खुफिया और जासूसी की दुनिया में यहीं से उनका पदार्पण हुआ। कार्यभार चुनौतीपूर्ण था, लेकिन एक नई क्षमता में देश की सेवा करने का अवसर मिलने पर वे बड़े उत्साहित थे।

इंटेलिजेंस ब्यूरो (आई.बी.) हालाँकि, सर्वप्रथम सन् 1920 में एक खुफिया एजेंसी के तौर पर अंग्रेजी औपनिवेशिक सरकार द्वारा ही स्थापित की गई थी और उसकी रूपरेखा ब्रिटिश 'एम.आई. 5' के तर्ज पर रखी गई, लेकिन उसे प्राथमिक रूप से भारतीय स्वतंत्रता आंदोलन के दमन के लिए ही इस्तेमाल किया गया। आई.बी. विभिन्न राजनेताओं, कार्यकर्ताओं और स्वतंत्रता सेनानियों पर नजर रखने के साथ ही उनकी गतिविधियों पर खुफिया जानकारी हासिल करती थी।

बहरहाल, सन् 1947 में देश की आजादी के बाद आई.बी. की भूमिका और प्रकार्य में महत्त्वपूर्ण बदलाव हुए। अब व्यापक मुद्दों, जिनमें बाह्य और आंतरिक सुरक्षा, आतंकवाद से मुकाबला, प्रति गुप्तचर योजनाओं से मुकाबला, सीमा प्रबंधन आदि शामिल था। इनमें भारतीय सरकार को खुफिया जानकारी और विश्लेषण प्रदान करने की जिम्मेदारी इन पर आई। आई.बी. भारत के राष्ट्रीय सुरक्षा तंत्र का एक अभिन्न अंग बन गई और देश-हित की रक्षा के क्षेत्र में इसने महत्त्वपूर्ण भूमिका निभाई।

आई.बी. की ताकत का एक बड़ा हिस्सा उसके सीमा पार खुफिया जानकारी एकत्रीकरण और उनके विश्लेषण में उनकी दक्षता का होना था। भारत के जटिल सुरक्षा वातावरण को मद्देनजर रखते हुए, जिनमें कई शत्रुतापूर्ण पड़ोसी शामिल थे और लगातार चल रहे क्षेत्रीय विवादों के चलते उनका काम तथा जिम्मेदारी दोनों बहुत महत्त्वपूर्ण थीं। आई.बी. की खुफिया जानकारी इकट्ठा करने की क्षमता की बार-बार परीक्षा हुई और गुजरते वर्षों में उन्होंने समय पर और काररवाई योग्य खुफिया जानकारी सरकार को मुहैया कराई, जिससे आतंकी हमलों और राष्ट्रीय सुरक्षा पर आए अन्य खतरों को रोका जा सका।

आर.एन. काव एक समर्पित कर्मचारी थे, जिन्हें भारत के इंटेलिजेंस ब्यूरो (आई.बी.) में नियुक्त किया गया, जहाँ उन्होंने श्री टी.जी. पिल्लई, जो वर्ष 1947-1950 तक आई.बी. के निदेशक रहे, उनके डिप्टी भोलानाथ मल्लिक के साथ निकट सान्निध्य में कार्य किया। काव का अपने काम के प्रति समर्पण और उनकी शानदार कार्य नीति, इन गुणों की बदौलत वे जल्द ही मल्लिक के चहेते बन गए। पिल्लई के बाद जब मल्लिक आई.बी. के निदेशक बने तो उन्होंने काव को प्रधानमंत्री के सुरक्षा विभाग का मुखिया बनाया, जिसकी बदौलत काव को देश के सबसे लंबे कार्यकाल तक रहे प्रधानमंत्री पं. जवाहरलाल नेहरू के सान्निध्य में रहने और काम करने का अवसर मिला।

नेहरू और काव के बीच एक मजबूत रिश्ता विकसित हुआ और यह तब सबके सामने प्रदर्शित हुआ, जब नेहरू ने सन् 1955 में हुए 'द कश्मीर प्रिंसेस' की दुर्घटना की जाँच का भार आर.एन. काव को सौंपा; यद्यपि ऐसे मुद्दों में काव का अनुभव बड़ा सीमित था। काव उस समय मात्र 37 साल के ही थे, लेकिन नेहरू के साथ उनका सान्निध्य और नेहरू का उनकी क्षमताओं पर विश्वास होना, इस जाँच के लिए वे स्पष्ट विकल्प बन गए थे।

'द कश्मीर प्रिंसेस', जो 'एयर इंडिया फ्लाइट 300' के नाम से भी जाना जाता था, एयर इंडिया के लॉकहीड एल-749ए कांस्टेलेशन की एक चार्टर्ड उड़ान थी, जो त्रासदी में बदल गई थी। 11 अप्रैल, 1955 को विमान के बंबई

हवाई अड्डे से इंडोनेशिया के जकार्ता की ओर उड़ान भरते समय उसके निकट बम विस्फोट की वजह से विमान दुर्घटनाग्रस्त हो दक्षिण चीन सागर में जा गिरा था। विमान में सवार 19 यात्रियों में सिर्फ 3 विमान से बाहर निकल पाए थे। बाकी के 16 यात्री अपनी जान गँवा बैठे थे। यह विस्फोट चीनी प्रधानमंत्री चाउ एन-लाइ को मारने की साजिश थी, जो उस विमान से यात्रा करने वाले थे। किंतु बीमारी की वजह से वे उस विमान में उड़ान भरने की स्थिति में नहीं थे। लेकिन कुछ इतिहासकारों का मानना है कि उन्हें उस साजिश का पता पहले से ही चल गया था।

इस दुर्घटना के बाद चीनी सरकार ने व्यापक जाँच की माँग की थी और हांगकांग की सरकार को यह जिम्मेदारी सौंपी गई थी। जाँचकर्ता पड़ताल के बाद इस निष्कर्ष पर पहुँचे थे कि यह बमबारी कुओ मिन टंग (के.एम.टी.) द्वारा की गई थी। यह ताइवान की प्रमुख राजनीतिक पार्टी थी और चीनी सरकार को ऐसा बोध हुआ था कि वे भारत एवं चीन के बीच शांति वार्त्ता को रोकने की कोशिश कर रहे थे।

'द कश्मीर प्रिंसेस' के बम विस्फोट की जाँच के दौरान आर.एन. काव को दुनिया भर के अनेक उच्चाधिकारियों से मिलने का अवसर भी मिला और जाँच खत्म होने के बाद भी काव प्रधानमंत्री नेहरू के साथ उनकी विदेश यात्राओं पर उनके साथ जाते रहे। उन अवसरों से हमेशा ही वे दूसरों से सीखते रहे। इन सबकी बदौलत खुफिया जानकारी इकट्ठा करने और उनके विश्लेषण में उन्होंने बहुमूल्य अनुभव प्राप्त किया।

अपनी यात्राओं के दौरान काव ने जो बहुमूल्य अनुभव प्राप्त किए, वे रिसर्च एंड एनालिसिस विंग (रॉ) की स्थापना के समय बहुत काम आए।

जानकारियों को सोखने और दूसरों से सीखने की उनकी क्षमता उनके कॅरियर की सबसे बड़ी विशिष्टता रही, जो इस क्षेत्र की एक नामी इंटेलिजेंस एजेंसी रॉ को स्थापित करने में उनकी सहायक रही।

□

द कश्मीर प्रिंसेस

'द कश्मीर प्रिंसेस' की जाँच-पड़ताल आर.एन. काव की जिंदगी का निर्णायक मोड़ साबित हुआ। इस जिम्मेदारी ने दक्षिण-पूर्व एशिया से उनका परिचय कराया, एक ऐसा क्षेत्र, जो उन्हें बड़ा दिलचस्प लगता था। इस दौरान सिर्फ छह महीने के अंतराल में काव इस क्षेत्र के करीबन पाँच देशों के प्रतिनिधियों और महत्त्वपूर्ण व्यक्तियों के संपर्क में आए। इस अद्भुत अनुभव से उन्हें दक्षिण-पूर्व एशिया के राजनीतिक और सांस्कृतिक पटल की अनेक बातें सीखने को मिलीं।

आर.एन. काव का 'द कश्मीर प्रिंसेस' की पड़ताल के साथ जुड़ाव सिर्फ इस मायने में महत्त्वपूर्ण नहीं था कि वह उनके समक्ष इस क्षेत्र को अनावृत्त कर रहा था, बल्कि इसलिए कहीं ज्यादा महत्त्वपूर्ण था कि जाँच के दौरान वे इससे बेशकीमती सबक सीख रहे थे।

यह अनुभव काव के जीवन का निर्णायक मोड़ साबित हुआ, क्योंकि इसके जरिए अंतरराष्ट्रीय संबंधों की जटिलताओं की बारीकियों और इस क्षेत्र के नाजुक शक्ति-संतुलन को देख-समझने में वे सक्षम हुए। वे न केवल प्रत्यक्ष रूप से कूटनीति की कार्य-प्रणाली की बारीकियों को देखने-समझने के, बल्कि विदेशी सरजमीं पर की गई जाँच-पड़ताल में आई चुनौतियों का सामना करने के भी साक्षी रहे।

'द कश्मीर प्रिंसेस' का मुद्दा सिर्फ इसलिए अहमियत नहीं रखता था कि उसमें कई दूसरे देश शामिल थे, अपने स्वरूपवश भी यह घटना एक अलग महत्त्व रखती थी।

विमान भारतीय मूल का था, उसके कर्मचारी चीनी थे, जिसने उड़ान हांगकांग से भरी और जो अंततः दुर्घटनाग्रस्त हो इंडोनेशियाई समुद्र में जा गिरा। यह सुनियोजित हमला चीनी प्रधानमंत्री के लिए किया गया था, इस तथ्य ने भारतीय अधिकारियों के बीच बड़ी गंभीर चिंता पैदा कर दी; क्योंकि इसका सीधा अर्थ यह निकलता था कि कोई भारत-चीन के रिश्तों को हानि पहुँचाना चाह रहा था!

इस घटना के कुछ दिनों में ही चीनी सरकार ने रेडियो पर एक सार्वजनिक घोषणा कर इस घटना को तोड़-फोड़ करार दे दिया। उन्होंने इस अपराध के लिए के.एम.टी. (क्यो मिंग टंग) एजेंटों को जिम्मेदार ठहराया।

मामले की गंभीरता को मद्देनजर रखते हुए प्रधानमंत्री पंडित नेहरू का अनुमोदन प्राप्त होते ही इंटेलिजेंस ब्यूरो (आई.बी.) के निदेशक भोलानाथ मल्लिक ने इस जाँच-पड़ताल के लिए स्वयं आर.एन. काव का चयन किया। इस भूमिका के लिए वे सर्वथा उपयुक्त थे। खुफिया जानकारी हासिल करने का उनका विस्तृत अनुभव और जटिल भू-राजनीतिक हालात के सफल संचालन की क्षमता उन्हें इस कार्य के लिए उपयुक्त बनाती थी।

समय खराब किए बिना 20 अप्रैल, 1955 को काव ने दिल्ली से बंबई की उड़ान पकड़ी। इस जाँच की और उनके द्वारा हासिल निष्कर्षों के संभावित परिणामों की अहमियत से वे बखूबी वाकिफ थे। काव की मुद्दे पर विस्तार से तवज्जो देने की प्रकृति, बारीकियों पर उनकी नजर और उनकी विश्लेषण क्षमता उनकी सफलता के लिए बहुत महत्त्वपूर्ण थी।

बंबई पहुँचते ही उन्होंने अपनी जाँच टीम गठित करने में बिल्कुल समय नहीं गँवाया और सत्यनिष्ठा, दक्षता एवं समग्रता पर बल देते हुए बड़ी सावधानी से सदस्यों का चयन किया। उन्होंने डिप्टी सेंट्रल इंटेलिजेंस ऑफिसर चंद्रपाल सिंह और हिंदुस्तान एयरक्राफ्ट फैक्टरी के एक इंजीनियर विश्वनाथन का चयन किया।

हालाँकि, एक बड़ी टीम का चुनाव करने की उन्हें पूर्ण स्वतंत्रता थी, पर उन्होंने अपनी टीम को छोटा रखा, जिससे परस्पर संचार असरदार हो और निर्णय

लेने में देरी न हो। बंबई में आगमन के आरंभिक दो दिन के भीतर आर.एन. काव ने उस हादसे के तीन जीवितों से अच्छी तरह से साक्षात्कार किया और साथ ही हांगकांग में एयर इंडिया के क्षेत्रीय तथा ऑपरेशंस प्रबंधकों से भी पूछताछ की।

आर.एन. काव की अति सतर्कता से की गई जाँच के जरिए उन लोगों के विषय में बड़ी महत्त्वपूर्ण जानकारियाँ हासिल हुईं, जिनको उड़ान भरने से पहले विमान में मिली पहुँच के साथ ही विमान में लादे गए सामान तक भी पहुँच हासिल थी। उन्हें यह जानकारी मिली कि विमान से यात्रा करने वाले प्रतिनिधियों के लिए कोई खास या अतिरिक्त सुरक्षा मुहैया नहीं कराई गई थी।

इस महत्त्वपूर्ण जानकारी से लैस काव 23 अप्रैल को अपनी पड़ताल को आगे बढ़ाने हेतु सिंगापुर की ओर रवाना हुए। खुफिया जानकारी इकट्ठा करने में उनकी दक्षता, विस्तार की सूक्ष्मता पर तवज्जो देना, 'द कश्मीर प्रिंसेस' केस की जटिलताओं को अनावृत्त करने में यह बड़ी कारगर साबित हुई।

अपने सफर की राह में काव का सिंगापुर हवाई अड्डे पर एक छोटा सा पड़ाव था, जहाँ बांडुंग की ओर प्रस्थान करने से पहले उन्होंने कुछ बैठकें कीं। बांडुंग पहुँचकर वे एक उच्च स्तरीय बैठक में शामिल हुए, जिनमें तीन महत्त्वपूर्ण नेता शिरकत कर रहे थे—नेहरू, सुकर्णो और चाउ एन-लाई। जाँच के एक अहम पड़ताल के निष्कर्ष पर विमर्श होना था।

बांडुंग में आर.एन. काव को आया देख मामले को अपने हाथ में लेते हुए नेहरू ने काव को अब आगे कैसे बढ़ना है, इसकी हिदायत दे डाली। अपनी हासिल की गई जानकारी को बड़े स्पष्ट रूप से काव को चीनी प्रधानमंत्री चाउ एन-लाई को बताना था। इसके लिए निजी बैठक आयोजित हुई थी। मुद्दे की संवेदनशीलता और उस पर लगे ऊँचे दावों को मद्देनजर रखते हुए नेहरू इस बात को सुनिश्चित करना चाहते थे कि काव की तैयारी पूरी हो और उन्हें इस बात का ज्ञान रहे कि उन्हें सटीक कहना क्या है?

बैठक अपने आप में बहुत महत्त्वपूर्ण थी, क्योंकि उसमें चीन, भारत और इंडोनेशिया के प्रमुख नेता शामिल थे। बातचीत जाँच और उस क्षेत्र की राजनीति पर उसके संभावित प्रभाव के इर्द-गिर्द घूमती रही। जहाँ इतना सब दाँव पर

लगा हुआ था, यह बेहद जरूरी था कि चाउ एन-लाई के समक्ष काव का प्रस्तुतीकरण संपूर्ण रूप से स्पष्ट और सटीक हो।

चाउ एन-लाई के साथ आर.एन. काव की मीटिंग उनकी जिंदगी का एक अहम क्षण रहा। उन्हें न केवल चीनी परंपराओं का और वैश्विक मंच पर यह देश अपनी प्रतिक्रिया किस प्रकार प्रस्तुत करता है, उसके बारे में जानकारी मिली, घटित हुई एक विनाशकारी घटना की इतनी महत्त्वपूर्ण खुफिया जानकारी उनके साथ साझा करने का अवसर भी मिला। मीटिंग के दौरान काव ने चाउ एन-लाई को उस बम की जानकारी दी, जिसने विमान को नष्ट किया था। वह जानकारी भी साझा की, जो उन्होंने इस हादसे में उन तीन जीवित व्यक्तियों के साथ किए साक्षात्कार से हासिल की थी।

ऐसा नहीं था कि बैठक में असहजता के क्षण नहीं आए। काव के फाउंटेन पेन से स्याही उनके हाथों पर चू गई और इससे वे कुछ नर्वस-से हुए तथा पोंछने के लिए कागज ढूँढ़ने लगे। इसी क्षण चाउ बिल्कुल अप्रत्याशित रूप से उठ खड़े हुए और एक गीला तौलिया लाकर काव को हाथ पोंछने के लिए दिया। ऐसी रियायत से पेश आने की उदारता से काव पर इसका अमिट प्रभाव पड़ा।

मीटिंग के बाद चाउ चीन लौट गए और वहाँ एक पत्रकार को साक्षात्कार देते हुए उन्होंने कहा कि उन्होंने नेहरू के जैसा अभिमानी व्यक्ति नहीं देखा था। यह कथन काव के लिए एक रहस्योद्घाटन-सा था, जिससे उन्हें वैश्विक राजनीति की बारीकियों तथा नेतागण किस तरह से एक-दूसरे पर परस्पर प्रभाव डालते हैं, इन बातों को समझने में मदद मिली। इसने अवधारणाओं की अहमियत को उजागर किया तथा इस बात को भी कि किस तरह एक व्यक्ति के कार्य वैश्विक स्तर पर उसकी साख पर प्रभाव डालते हैं!

बहरहाल, चीनी प्रधानमंत्री से मुलाकात के दूसरे दिन आर.एन. काव जकार्ता, इंडोनेशिया के लिए निकल गए, जहाँ उन्होंने प्रधानमंत्री नेहरू को मीटिंग का विस्तृत विवरण दिया। यद्यपि अपने वरिष्ठ मल्लिक का उन्हें निर्देश मिला कि वे फौरन सिंगापुर पहुँचें, नेहरू ने काव को हांगकांग जाने की सलाह दी।

हांगकांग जाने का फैसला आसान नहीं था, क्योंकि इतने कम समय में सीधे हांगकांग की उड़ान उपलब्ध नहीं थी, जिसके फल-स्वरूप दूतावास को कई तैयारियाँ करनी पड़ीं। इन सबसे जुड़े सभी व्यक्तियों के लिए यह काफी चुनौतीपूर्ण साबित हुईं। इन बाधाओं के बावजूद काव और उनकी टीम हांगकांग पहुँचने के लिए प्रतिबद्ध थी।

यात्रा अपने आप में कठिन थी, लेकिन टीम दृढ़ रही और आखिरकार हांगकांग पहुँच गई। यह एक महत्त्वपूर्ण चाल थी, इसलिए भी कि हांगकांग खुफिया जानकारी एकत्रित करने का अहम अड्डा होने के साथ-साथ एशिया के बिल्कुल हृदय-स्थल में होने के कारण उसकी भौगोलिक और सामरिक महत्ता भी थी।

हांगकांग में आने के बाद अगले छह महीनों तक काव मिरामार होटल में डटे रहे। इस दौरान उन्होंने खुफिया जानकारियाँ इकट्ठा करने और उसका विश्लेषण करने का काम जारी रखा और अपना ध्यान चीन तथा उसके आसपास के क्षेत्रों के मुद्दों पर बनाए रखा।

अलबत्ता, आर.एन. काव जल्द ही समझ गए कि आगे की जाँच-पड़ताल के लिए उनका चीन के पीकिंग शहर में जाकर रहना जरूरी था। यह बड़ा जटिल और बोझिल सा काम था, क्योंकि मौसम और कनेक्टिविटी दोनों कड़ी चुनौती पेश कर रहे थे। फिर भी, काव अडिग व अविचलित रहते हुए अपने मिशन को पूरा करने के प्रति दृढ़ थे। अथक परिश्रम करते हुए, स्थानीय अधिकारियों के साथ समन्वय बैठाते हुए, अपने सूत्रों के तंत्र का लाभ उठाते हुए और किसी भी बाधा पर काबू पाने के लिए उन्होंने आवश्यक व्यवस्था स्थापित की।

पीकिंग पहुँचने पर वे चाउ एन-लाई से मिले, जिन्होंने बमबारी की घटना को लेकर उनके साथ जबरदस्त अंदरूनी जानकारी साझा की। उन्होंने काव को बताया कि जिस बम ने विमान को तहस-नहस कर डाला था, वह अमेरिका ने दिया था, ताइवान से पहुँचा था और विमान में उसे कुओ मिंग टंग (के.एम.टी.) के एजेंटों ने रखा था। इस काम को अंजाम देने वाले लोगों के नाम भी उन्होंने गिना दिए।

चाउ ने सुझाव दिया कि यह जानकारी वे हांगकांग पुलिस के साथ साझा करें, लेकिन इस चेतावनी के साथ कि यह जानकारी किसी भी कीमत पर अमेरिका तक नहीं पहुँचनी चाहिए। इसके अलावा, चाउ ने काव को चेताते हुए उनकी जिंदगी के खतरे के बारे में भी बताया और उन्हें हांगकांग में सावधानी बरतने की सलाह दी। जवाब में काव का कहना था कि हांगकांग में वे एक विदेशी सरजमीं पर थे और हमेशा चीनियों से घिरे रहते थे तथा खुद को बचाने के लिए वे खास कुछ करने की स्थिति में नहीं थे। उन्होंने सुझाव दिया कि अगर वे वाकई उनकी सुरक्षा चाहते थे तो चाउ हांगकांग सरकार को सूचित कर उनकी जिंदगी पर मँडराते खतरे के बारे में अवगत कराएँ।

चाउ ने इस पर त्वरित काररवाई करते हुए हांगकांग की सरकार को आर.एन. काव की जिंदगी पर मँडराते खतरे से अवगत कराया। नतीजतन, काव ने हांगकांग वापसी पर अपनी सुरक्षा व्यवस्था में उल्लेखनीय वृद्धि देखी। सुरक्षा में वृद्धि के बावजूद काव को चीनी सरकार से उनकी सुरक्षा पर मँडराते खतरे को लेकर चेतावनियाँ मिलती रहीं। चीनी सरकार को यकीन था कि के.एम. टी. काव को हर हाल में खत्म करने पर दृढ़ था, क्योंकि उनकी जाँच-पड़ताल कुछ बेहद शक्तिशाली लोगों का भांडा फोड़ करने की दिशा में बढ़ रही थी, जो विमान के बम विस्फोट के साथ जुड़े हुए थे।

काव को शुरुआती दिनों में खतरा जरूर महसूस हुआ था, लेकिन समय के साथ वे इसके आदी हो चुके थे। बतौर एक अनुभवी खुफिया अधिकारी वे व्यावसायिक खतरों की बात को भलीभाँति समझते थे और उन्हें हर समय सतर्क रहने की जरूरत थी, इस बात को भी वे समझते थे। उन्होंने अपनी पड़ताल जारी रखी, सबूत इकट्ठा करते रहे, जानकारियों का विश्लेषण करते रहे, जिससे केस हल होने में मदद मिल सके।

अपनी पड़ताल को लेकर आर.एन. काव का समर्पण अडिग था। उन महत्त्वपूर्ण दस्तावेजों की सुरक्षा के लिए वे हर संभव कदम उठाते थे, जो वे हमेशा अपने साथ लिये रहते थे। उन दस्तावेजों में ऐसी संवेदनशील जानकारियाँ होती थीं, जिससे केस बन-बिगड़ सकते थे, लिहाजा उन्हें वे कभी अपने से दूर

नहीं रखते थे। वे जहाँ भी जाते, चाहे मीटिंग हो या शाम की कोई पार्टी, अपने ब्रीफकेस में उन्हें हमेशा साथ लिये रहते। यहाँ तक कि उनके बाथरूम में भी वह उनके साथ होता, क्योंकि उन्हें अपनी पहुँच के बाहर रखने का जोखिम वे उठा नहीं सकते थे।

एक अनुभवी खुफिया अधिकारी की हैसियत से वे जानते थे कि उनके पास संचित जानकारी बेशकीमती थी और इस बात को उन्हें सुनिश्चित करना ही होता था कि वे किसी गलत हाथों में न पड़ जाएँ। ब्रीफकेस को सुरक्षित रखने के उनके अपने तरीके थे। सोते समय वे उन्हें अपने गद्दे के नीचे रखकर सोया करते थे। जाँच के प्रति उनके समर्पण का यह साक्ष्य नहीं तो क्या था!

जल्द ही काव के सहकर्मी एवं दोस्त इस बात को लेकर सजग हो गए कि ब्रीफकेस काव के लिए कितनी अहमियत रखता था और वे उसे उनकी 'डार्लिंग' कहकर बुलाया करते थे।

आर.एन. काव इस बात से वाकिफ हो चले थे कि 'द कश्मीर प्रिंसेस' केस की जाँच महज खुफिया जानकारियाँ इकट्ठा करना और जासूसी का काम नहीं था। उन्हें इस केस से जुड़े विभिन्न देशों, जैसे—चीन, ब्रिटेन व हांगकांग के जटिल राजनीतिक संबंधों की नजाकत को समझते हुए आगे बढ़ना था। इसके साथ ही, भारतीय सरकार के एजेंट के रूप में आर.एन. काव को हर समय राजनीतिक रूप से व्यवहार-कुशल बने रहना था, जिससे किसी तरह का कूटनीतिक हादसा न हो जाए, जिसके दूरगामी प्रभाव होने की संभावना हो।

इसके अतिरिक्त, जवाहरलाल नेहरू की साख दाँव पर लगी थी और काव जानते थे कि उन्हें भारत के दूसरे देशों के साथ संबंधों को हानि पहुँचाए बिना जाँच को आगे बढ़ाते हुए, अपनी गतिविधियों और शब्दों को लेकर बड़ी सतर्कता बरतते हुए परिणाम सामने लाने होंगे।

चुनौतियाँ यहीं खत्म नहीं होती थीं। नागरिक उड्डयन विभाग (सिविल एविएशन डिपार्टमेंट) के उप-निदेशक जनरल के.एम. राहा आरंभ से ही इस केस में काव की भागीदारी से खुश नहीं थे। उन्हें लगता था कि चूँकि विभाग में वे वरिष्ठ पद पर थे, अतः जाँच प्रक्रिया में उन्हें ज्यादा तवज्जो मिलनी चाहिए

थी। इससे काव एवं राहा के बीच स्पर्धा और तनाव का सृजन हुआ, जिससे जाँच-प्रक्रिया में जटिलता की एक और परत चढ़ गई।

इसके अलावा, काव पर नेहरू की कृपादृष्टि उनके अपने सहकर्मियों के बीच उनके प्रति द्वेष-भाव पैदा कर रही थी। इन अंदरूनी चुनौतियों के बावजूद काव ने अपने निर्दिष्ट कार्य पर संपूर्ण ध्यान केंद्रित किया और पूरी लगन के साथ 'द कश्मीर प्रिंसेस' के सत्य को उद्घाटित करने में जुटे रहे।

18 मई, 1955 को पीकिंग से हांगकांग लौटकर उन्होंने गवर्नर को संदिग्धों की एक सूची थमाते हुए उन्हें यह सुझाव दिया कि वे यथाशीघ्र उन्हें हिरासत में लें। उन्हें यह मालूम था कि संदिग्धों की गिरफ्तारी चीनी सरकार का आत्मविश्वास जीतने के लिए अहम होगा, जो के.एम.टी. के एजेंटों को 'द कश्मीर प्रिंसेस' के विनाश के लिए जिम्मेदार ठहराने को लेकर अपनी शंका जाहिर करने में बहुत मुखर रहे थे।

गवर्नर के साथ अपनी मीटिंग्स के अतिरिक्त काव अपने अंग्रेज समकक्षों से भी मिलकर उन्हें जाँच की प्रगति को लेकर अवगत करा रहे थे। दोनों पक्षों के साथ ही अपनी वार्त्ताओं में वे बड़ी सतर्कता से संतुलन बनाकर चलते हुए यह सुनिश्चित किया करते थे कि दोनों देशों के साथ भारत के संबंधों पर कोई आँच न आने पाए।

जाँच के दौरान काव नेहरू के निर्देशों को ध्यान में रखते कि ऐसा कुछ भी नहीं किया जाना चाहिए, जिससे इनमें से किसी भी देश के साथ भारत के संबंधों को हानि पहुँचे। उन्होंने बड़ी लगन व मेहनत से कार्य करते हुए यह सुनिश्चित किया कि जाँच पूर्ण व्यावसायिकता, कूटनीति और निष्पक्षता के साथ हो।

यह सत्य था कि 'द कश्मीर प्रिंसेस' केस की जाँच के समय काव इस बात को लेकर सजग हो गए थे कि चीन व ब्रिटेन दोनों के अपने एजेंडा थे और वे अपने-अपने प्रयोजन के लिए भारत का इस्तेमाल कर रहे थे। काव को इस बात का भी बोध हो चला था कि भारत को जाँच-पड़ताल के लिए इसलिए भी चुना गया था, क्योंकि चीन और ब्रिटेन दोनों को यकीन था कि अपने लाभ के

लिए भारत को आसानी से प्रभावित कर उसका कुशलतापूर्वक इस्तेमाल किया जा सकता था।

अलबत्ता, काव ने इसे अपने कार्य और जाँच पर हावी नहीं होने दिया। उन्होंने अपना संपूर्ण ध्यान सबूत इकट्ठा करने और हमले के दोषियों की शिनाख्त पर केंद्रित रखा। वे भारतीय खुफिया एजेंसी की अखंडता और प्रतिष्ठा कायम रखने के लिए प्रतिबद्ध थे।

यह बात भी उतनी ही सत्य थी कि चीनी प्रधानमंत्री 'द कश्मीर प्रिंसेस' की पड़ताल में खासी दिलचस्पी ले रहे थे और केस की प्रगति पर करीबी नजर रखे हुए थे। जैसा कि पहले भी जिक्र हुआ है, चीनी प्रधानमंत्री काव के साथ नियमित संपर्क साधे हुए थे और चाहते थे कि उन्हें जाँच की जानकारी लगातार दी जाती रहे, जिससे भारत के इस पड़ताल प्रबंधन पर चीन का आत्मविश्वास बना रह सके।

हालाँकि, यह भी संभव है कि चीनी प्रधानमंत्री की इस पड़ताल में दिलचस्पी राजनीतिक विचारों से प्रेरित रही हो! 'द कश्मीरी प्रिंसेस' पर हमला चीनी सरकार के लिए एक शर्मिंदगी का वाकया था और बहुत संभव है, इस जाँच को उन्होंने चीन-विरोधी तत्त्वों को जड़ से उखाड़ फेंकने की अपनी प्रतिबद्धता को प्रदर्शित करने के अवसर के रूप में देखा हो!

काव के हांगकांग पुलिस को संदिग्धों की सूची पकड़ाने के छह घंटे पूर्व ही 'कश्मीर प्रिंसेस' के बोम्बिंग का मुख्य संदिग्ध छोऊ चू शहर छोड़कर फरार हो चुका था। यह जानकर काव को जबरदस्त झटका लगा। इस खबर ने काव के इर्द-गिर्द हर किसी को उनके संदेह के घेरे में ला खड़ा किया। उन्हें इस बात का अहसास होने लगा कि इस जाँच से जुड़ी सब पार्टियाँ उनका अपने तरीके से इस्तेमाल कर रही थीं!

इस नाकामयाबी के बावजूद हांगकांग पुलिस उनसे चीनी अधिकारियों से और जानकारी जुटाने का आग्रह करती रही, जिससे कि वे गिरफ्तारियाँ कर सकें। लेकिन चीनी सिर्फ टुकड़ों में जानकारियाँ देते थे और वह भी बिल्कुल असमय, जैसे देर रात या फिर तड़के सुबह।

इससे काव बहुत हतोत्साहित और असहाय महसूस किया करते थे; लेकिन उन्होंने सब्र का दामन नहीं छोड़ा और सत्य की खोज में दृढ़ संकल्पित बने रहे।

घटनाक्रम में आए इस मोड़ ने यह दिखा दिया कि काव की पड़ताल सीधी-सपाट नहीं चलने वाली थी। यह बात साफ थी कि कुछ शक्तिशाली ताकतें इस खेल में शामिल थीं और उन्हें इस राजनीतिक परिप्रेक्ष्य में बहुत सँभालकर, सतर्कता के साथ आगे बढ़ना होगा। दबाव बढ़ता जा रहा था, लेकिन काव न्याय की खोज में एकाग्रचित्त और दृढ़ बने रहे।

जाँच-पड़ताल के अनुकरण करने पर अंग्रेज अधिकारियों को इस बात का विश्वास हो गया कि 'द कश्मीर प्रिंसेस' का भीतरध्वंस (सैबोटाज) हुआ था। अलबत्ता, जिस प्रकार चीनी इस मामले को सँभाल रहे थे, अंग्रेज अधिकारी इससे नाखुश थे। उन्हें यह अहसास हो रहा था कि चीनी उन्हें समय पर सारी जानकारियाँ उपलब्ध नहीं करा रहे थे। वे चीनियों से और अधिक सहयोग व सहायता की अपेक्षा की आस लगाए हुए थे, जिससे संदिग्धों की गिरफ्तारी हो सके और न्याय के कठघरे में उन्हें लाया जा सके। चीनियों से सहयोग की कमी और इस बात को लेकर उन पर संदेह कि वे जानकारियाँ छुपा रहे थे, इन सबसे जाँच-पड़ताल में तनाव और मनोरथ-भंग को और बढ़ावा मिला।

वर्ष 1955 के मई माह के अंत में चाउ एन-लाई हांगकांग के गवर्नर के साथ मुलाकात कर जाँच-पड़ताल में हुई प्रगति पर बातचीत करने हांगकांग पधारे। उन्होंने काव द्वारा किए गए काम की प्रशंसा की और काव के प्रयासों की प्रशंसा करते हुए नेहरू को पत्र भी लिखा। अलबत्ता, हांगकांग पुलिस और ब्रिटिश अधिकारियों के कार्य पर चाउ को अब भी यकीन नहीं था। उन्हें यूँ महसूस हो रहा था कि वे जाँच में अधिक सहयोग नहीं कर रहे और मामले को गंभीरता से नहीं ले रहे थे।

संयुक्त राष्ट्र में भारतीय प्रतिनिधिमंडल का नेतृत्व करने वाले कृष्णा मेनन और जिन्हें नेहरू का सेकंड इन कमांड माना जाता था, उन्होंने सुझाया कि बी.एन. मल्लिक को हांगकांग भेजा जाए, जिससे भारत की जाँच-प्रक्रिया को लेकर

गंभीरता प्रदर्शित हो सके। अतः जून 1955 में बी.एन. मल्लिक हांगकांग पहुँचे।

बी.एन. मल्लिक, जो भारत के खुफिया ब्यूरो (इंटेलिजेंस ब्यूरो) में एक उच्च अधिकारी थे, उन्हें काव की सहायता के लिए और इस जाँच के प्रति भारत की प्रतिबद्धता दरशाने के लिए भेजा गया।

बी.एन. मल्लिक का इस केस में शामिल होना जाँच का खेल-परिवर्तक साबित हुआ, क्योंकि वे एक ताजा परिप्रेक्ष्य और ऊर्जा भी अपने साथ लाए। पं. नेहरू की नीति का पालन करते हुए उन्होंने दोनों पक्षों—चीनी और अंग्रेज अधिकारियों—के साथ अलग बैठकें कीं, जो सफल हुईं। यद्यपि अंग्रेज अधिकारी केस को सुलझाने की कोशिश पूरी गंभीरता से कर रहे थे, तथापि चीनी उनकी कोशिशों से संतुष्ट नहीं थे और उन्हें विश्वास था कि के.एम.टी. के जासूसी तंत्र (नेटवर्क) को लेकर अंग्रेज गोपनीयता बनाए हुए थे और सिर्फ क्षतिग्रस्त विमान पर ही अपना ध्यान केंद्रित किए हुए थे।

आर.एन. काव ने अपने द्वारा की गई जाँच की जानकारी से मल्लिक को अवगत कराया और मल्लिक उनकी तब तक की गई चेष्टाओं से काफी प्रभावित हुए।

बी.एन. मल्लिक दोनों पक्षों के बीच मध्यस्थ की भूमिका निभा रहे थे और दोनों के बीच सौहार्दपूर्ण संबंध बनाने में कामयाब रहे। उनका कूटनीतिक कौशल प्रशंसनीय था और दोनों पक्षों—चीनी व ब्रिटिश अधिकारियों—की रुचियों का संतुलन बनाने में वे कामयाब रहे।

बी.एन. मल्लिक के भारत लौटने के बाद चाउ ने नेहरू को एक पत्र लिखा, जिसमें जाँच प्रक्रिया में मल्लिक को अंग्रेजों की तरफदारी करने की शिकायत की। पत्र के मिलने पर नेहरू ने हालात का सतर्कता से आकलन करते हुए यह पाया कि चाउ के आरोप तथ्यों को लेकर गलतफहमियों से उपजे थे। नेहरू ने तत्काल चाउ के पत्र का जवाब देते हुए उन्हें आश्वस्त करते हुए लिखा कि मल्लिक और दूसरे भारतीय अधिकारीगण पूरी निष्पक्षता से हमले का सत्य उजागर करने को प्रतिबद्ध थे। नेहरू का जवाब में जाँच की निष्पक्षता की महत्ता पर प्रकाश डालने और जाँच प्रक्रिया की संपूर्ण पारदर्शिता की दिशा

में भारत की दृढ़ता पर जोर डालते हुए जाँच को किसी भी राजनीतिक दबाव और पक्षपात से स्वतंत्र बताया।

चाउ के पत्र के जवाब में नेहरू ने जाँच के प्रति भारत के निष्पक्ष और वस्तुनिष्ठ रवैया बनाए रखने की बात पर बल देते हुए इस ओर भी ध्यान आकृष्ट किया कि भारत का यह रवैया चीन, ताइवान और यू.के. के आपसी तनाव के बावजूद कायम हुआ था।

नेहरू के आश्वासन से चीन और अंग्रेज—दोनों पक्षों के अधिकारियों के साथ जाँच प्रक्रिया पर भरोसा और उसकी साख दोनों के मजबूत होने पर बल मिला।

इसने यह भी सुनिश्चित किया कि दोनों पक्षों को यह अहसास हो कि उनके हितों को ध्यान में रखा जा रहा था।

एयर इंडिया की दुर्घटना की जाँच के कुछ अरसा चलने के बाद हांगकांग सरकार ने इस घटना या इसके जिम्मेदार लोगों की जानकारी देने वाले व्यक्ति के लिए 1,00,000 हांगकांग डॉलर के इनाम की घोषणा की। इस संभावित आर्थिक लाभ के बावजूद कोई भी नई जानकारी लेकर सामने नहीं आया। □

अधिगम/प्रज्ञता

जून 1955 के मध्य तक आते-आते यह बात स्पष्ट हो चुकी थी कि आर.एन. काव का प्राथमिक उद्देश्य हासिल हो चुका था, यह साबित करना कि विमान ध्वंस मशीनी खराबी की वजह से नहीं, बल्कि सैबोटाज की वजह से हुआ था। आगे चलकर इंडोनेशियाई जाँच की रिपोर्ट ने इस बात की पुष्टि कर दी, जहाँ यह खुलासा किया गया था कि विमान में सैबोटाज के स्पष्ट सबूत मिले थे।

जाँच में काव का सतत प्रयास और उनका दृढ़ संकल्प रंग लाया तथा दुर्घटना (क्रैश) का सत्य और उसका कारण स्थापित हो पाया। यह जानकारी इसलिए भी महत्त्वपूर्ण थी, क्योंकि इसने इस प्रारंभिक तथ्य को, कि यह महज एक हादसा था, खारिज कर इस बात को अहमियत मिली कि इसके पीछे किसी बड़ी साजिश की मौजूदगी काम कर रही थी।

अब, जब विमान में सैबोटाज की पुष्टि हो गई, तब इसने कई सवाल भी उठाए; जैसे—इसके पीछे क्या उद्देश्य रहा था? वे कौन लोग थे, जो इसके पीछे शामिल थे? उनकी पहचान और फिर ऐसे हमले, कृत्य के संभावित परिणाम क्या हो सकते थे?

विमान दुर्घटना सैबोटाज की वजह से ही हुई थी, यह तथ्य स्थापित होने के बावजूद जाँच प्रक्रिया इस घटना के पीछे के सत्य को पूर्ण रूप से अनावृत्त करने से अब भी कोसों दूर थी।

दो सवाल, जो सबसे ज्यादा उठ रहे थे, वे यह थे कि इस घटना के

जिम्मेदार कौन थे और यह कृत्य किया क्यों गया? ये दोनों ही प्रश्न अनुत्तरित रह गए थे। बदकिस्मती से ब्रिटेन और चीन के बीच चल रहे शीत युद्ध जैसे तनाव जाँच की प्रगति में बाधा उत्पन्न कर रहे थे।

आरंभ के दिनों में, अपनी शुरुआती मीटिंग्स के दौरान हसीउंग ने आर.एन. काव के साथ ढेर सारी बहुमूल्य जानकारियाँ साझा कीं, लेकिन जल्द ही उनका सहयोग सीमित होने लगा और वे महत्त्वपूर्ण जानकारी अपने तक सीमित रखने लगे। इधर अंग्रेज अधिकारी जाँच के साथ यथाशक्ति अपना पूरा सहयोग दे रहे थे। लेकिन चीनियों की ओर से सहयोग की कमी के कारण जाँच में किसी भी तरह की उल्लेखनीय प्रगति हासिल करने में बाधा आ रही थी।

हसीउंग द्वारा दी गई शुरुआती जानकारी के बूते पर बाद के दिनों में काव ने हांगकांग पुलिस की मदद से व्यापक जाँच-पड़ताल की, जिसके चलते कई गिरफ्तारियाँ भी हुईं। उन्होंने के.एम.टी. की खुफिया जासूसी का एक बड़ा जाल-तंत्र खोज निकाला, जो शहर में काम कर रहा था; लेकिन उसे विमान दुर्घटना के साथ जोड़ना बहुत चुनौतीपूर्ण साबित हो रहा था। के.एम.टी. एजेंट्स अपने काम में बड़े माहिर थे और जासूसी रणनीति में अत्यधिक कुशल थे। वे अपने पीछे किसी तरह का सबूत छोड़ने को लेकर अत्यंत सजग व सचेत भी रहते थे, जिससे किसी भी तरह से उन्हें सैबोटाज के साथ जोड़ना नामुमकिन हो रहा था। इसके अलावा, मुख्य आरोपी चाऊ चू अब भी फरार था।

हांगकांग पुलिस और चीनियों के बीच स्थिति तनावपूर्ण होती जा रही थी। चीनी अधिकारियों ने कुछ हांगकांग अधिकारियों पर यह आरोप लगा दिया कि वे के.एम.टी. के साथ मिले हुए थे। नतीजतन, हांगकांग पुलिस अब स्वयं अकेले इस विमान हादसे के पीछे के सत्य को उजागर करने में और दृढ़ संकल्प हो गई तथा चीनी अधिकारियों से वहाँ से चले जाने का अनुरोध किया।

इस बीच हसीउंग, जो आर.एन. काव के साथ जाँच के शुरुआती दौर में सहयोग दे रहे थे और बहुमूल्य जानकारी साझा कर रहे थे, बाद के दिनों में उन्होंने काव से माँग की कि जाँच से संबंधित सारे दर्ज किए हुए दस्तावेज, जो अंग्रेजों ने उनके साथ साझा किए थे, काव उन्हें सौंप दें। अंग्रेजों ने चीनियों के

साथ कोई भी जानकारी साझा करने से इनकार कर दिया। इससे जाँच पूरी तरह से ठप्प पड़ गई और काव को पूरी तरह गतिरोध में ला छोड़ा।

अब, काव के सामने प्रश्न मुँह बाए खड़ा था—उनका हांगकांग में रहना भला क्या हासिल कर सकता था, यदि दोनों सरकारें आपसी सहयोग में आना-कानी कर रही थीं? काव आगे बढ़ने की अपनी प्रक्रिया को लेकर दुविधा में थे और उन्हें बिल्कुल भी समझ में नहीं आ रहा था कि अब उन्हें आगे क्या करना चाहिए?

चीनी अधिकारियों और हांगकांग पुलिस के बीच तनातनी के बावजूद कुछ उच्च अधिकारियों के साथ काव अपने संबंधों को कायम रखने में सफल रहे और जाँच से संबंधित महत्त्वपूर्ण जानकारी हासिल करते रहे थे। उन्हें मालूम चला कि चाऊ चू के साथ रहने वाले साथी (रूममेट) ने उन घटनाओं की जानकारी दी थी, जो आगे चलकर विमान दुर्घटना में परिवर्तित हुई थी। हांगकांग सरकार द्वारा हमले से संबंधित जानकारी के लिए इनाम घोषित करने के बाद यह जानकारी हासिल हुई थी। साथी की गवाही के अनुसार, चाऊ चू ने विमान के सैबोटाज करने का राज उससे साझा किया था। जिस समय चाऊ चू ने उसे यह राज की बात बताई कि वह के.एम.टी. के एजेंटों के साथ मिला था, जिन्होंने उसे बम दिया था, उस समय वह हेरोइन जैसे नशीले पदार्थ के प्रभाव में था। चाऊ चू ने विमान की सफाई करते समय उस बम को विमान के दाएँ चक्के के ऊपर के गर्त में चुपचाप खिसका दिया था।

साथी ने आगे यह भी खुलासा किया कि दुर्घटना (क्रैश) के बाद चाऊ चू के.एम.टी. एजेंटों के पास अपना इनाम लेने पहुँचा था; लेकिन चूँकि चाउ एन-लाई उस विमान पर सवार ही नहीं हुए थे, एजेंटों ने इनाम देने से साफ इनकार कर दिया था। इस जानकारी से इस बात के भी संकेत मिले कि के.एम.टी. ने पहले भी कई अवसरों पर चाउ एन-लाई को खत्म करने की कोशिश की थी। उस साथी ने यह भी बताया कि कुओ मु जु, जो भारत में आयोजित सम्मेलन में हिस्सा लेने वाले प्रतिनिधिमंडल का नेतृत्व कर रहे थे और भारत पहुँच रहे थे, के.एम.टी. उन्हें भी खत्म करने की योजना बना रही थी। जब उन्हें चाउ एन-

लाई की बांडुंग यात्रा के बारे में पता चला, जो वे हांगकांग से होते हुए कर रहे थे, उन्होंने अपनी योजना बदल दी।

विमान दुर्घटना के पीछे की योजना को अनावृत्त करने में काव द्वारा की गई प्रगति के बावजूद उन्होंने अपने समक्ष दो बड़े रोड़े पाए। चीनी सरकार इस बात को लेकर बड़ी नाखुश थी कि हांगकांग पुलिस चाऊ चू को सजा देने में नाकाम रही थी, जो विमान में बम रखने का प्रमुख जिम्मेदार माना जा रहा था और वहीं दूसरी ओर, हांगकांग में स्थित अंग्रेज अधिकारी काव पर शहर को जल्द-से-जल्द छोड़ने के लिए दबाव बनाए हुए थे। काव इस बात को लेकर सचेत हो चुके थे कि उन्हें अब हांगकांग छोड़ना ही था, इसलिए भारतीय अधिकारियों को उन्होंने इस बारे में सूचित कर दिया। लेकिन भारत के विदेश मंत्रालय ने उनकी इस अनुमति को खारिज कर दिया और उन्हें वहीं रहकर जाँच प्रक्रिया जारी रखने का सुझाव दिया।

भारतीय अधिकारियों का यह निर्णय उनकी इस इच्छा से प्रेरित था कि चीन के साथ अच्छे संबंध बहाल रहें। वे चीन को यह महसूस नहीं होने देना चाहते थे कि भारत हमले की जाँच में चीन के साथ अपने सहयोग से अपने हाथ खींच रहा था। अलबत्ता, इस निर्णय ने काव को एक मुश्किल स्थिति में डाल दिया था। उन्हें अब जबरन हांगकांग में रहना था, जहाँ उनका स्वागत नहीं था और जाँच में भी वे अब आगे बढ़ने में लगभग असमर्थ थे।

जुलाई 1955 का पूरा महीना आर.एन. काव हमले की जाँच में शामिल दूसरी सरकारों के बीच ठेलम-ठेल की स्थिति में रहे, जहाँ जाँच में बिल्कुल न के बराबर प्रगति हुई। हांगकांग में बने रहने के अलावा काव के पास कोई और विकल्प उपलब्ध ही नहीं था। वे खुद को बस, एक कठपुतली-सा महसूस करने लगे थे, जिसके साथ सही अर्थों में कोई सहयोग नहीं कर रहा था!

गवर्नर से की गई अतिरिक्त सहयोग का अनुरोध स्वीकार नहीं हुआ और न ही उनके साथ कोई अतिरिक्त डाटा ही साझा किया गया। यह बात साफ तौर पर स्पष्ट हो चली थी कि केस की पड़ताल अब इससे संलग्न देशों के लिए एक राजनीतिक खेल के सिवा और कुछ नहीं था। काव वहाँ मात्र इन सबके गवाह

बनकर रह रहे थे और उनके लिए सक्रिय रूप से जाँच में शामिल रहने का कोई अवसर अब नहीं रह गया था।

इस जाँच से संबंधित राजनीतिक उथल-पुथल के बीच कुछ ऐसी घटनाएँ घटित हुईं, जिससे अंग्रेजों एवं भारतीयों के बीच का फासला और गहराता चला गया। जुलाई 1955 में जवाहरलाल नेहरू ने सार्वजनिक तौर पर इस जाँच में चीनी सरकार के योगदान को स्वीकार किया, जिससे हांगकांग के अंग्रेज अधिकारीगण और रुष्ट हो गए। उनका तर्क यह था कि जाँच में संसाधनों और जन-बल का अधिकांश हिस्सा अंग्रेजों का रहा था और नेहरू को चीनियों के बजाय अंग्रेजों के प्रयासों को स्वीकारना चाहिए था।

बहरहाल, आर.एन. काव, जो इन सब विवादों के बीच फँसे थे, ने इस तथ्य की ओर इशारा किया कि चीन ने संदिग्धों के संबंध में हांगकांग पुलिस के साथ जानकारियाँ साझा कर वाकई इस जाँच में बड़ी भूमिका निभाई थी।

उन्होंने इस बात को लेकर भी तर्क दिया कि इस लिहाज से भारतीय सरकार चीनी सहयोग स्वीकारने में गलत नहीं थी।

काव इस बात को समझने लगे थे कि हांगकांग में स्थित अंग्रेज अधिकारी वास्तव में जाँच में सहयोग करने की बजाय सिर्फ अपनी अच्छी साख बनाए रखने को लेकर चिंतित थे। सहयोग के लिए काव द्वारा किए गए अनुरोध को लेकर किसी भी प्रकार की नई जानकारी उनके साथ साझा करने को वे अनिच्छुक थे। लेकिन जैसे ही चाउ एन-लाई ने 20 अगस्त तक काव को बीजिंग में उपस्थित होने के निर्देश दिए, सबकुछ बदल गया। अचानक अंग्रेज और हांगकांग अधिकारी एक बार फिर काव को सहयोग देने लगे! वे दरशाना चाहते थे कि काव की जाँच में वे सहायता कर रहे थे और ऐसा जताकर वे चीनियों की नजर में अपनी छवि सुधारना चाहते थे। दरअसल, उन्होंने काव के साथ कुछ ऐसी जानकारियाँ साझा कीं, जो पहले उन्होंने उनसे छिपा रखी थीं।

चीनियों को क्या रिपोर्ट करना है, इसकी जिम्मेदारी अब दिल्ली में बैठे भारतीय अधिकारियों पर थी। उन्हें इसका फैसला करना था कि काव को हांगकांग पुलिस और अंग्रेजों से मिली जानकारी चीनियों को रिपोर्ट करनी थी या

केस को लेकर उनकी अपनी राय, जो वे महसूस कर रहे थे, उसे रिपोर्ट करना था? अगस्त के तीसरे सप्ताह में काव को स्पष्ट निर्देश दिए गए कि उन्हें क्या रिपोर्ट करना था! उन्हें सिर्फ हांगकांग पुलिस से प्राप्त जानकारी को रिपोर्ट करने के निर्देश मिले। उन्हें चोग्याल शासन और सिक्किम पर नियंत्रण को लेकर कोई खुलासा नहीं करना था।

भारतीय अधिकारियों का यह फैसला कदाचित् राजनीतिक विचारों से प्रभावित रहा था। भारत चीन व ब्रिटेन—दोनों के बीच के नाजुक संतुलन को बनाए रखने की कोशिश में था और ऐसे में संवेदनशील जानकारी का खुलासा इस संतुलन को बिगाड़ सकता था।

यह भी संभव है कि भारतीय अधिकारी अपनी खुफिया क्षमता की सीमा चीनियों के समक्ष उजागर नहीं करना चाहते थे। कारण चाहे जो भी रहे हों, काव ने निर्देशों का अक्षरशः पालन करते हुए चीनी अधिकारियों को वही जानकारी दी, जो उन्हें हांगकांग पुलिस से हासिल हो रही थी।

बहरहाल, 25 अगस्त, 1955 को आर.एन. काव जब बीजिंग के लिए रवाना हुए तो वे जबरदस्त दबाव में थे। अंग्रेज अफसरों ने काव को मुख्य संदिग्ध, जो एक के.एम.टी. एजेंट था, का नाम बताकर उन्हें फुसलाने की कोशिश की। उसका नाम वू था। जब 27 अगस्त को काव आखिरकार चाउ एन-लाई से मिले, तब वह मीटिंग तीन घंटे तक चली। हालाँकि, काफी समय अनुवाद में बरबाद हुआ। एक बात स्पष्ट थी—चाउ एन-लाई इस बात से कतई आश्वस्त नहीं थे कि अंग्रेज अधिकारी हमले के मुख्य अपराधी को पकड़ने में अपना सर्वश्रेष्ठ दे रहे थे। इसने काव को एक अप्रिय स्थिति में डाल दिया, क्योंकि उनसे यह उम्मीद थी कि वे सिर्फ उन्हीं जानकारियों की रिपोर्ट चीनियों को करेंगे, जो उन्हें हांगकांग पुलिस और अंग्रेज अधिकारियों से हासिल हो रही थीं।

एक बातचीत के दौरान चाउ एन-लाई ने काव से ऐसी ही एक जाँच के विषय में सवाल पूछ लिया, जो चल रही थी, और उस पर काव की व्यक्तिगत राय जाननी चाही। अपने विचारों को समन्वित करने में काव को कुछ समय

लगा और उन्होंने सिर्फ तथ्य संबंधी जानकारी ही दी। उन्होंने यह कहा कि संभवतः हांगकांग पुलिस शीघ्र ही अपनी रिपोर्ट चीनी सरकार को सौंपेगी। इसे लेकर चाउ ने अपना संदेह प्रकट किया और कहा कि उन्हें नहीं लगता कि हांगकांग पुलिस अपनी जाँच की जानकारी उनके साथ साझा करेगी! काव ने उन्हें अपनी ओर से यह कहते हुए आश्वस्त किया कि एक लंबे समय के उनके अपने निजी अनुभव के आधार पर उन्हें विश्वास था कि हांगकांग पुलिस के लिए अब और अधिक अवधि तक चुप रहना असंभव होगा।

आर.एन. काव स्वयं पर चाउ एन-लाई की ओर से बढ़ते राजनीतिक दबाव को लेकर जागरूक थे; लेकिन साथ ही यह भी जानते थे कि उन्हें हर हाल में निष्पक्ष रहना था और ऐसा कुछ नहीं कहना था, जिसका इस्तेमाल राजनीतिक लाभ के लिए किया जाए। उन्हें डाँवाँडोल करने की चाउ की सारी कोशिशों के बावजूद काव अपने सिद्धांतों पर दृढ़ता और सत्यनिष्ठा से कायम रहे। जब चाउ एन-लाई ने मुख्य अपराधियों को पकड़ने में हांगकांग और अंग्रेज अधिकारियों के द्वारा की गई कोशिशों पर अपना संदेह जाहिर किया, काव ने कूटनीति का सहारा लेकर उसकी प्रतिक्रिया दी। उन्होंने यह बात स्वीकारते हुए कहा कि जाँच के शुरुआत में धीमी प्रगति को लेकर वे भी निराश हुए थे, लेकिन उन्होंने अधिकारियों को अपना काम अच्छे से करते हुए देखा था। काव इस बात को लेकर सतर्क थे कि ऐसी कोई जानकारी उनसे बाहर नहीं निकलनी चाहिए, जिसका कुछ और अर्थ निकाला जाए या जिसके जरिए हालात को अपने हिसाब से तोड़-मरोड़कर दूसरा पक्ष अपने राजनीतिक लाभ के लिए उसका इस्तेमाल करे।

चाउ एन-लाई इस बात पर बहुत जोर दे रहे थे कि के.एम.टी. के एजेंटों के साथ हांगकांग पुलिस के दो पुलिस अधिकारी मिले हुए थे और इस बात ने काव को बड़ी मुश्किल स्थिति में डाल दिया। एक खुफिया अधिकारी की हैसियत से काव बखूबी जानते थे कि बगैर सबूतों के आरोप लगाना जाँच प्रक्रिया की साख को नुकसान पहुँचा सकता था। इस लिहाज से उनकी प्रतिक्रिया बहुत सतर्क रही। उन्होंने कहा कि उन्हें ऐसी कोई जानकारी नहीं थी और वे ऐसे अप्रमाणित

आरोपों पर कोई टिप्पणी नहीं करना चाहेंगे।

जाँच की अखंडता और सत्यता को बनाए रखने के लिए काव की प्रतिक्रिया यहाँ बेहद महत्त्वपूर्ण थी और यह न्याय तथा निष्पक्षता के नियमों के प्रति काव की प्रतिबद्धता को भी दरशाती थी। चाउ का बगैर सबूतों के आधार-रहित हांगकांग पुलिस अफसरों पर आरोप लगाना जाँच को राजनीतिक रंग देना था और यह चिंता का विषय था। लेकिन काव ने इसे अपनी व्यावसायिक दक्षता पर हावी नहीं होने दिया।

अलबत्ता, चाउ एन-लाई का आक्रोश भरा आरोप काव को एक असहज स्थिति में डाल गया था। एक ओर उन पर यह आरोप लग रहा था कि हांगकांग सरकार उन्हें धोखे में रख रही थी, वहीं दूसरी ओर एक जाँचकर्ता के रूप में उन्हें अपनी निष्पक्षता को कायम रखना था। काव समझ रहे थे कि राजनीतिक लाभ हासिल करने के लिए चाउ उनका चालाकी से उपयोग करना चाह रहे थे। इसलिए उनके आवेग के दौरान काव खामोश व संयत रहे, जो सत्य के प्रति उनकी निष्ठा और उनकी व्यावसायिक दक्षता का परिचायक था। वे किसी भी तरह की राजनीतिक पैंतरेबाजी और कयास को बढ़ावा नहीं देना चाहते थे।

चाउ और काव की मीटिंग ज्यों-ज्यों आगे बढ़ी, काव को यह अहसास होने लगा कि चीनी प्रधानमंत्री के समक्ष वे अपनी अखंडता खोने लगे थे। हालाँकि, आगामी दिन घटनाक्रम ने बिल्कुल ही अप्रत्याशित मोड़ ले लिया, जब चाउ एन-लाई ने काव को अपने ग्रीष्मकालीन महल में रात्रिभोज का विशेष आमंत्रण दे डाला। महल बीजिंग के बाहरी हिस्से में था। यह काव के लिए एक विशिष्ट सम्मान था, क्योंकि वे भारतीय खुफिया एजेंसी में अपेक्षाकृत एक कनिष्ठ अधिकारी ही थे।

रात्रिभोज के दौरान चाउ ने काव की जाँच को लेकर उनकी कड़ी मेहनत की प्रशंसा की। काव अब कुछ चिंता-मुक्त हुए और महसूस किया कि उनकी सत्यता एवं अखंडता की चीनियों की नजर में पुनः बहाली हुई थी।

हांगकांग पहुँचकर आर.एन. काव ने गवर्नर को बीजिंग में हुई अपनी बैठकों की तथा वहाँ जो कुछ हुआ था, उन सबकी जानकारी दी। जाँच के

अंत तक आते-आते काव को के.एम.टी. एजेंटों के बारे में यथेष्ट जानकारी मिल चुकी थी, लेकिन उन्होंने कभी इस बात का खुलासा नहीं किया कि यह जानकारी उन्हें कहाँ से मिली थी?

अपनी जाँच के दौरान काव ने यह खोज निकाला कि कुओ मिंग टंग (के. एम.टी.) खुफिया संगठन, जो 'फिफ्थ लियासन ग्रुप' के नाम से भी जाना जाता था, हांगकांग में एक इलेक्ट्रिकल शॉप के छद्म रूप में काम कर रहा था, जो टेंपल स्ट्रीट में कहीं स्थित था।

इस संगठन का मुख्य उद्‌देश्य के.एम.टी. एजेंटों की चीन यात्रा की व्यवस्था करना था और किसी संकट की स्थिति में उन्हें वहाँ से सुरक्षित बाहर निकाल लाना था। दुकान के मालिक क्वान त्साउ की का के.एम.टी. की गतिविधियों से संबंध न के बराबर ही था, लेकिन वहाँ के बाकी दो कर्मचारी उसके मुख्य सदस्य थे।

मार्च 1955 में के.एम.टी. एजेंट्स वू से मिले, जो 'फिफ्थ लियासन' ग्रुप के संपर्क में आया था। उन्होंने वू से पूछा कि क्या वह किसी ऐसे व्यक्ति को जानता था, जो एयरपोर्ट पर काम करता था और उनकी मदद कर सकता था? कुछ दिन यूँ खोजने के बाद उन्हें चाऊ चू नाम का व्यक्ति मिला। भरोसा जीतने की योजना के तहत अलग-अलग जगहों पर उससे कई मुलाकातें रखी गईं। शुरुआत में, अपनी जान का खतरा देखते हुए चाऊ चू ने सहयोग देने से इनकार कर दिया था; लेकिन थोड़ा समझाने-बुझाने और 50,000 हांगकांग डॉलर्स इनाम का वादा करने पर उसने अपना इरादा बदल डाला।

चाऊ चू को कई प्रशिक्षण सत्रों से गुजरना पड़ा, जिसमें उसे टाइम बम को सँभालने और इस्तेमाल करने का प्रशिक्षण दिया गया। प्रशिक्षण हांगकांग में के.एम.टी. के खुफिया संगठन द फिफ्थ लियासन ग्रुप द्वारा आयोजित किया गया था। आखिरकार, वह दिन भी आया, जब चाऊ चू को मूवी लैंड होटल में वोंग नामक व्यक्ति द्वारा कागज का एक भूरा बैग थमा दिया गया, जिसमें बम था। उसे फिर निर्देश दिया गया कि यह बम उसे उस विमान में रखना था, जो चीनी प्रतिनिधिमंडल को लेकर इंडोनेशिया के बांडुंग शहर की ओर उड़ान भरने

जा रहा था। वह मंडल वहाँ एक सम्मेलन में शिरकत करने पहुँच रहा था।

10 अप्रैल, 1955 को चाऊ चू विमान में बम रखने में सफल हुआ। वह बम उड़ान के दौरान फटा, जिससे 'द कश्मीर प्रिंसेस' का दुःखद क्रैश हुआ। इस विस्फोट से 11 लोगों की जानें गईं, जिसमें चीनी प्रतिनिधिमंडल के पाँच सदस्य भी शामिल थे।

इस हमले में इतना बड़ा योगदान देने के बावजूद चाऊ चू को वादे के अनुसार रकम नहीं दी गई। इससे उसमें हताशा और खौफ पैदा हुआ, जिसकी वजह से हमले के करीबन एक महीने बाद वह ताइवान की ओर जाने वाले एक कार्गो विमान में छुपकर देश छोड़कर भाग निकला।

इस विस्तृत जाँच को संपूर्ण रूप से पूरा करने के बाद ही काव वू की असल शिनाख्त की पहचान कर पाए थे। यह वो शख्स था, जो हांगकांग में के.एम.टी. के ऑपरेशन को चलाने के लिए दी जाने वाली बड़ी रकम को सँभाला करता था। उसका असली नाम वू यिनचिन था। वह मूलतः शंघाई का रहने वाला था, लेकिन विगत दो वर्षों से हांगकांग में रह रहा था। इस एक जानकारी को अपने साथ लिये काव और उनकी टीम वू और चाऊ चू को खोज निकालने में लग गई, चाऊ चू, जो विमान में बम लगाने का जिम्मेदार था।

अच्छी-खासी जानकारी जुटाने के बावजूद हांगकांग पुलिस वू या चाऊ चू को पकड़ने में नाकामयाब रही थी। जाँच की प्रगति में कमी काव को हतोत्साहित कर रही थी। भारत लौटने के बाद भी काव को जाँच में होने वाली प्रगति से अवगत कराया जाता रहा, लेकिन जाँच आगे बढ़ती नजर नहीं आ रही थी।

अपराधियों को दंड देने तथा न्याय पाने में असफलता 'द कश्मीर प्रिंसेस' के हादसे को और दुःखद बना रहा था और काव एवं उनकी टीम को यह सोचने के लिए मजबूर भी कर रहा था कि इस हादसे को रोकने के लिए उनकी ओर से और क्या अतिरिक्त किया जाना छूट गया था?

अपने द्वारा लिखे गए नोट्स के आखिर में काव प्रधानमंत्री नेहरू द्वारा चाय पर आमंत्रित किए जाने की एक घटना का जिक्र करते हुए बताते हैं कि अपनी

बातचीत के दौरान उन्होंने नेहरू को केस से संबंधित तमाम जरूरी पहलुओं की जानकारी दी और नेहरू बिना एक शब्द बोले बड़े ध्यान से सुनते रहे। चाउ एन-लाई के काव और दूसरे अफसरों के साथ किए गए बरताव से काव बड़े प्रभावित हुए थे। चीनी अधिकारियों द्वारा जो आतिथ्य व शिष्टाचार दरशाया गया था, काव ने उसकी भी सराहना की और इस संबंध में अपने जज्बात नेहरू के सामने प्रकट किए।

इसके जवाब में नेहरू ने मंद-मंद मुसकराते हुए कहा था कि "चीनियों में यह खूबी है कि चाहत के अनुसार वे बहुत विनम्र और आकर्षक हो जाते हैं।" उस समय काव को नेहरू की कही बात का पूरा अर्थ समझ में नहीं आया था, लेकिन सन् 1962 में भारत-चीन युद्ध के दौरान जैसे-जैसे घटनाएँ घटती गईं, नेहरू के कथन का निहितार्थ काव की समझ में आता गया।

बहरहाल, काव ने कुल मिलाकर करीब 6 महीने 'द कश्मीर प्रिंसेस' की जाँच-पड़ताल में लगाए और इस जाँच के दौरान उन्होंने वैश्विक कूटनीति के संबंध में बहुत सी सीखें भी हासिल कीं।

जो पहला सबक उन्होंने हासिल किया, वो यह कि हर वह बात, जो पारदर्शी और स्पष्ट नजर आती है, हमेशा एक छलावा होती है। 'द कश्मीर प्रिंसेस' की जाँच ने अंतरराष्ट्रीय संबंधों की जटिलता को भी काव के समक्ष उजागर किया तथा इस बात को भी कि अपने हितों की रक्षा के लिए तमाम देश किस हद तक गुजरने की काबिलियत रखते थे, भले ही इसके लिए मासूमों की जान की आहुति ही क्यों न देनी पड़े! यह अनुभव उन्हें जासूसी और कूटनीति—दोनों की ही गहरी समझ दे गया। यह जाँच भले ही कोई ठोस निष्कर्ष पर नहीं पहुँच पाई, लेकिन काव के अपने सपने और महत्त्वाकांक्षा की ओर लिया गया यह उनका पहला कदम जरूर था। उन्होंने यह सबक हासिल किया कि जासूसी और कूटनीति की दुनिया हमेशा श्वेत-श्याम नहीं होती, कभी-कभी सही और गलत के बीच की रेखाएँ धुँधली भी हुआ करती हैं। ठोस निष्कर्ष न निकलने के बावजूद इस जाँच ने काव के जासूस बनने के उनके सपने को और दृढ़ता ही प्रदान की। इस मिशन की बदौलत काव को विविध संपर्कों व सूत्रों की प्राप्ति

हुई, जिनका आने वाले वर्षों में उन्होंने बखूबी इस्तेमाल किया। काव की दृढ़ता और संसाधन-संपन्नता रंग लाई और कालांतर में उन्होंने शीर्ष खुफिया एजेंसी रॉ (RAW) को स्थापित किया। इस जाँच से प्राप्त अनुभव उनके कॅरियर के लिए बेशकीमती साबित हुए; वह कॅरियर, जो उनका बेसब्री से इंतजार कर रहा था!

□

अवलोकन और सीखने का हुनर

'द कश्मीर प्रिंसेस' की जाँच के दौरान हांगकांग और चीन में रहते हुए आर.एन. काव के पास सीखने के लिए समय था। अपनी रिपोर्ट में इनके बारे में लिखते हुए एक बात जो उनके बारे में अद्भुत लगती थी, वह उनका अवलोकन था, गौर करने की क्षमता थी। हांगकांग और चीन में रहने वाले लोगों का अवलोकन-निरीक्षण कर उन्होंने यह समझ हासिल की थी कि किस तरह दोनों जगहों की आबादी और उनके लोगों की जीवन-शैली का स्तर दोनों के बीच की विषमता को दरशाता था।

हांगकांग में काव का अनुभव काफी चुनौतीपूर्ण रहा था। अप्रैल के अंत में जब वे हांगकांग पहुँचे, उन्हें जल्द ही पता लग गया कि शहर जल-आपूर्ति की समस्या से जूझ रहा था। इसका तात्पर्य था कि रोज नल में बहता पानी कुछ घंटों के लिए ही उपलब्ध था, जिससे उनके रोज की दिनचर्या निपटाने में उन्हें दिक्कत पेश आ रही थी। इसके साथ ही, उन्हें यह आभास हुआ कि हांगकांग की उमस और गरमी वाले मौसम लायक कपड़े उनके पास नहीं थे।

हांगकांग में व्यवस्थित होते ही उनकी पहली प्राथमिकता अपने यात्रा भत्ते से पैसे निकालकर दर्जी के पास पहुँचना था।

उन्होंने दो ऐसे सूट बनाने का ऑर्डर दिया, जो वहाँ के मौसम के मुताबिक थे। हांगकांग की सामाजिक गतिशीलता को लेकर काव का अवलोकन काफी गहरा और पैना रहा। उन्होंने गौर किया कि हांगकांग शहर चीनियों और भारतीय जन-समुदाय का मिश्रण था और हालाँकि, दोनों एक ही महादेश के वासी थे,

इसके बावजूद दोनों में सांस्कृतिक भिन्नता थी। दोनों समुदायों के बीच का फर्क बहुत साफ था और ये दो समुदाय प्राय: एक-दूसरे से अलग रहा करते थे। इस सांस्कृतिक भिन्नता का हांगकांग के दैनिक जीवन के कई पहलुओं पर बड़ा असर देखने को मिलता था, जिसमें खान-पान, भाषा और रीति-रिवाज का पालन शामिल था।

इसके अलावा, काव ने यह भी गौर किया कि हांगकांग में अमीर व गरीब के बीच की खाई भी जबरदस्त थी और यह अंतर, खासकर भारतीय समुदाय में, स्पष्ट नजर आता था, जहाँ एक ओर तो सिंधी समुदाय के व्यापारी थे, जो समृद्ध थे और दूसरी ओर पंजाब से आए सिख थे, जो ज्यादातर हांगकांग पुलिस में या फिर होटलों, दुकानों तथा दूसरी जगहों पर छोटे-मोटे काम किया करते थे। भारतीय समुदाय में यह फर्क हांगकांग की एक वृहद् सामाजिक-आर्थिक असमानता को भी दरशाता था।

काव का अवलोकन हांगकांग की जटिल सामाजिक-आर्थिक विषमताओं और गतिशीलता को उजागर करते हुए यह भी स्पष्ट करता है कि उनके वहाँ रिहाइश के दौर में हांगकांग शहर में महत्त्वपूर्ण बदलाव आ रहे थे।

हांगकांग में रहते हुए काव का अनुभव मिला-जुला रहा। एक ओर तो सिंधी समुदाय के लोगों का आँखों में सुरमा लगाना और एक अजीब से अंदाज में अंग्रेजी बोलना उन्हें बेहद नागवार गुजरता था, वहीं उनकी मेहमाननवाजी की वे सराहना भी करते हैं। अपने 6 महीने के प्रवास में उन्हें सिंधी समुदाय के लोग मैत्रीपूर्ण और मदद करने वाले लगे।

दूसरी ओर, काव को हांगकांग एक दिलचस्प जगह मालूम हुई; हालाँकि, सतही तौर पर ऐसा नहीं लगता था। हांगकांग एक समृद्ध शहर था, जहाँ पैसे से कुछ भी खरीदा जा सकता था। स्थानीय लोग अपनी समृद्धि या कहें कि अमीरी का जश्न मनाते थे और अपने पहनावे तथा घरों के जरिए इसका दिखावा किया करते थे। अलबत्ता, चीन में प्रवेश करते ही काव ने इसके बिल्कुल विपरीत हालात देखे। वहाँ के स्थानीय भले ही वैसा ही दीखते थे, जैसे हांगकांग के निवासी; लेकिन अमीरी का जो भड़कीला दिखावा हांगकांग में था, वह वहाँ नदारद था।

वहाँ उन्हें लोगों के सपाट और भाव-शून्य चेहरे नजर आए। हर कोई कमोबेश एक जैसे पहनावे में होता, जो कभी एक-से रंग के हुआ करते। इस लिहाज से चीन एक दिलचस्प देश था। हांगकांग की महिलाएँ अपनी त्रुटिहीन शैली के लिए मशहूर थीं और इस मामले में बहुधा उनके यूरोपीय समकक्षों से कहीं बढ़कर और आगे थीं। अच्छे तरीके से तैयार होकर आत्मविश्वास से भरी वे महिलाएँ तनकर चला करती थीं। हांगकांग की उन महिलाओं को अपनी शक्ल-ओ-सूरत को लेकर बड़ा गुमान था और यह उनके चाल-चलन तथा रंग-ढंग में प्रतिबिंबित होता था। उनके व्यक्तित्व से जुड़े हर तत्त्व की बड़ी खूबी से योजना बनती और उन्हें कार्यान्वित किया जाता, जो त्रुटिहीन होता। उनके स्टाइलिश जूतों से लेकर उनके सिले परिधान और साथ के उप-साधन—सब त्रुटिहीन होते। इस बात से कोई फर्क नहीं पड़ता था कि वे दफ्तर में हैं या शहर में निकली हुई हैं, उन्हें अपनी अभिव्यक्ति को व्यक्त करना और प्रभावित करना खूब आता था।

उनका आत्मविश्वास उनके अंदाज की समझ से कहीं परे था। हांगकांग की महिलाएँ अपने स्वातंत्र्य और दृढ़ इच्छा-शक्ति के लिए विख्यात थीं। वे आत्मविश्वास से पूर्ण, महत्त्वाकांक्षी और कॅरियर से प्रेरित होने के साथ-साथ ही संतुलित भी थीं।

हांगकांग की तुलना में चीन की मुख्य भूमि (मेनलैंड) की महिलाओं के रहन-सहन और पहनावे में उल्लेखनीय अंतर था। यद्यपि वे भी बड़े सुरुचिपूर्ण परिधान पहनती थीं; खूबसूरती और फैशन को लेकर उनका दृष्टिकोण अपने हांगकांग समकक्षों से बहुत अलग था, जो बहुधा खुद को साजो-सामान से सजाए रहती थीं। चीनी महिलाओं का पहनावा सुरुचिपूर्ण तो होता, लेकिन वे अलंकृत बारीकियों और दिखावटी सज्जाओं से खुद को कोसों दूर रखती थीं। पहनावे के मामले में चीनी महिलाएँ सादगी, व्यावहारिक एवं आडंबरहीन कपड़ों का चयन करतीं, जो रोजमर्रा के क्रिया-कलापों के लिए सही और आरामदेह होता।

मुख्यभूमि चीन को लेकर आर.एन. काव का जो अवलोकन था—खासतौर

पर बीजिंग को लेकर, वहाँ के लोगों—खासकर युवा पीढ़ी, जो चुनौतियों का सामना कर रही थी—पर उन्होंने विशेष रूप से प्रकाश डाला है। बीजिंग शहर घनी आबादी वाला था, जहाँ युवा वर्ग को अपने लिए रिहाइशी मकान ढूँढ़ने में काफी संघर्ष करना पड़ रहा था। इससे उन्हें विवाह कर अपना परिवार आरंभ करने में दिक्कत पेश आ रही थी। जाहिर तौर पर आवासीय समस्या थी, जहाँ सरकार द्वारा निर्मित कुछ गिने-चुने—नई बनी आवासीय इमारतों को यदि छोड़ दें तो—अधिकतर आवासीय इमारतें एक मंजिला ही बनी हुई थीं।

इन सब अड़चनों के बावजूद काव शहर की आधारभूत संरचना से प्रभावित हुए बिना नहीं रहे। सडकें चौड़ी और बेहद साफ-सुथरी थीं, कूड़े का नामोनिशान नहीं था। शहर में बड़ी तेजी से निर्माण कार्य चल रहा था, जो एक बेहतर भविष्य का वादा लिये हुए था।

अलबत्ता, काव ने यह भी गौर किया कि शहर में तेजी से हो रहे विकास के बावजूद लोग खुश नहीं दिखाई देते थे। रोजमर्रा की जिंदगी में चुनौतियों का सामना, निजी स्थान और रिहाइशी व्यवस्था में कमी ने लोगों की सलामती पर असर छोड़ा था। खासकर युवा पीढ़ी अपने भविष्य की संभावनाओं को लेकर संघर्ष करती जान पड़ती थी।

मुख्यभूमि चीन के यातायात के साधनों का अवलोकन करने पर काव ने अधिकारियों के निजी वाहनों तक की पहुँच, बनिस्पत आम आदमी के निजी वाहनों तक की पहुँच के बीच की विषमता को भी प्रस्तुत किया है। ज्यादातर सड़कें खाली ही हुआ करती थीं, क्योंकि सिर्फ बड़े अधिकारी ही निजी वाहन जुटाने का सामर्थ्य रखते थे। उनकी तुलना में एक औसत आम आदमी इस बड़े शहर में अपनी आवाजाही के लिए या तो पैदल या साइकिल पर निर्भर था। जिन अधिकारियों के पास गाड़ियाँ थीं, वे सब शानदार गाड़ियाँ थीं; जैसे—लिमोजीन, जिनकी खिड़कियों पर परदे लगे हुए होते थे, जिससे कि वे बाहर आम जनता की नजरों से बचे रह सकें। अधिकारियों और आम जनता के बीच का यह अंतर सामाजिक विभाजन को भी दरशाता था, जो उस समय मुख्यभूमि चीन में मौजूद था। यातायात के सार्वजनिक माध्यम, बसों, तक भी आम जनता की पहुँच

सीमित ही थी, जिससे इस तथ्य की भी पुष्टि होती थी कि जहाँ अधिकारियों द्वारा विशेषाधिकार का आनंद उठाया जाता था, वहीं आम नागरिकों के लिए कम साधन उपलब्ध थे।

चूँकि आर.एन. काव चाउ एन-लाई के निजी अतिथि थे, उनके लिए गाड़ी और दो दुभाषिए मुहैया कराए गए थे, जो उनके साथ शहर के दौरों के समय हमेशा साथ होते थे। शहर में एक विशेष व्यक्ति होने की हैसियत से उसके साथ जुड़े पावना भत्तों का वे पूरा आनंद उठा रहे थे। चीनी अधिकारी उन्हें शानदार दावतों, ऑपेरा प्रदर्शनों और अन्य ऐतिहासिक दौरों पर ले जाया करते, जिनमें 'द ग्रेट वॉल ऑफ चाइना' का सफर भी शामिल था, जिससे कि वे शहर की रोजमर्रा की परेशानियों से दूर रह सकें और साथ ही उनका मनोरंजन भी होता रहे।

आर.एन. काव के नोट्स में चीनी ऑपेरा प्रदर्शनों के बारे में कुछ दिलचस्प अवलोकन दर्ज हैं। उन्हें यह जानकारी दी गई थी कि प्रदर्शन के चरित्रों की वेशभूषा पर गौर कर उन्हें पहचाना जा सकता था। हर चरित्र, चाहे वह खलनायक था या नायक, उसका एक खास पहनावा और केश-विन्यास होता था, जो उसे दूसरों से अलग करता था। काव को यह जानकर काफी हैरानी हुई कि पारंपरिक चीनी ऑपेरा प्रदर्शनों में स्त्रियों की भूमिका पुरुष ही करते चले आए थे!

काव को यह जानकर भी सुखद आश्चर्य हुआ कि चाउ भी कुछ पारंपरिक ऑपेरा प्रदर्शनों में स्त्री की भूमिका निभा चुके थे। यह चीनी ऑपेरा के सांस्कृतिक महत्त्व को भी उजागर करता है और इस बात को भी कि कलाकार विभिन्न भूमिकाओं का चयन, उनके लिंग से परे जाकर करते हुए उन्हें निभाने को इच्छुक हुआ करते थे।

अलबत्ता, काव के नोट्स चीनी संगीत को लेकर उनकी निजी राय भी जाहिर करते हैं; जैसे, उन्हें वह अत्यधिक उग्र और पाश्चात्य संगीत का सस्ता अनुकरण लगा था।

चाउ रात्रिभोजों में अतिथि देशों की पसंदगी का खास खयाल रखते थे, यह तथ्य काव के ध्यान में बस चुका था। वी.के. मेनन, जो नेहरू के राजदार और

करीबी थे, उन्हीं दिनों बीजिंग की यात्रा पर आए थे और चाउ एन-लाई ने उनके सम्मान में भोज का आयोजन किया था। काव भी तब वहीं थे। काव को यह बात बड़ी मजेदार लगी कि मेननजी का सारा आहार शाकाहारी रखा गया था। यह इस बात का परिचायक था कि चीनी अतिथि देश की सांस्कृतिक मान्यताओं की कितनी कद्र किया करते थे!

काव ने यह भी गौर किया कि जब चीनी किसी को खुश करना चाहते थे तो उनके आवभगत की कोई सीमा नहीं रहती थी। पूरा मेनू (आहार तालिका) मेनन की रुचि को ध्यान में रखकर बनाया गया था। हर चीज शाकाहारी थी; लेकिन उनकी आकृति मांसाहारी वस्तुओं पर, जैसे—मुरगा, मछली और अन्य ऐसे मांसाहारी जीवों पर रखी गई। काव इस बात को स्वीकारते हैं कि परोसा हुआ खाना बिल्कुल भी स्वादिष्ट नहीं लग रहा था; लेकिन मेनन को खुश करने के लिए वे जिस हद तक गए, वह असाधारण था।

अपने हांगकांग और चीन के पूरे प्रवास के दौरान काव ने आम लोगों की जिंदगी पर अपना ध्यान केंद्रित कर रखा था। इस बात का वे मन-ही-मन में शुक्रिया अदा करते रहे कि उन्हें कितनी सुविधाएँ मुहैया हुई थीं कि उन्हें जाँच के साथ पढ़ने और काम करने—दोनों के मौके मिल रहे थे!

□

अगला कार्यभार : घाना का बुलावा

लंदन में राष्ट्रमंडल खेलों (कॉमनवेल्थ गेम्स) के दौरान भारतीय प्रधानमंत्री पं. जवाहरलाल नेहरू ने हाल ही में स्वतंत्र हुए घाना के प्रधानमंत्री डॉ. क्वामे नक्रुमाह से मुलाकात की। मुलाकात के दौरान उन्होंने नेहरू के समक्ष एक अनुरोध रखा, जो काव के अगले कार्यभार का प्रेरक बना। अनुरोध सीधा-सा था—घाना को अपनी खुफिया इकाई का गठन करना था, जिसके लिए उन्होंने भारत से सहायता की माँग की थी।

दिलचस्प बात यह रही कि उसके एक दिन पहले ही घाना के प्रधानमंत्री के सचिव द्वारा इसकी अनौपचारिक पेशकश मल्लिक से, जो उस समय डायरेक्टर ऑफ इंटेलिजेंस (आई.बी.) थे, हो चुकी थी।

भारत और घाना के बीच मजबूत संबंधों के कारण भारत घाना की हर संभव सहायता के लिए तैयार था, बशर्ते हितों का टकराव पैदा होने की गुंजाइश न हो। इसलिए दोनों देशों के बीच खुफिया प्रशिक्षण की सहायता के अनुरोध को लेकर कई महीनों तक बातचीत होती रही।

अंततः घाना के प्रधानमंत्री ने अपने पत्र में उनके देश की जरूरतों की रूपरेखा लिख भेजी। पत्र में लिखा था कि घाना अपने दो अधिकारी प्रशिक्षण के लिए भारत भेजेगा, जिनमें एक घाना की खुफिया एजेंसी की अगुवाई करेगा। इसके साथ ही, घाना ने यह अनुरोध भी रखा कि भारत से एक खुफिया सेवा अधिकारी उनके साथ साल भर के लिए घाना जाए और उनकी खुफिया सेवा के लिए जरूरी नींव गढ़ने में उनकी सहायता करने के साथ ही पदों पर नियुक्ति के

लिए उचित अधिकारियों का चयन भी करे।

घाना के अनुरोध को पूरा करने के लिए भारत में कई बैठकें हुईं, जिसमें विदेश मंत्रालय के उच्च अधिकारियों सहित मंत्रिगण भी शामिल हुए, जिससे सबसे श्रेष्ठ संभावनाओं और विकल्पों पर बातचीत की जा सके। चूँकि भारत व घाना दोनों ही राष्ट्रमंडल देश थे, भारत के लिए यह महत्त्वपूर्ण था कि घाना के साथ सकारात्मक संबंधों को बनाए रखा जाए। किसी प्रकार के अनुरोध की, अगर यह जरूरी सेवा की स्थापना की सहायता के लिए था, खासकर खुफिया सेवा, तो भारत उसकी अवमानना करने का पक्षधर नहीं था। भारत का लक्ष्य अधिकाधिक देशों के साथ मैत्री संबंध स्थापित करना था और घाना की ओर से प्राप्त यह प्रस्ताव दोनों देशों के संबंधों को और प्रगाढ़ बनाने का अवसर दे रहा था।

अंतत:, जब जवाबी रूपरेखा तैयार हुई, दूसरे अधिकारी इस विषय में क्या राय रखते थे, पं. नेहरू को इस बात से भी अवगत कराया गया और तब घाना के प्रस्ताव का जवाबी मसौदा तैयार हुआ। पं. नेहरू ने नवंबर 1957 में इस अनुरोध को स्वीकारते हुए घाना के प्रधानमंत्री डॉ. नक्रुमाह को जवाबी पत्र भेजा और घाना की सहायता के लिए भारत की तत्परता दिखाई। घाना की स्वयं की खुफिया एजेंसी की स्थापना में हर तरह से भारत की मदद का आश्वासन दिया गया। घाना के साथ दीर्घकालीन संबंधों के बनने का यह आगाज था और नेहरू इसे लेकर गौरवान्वित थे। भारत से घाना के प्रधानमंत्री किस तरह की अपेक्षा रख सकते थे, इसे लेकर एक विस्तृत योजना की जानकारी नेहरू के पत्र में थी और यह भी कि तथ्यों का खुलासा कई चरणों में किया जाएगा। बी.एन. मल्लिक और उनकी टीम ने पूरी सतर्कता के साथ यह पूरा मसौदा तैयार किया था, जिससे यह सुनिश्चित हो सके कि भविष्य में इसे लेकर कोई समस्या नहीं खड़ी हो सकेगी।

घाना में खुफिया एजेंसी की स्थापना हेतु पत्र में तीन-चरणीय योजना का प्रस्ताव पेश किया गया। पहले चरण में यह सुझाव था कि आई.बी. के निदेशक घाना जाएँ और जमीनी हकीकत की पूरी जानकारी हासिल करें। यह यात्रा भारतीय अधिकारियों की आगे की रणनीति या कारवाई को निर्धारित करने में सहायक सिद्ध होगी।

इस चरण की अवधि दो से तीन सप्ताह की ही रहनी थी, जिस दौरान भारतीय अधिकारियों को हालात का बहुत सूक्ष्म निरीक्षण कर सारी आवश्यक जानकारियाँ एकत्रित करनी थीं, जो एक जागरूक व सचेत निर्णय लेने में उनकी सहायक होतीं। किसी भी तरह की अग्रिम काररवाई पर निर्णय लेने से पहले उनके लिए जरूरी था कि स्थिति का पूर्ण रूप से अवलोकन करने में नियत समय लगाया जाए।

दूसरे चरण में घाना की खुफिया एजेंसी के दो अधिकारियों को भारत में भारतीय खुफिया एजेंसी के साथ प्रशिक्षण प्राप्त करने आना था। यह चरण पहले चरण के समवर्ती चलने वाला था। इस चरण का उद्देश्य घाना की खुफिया एजेंसी की क्षमता को यथासंभव बढ़ाने के लिए उन्हें अपने भारतीय समकक्षों के साथ जानकारी, ज्ञान और विशेषज्ञता को साझा करना था।

और अंततः तीसरे व आखिरी चरण में भारतीय खुफिया एजेंसी के एक वरिष्ठ अधिकारी को घाना के उन खुफिया अधिकारियों के साथ, जिनका प्रशिक्षण भारत में हुआ था, घाना रवाना करने का निर्णय लिया गया।

उनका उद्देश्य वहाँ पहुँचकर उनकी अपनी एजेंसी स्थापित करने में उनकी मदद करना था। तीन चरणों वाले इस कार्यक्रम की रूपरेखा घाना की खुफिया क्षमताओं को सशक्त करने के लिए की गई थी और दोनों देशों के बीच खुफिया जानकारी के एकत्रीकरण और उनके विश्लेषण के क्षेत्र में सहयोग के संबंध को सशक्त करने के लिए भी थी। इस कार्यक्रम का लक्ष्य घाना की खुफिया एजेंसी की क्षमता का निर्माण कर क्षेत्रीय स्थिरता व सुरक्षा को बढ़ावा देना भी था।

तीन चरणों के इस कार्यक्रम के माध्यम से घाना को अपनी खुफिया रूपरेखा या ढाँचे को स्थापित करने में मदद तो मिलती ही, वह यह सुनिश्चित करने के लिए भी था कि यह सुचारु ढंग से अपना कार्य करती रहे। घाना और भारत का आपसी सहयोग सशक्त खुफिया जाल-तंत्र के निर्माण में अंतरराष्ट्रीय सहयोग की अहमियत पर भी प्रकाश डाल रहा था।

भारतीय समकक्ष, जिन्हें घाना जाने के लिए चुना जाना था, उनके लिए यह

जान लेना जरूरी था कि वे वहाँ सिर्फ बतौर सलाहकार की हैसियत से जा रहे थे, वहाँ का विभागाध्यक्ष बनकर नहीं। इस लिहाज से घाना सरकार के लिए यह जरूरी था कि अपनी टीम के लीडर का चयन वे पहले करते और उसके बाद ही तीसरा चरण आरंभ होता।

इससे यह बात भी जाहिर होती है कि भारत अपना नेतृत्व औरों पर थोपे बगैर दूसरे देशों को मार्गदर्शन और अपनी विशेषज्ञता देने के लिए तैयार था। इस स्थिति विशेष में लिया गया भारत का यह दृष्टिकोण अंतरराष्ट्रीय संबंधों की ओर एक ससम्मान सहयोग सदृश परिलक्षित हुआ।

उस समय आर.एन. काव पं. नेहरू के सुरक्षा प्रमुख की हैसियत से तैनात थे। बी.एन. मल्लिक ने स्वयं उन्हें घाना की कारवाई के लिए चुना था। देश के प्रधानमंत्री की सुरक्षा के दायित्व से मुक्त हो काव ने घाना का प्रस्ताव स्वीकार कर लिया। वहाँ वे सरकार के सलाहकार की हैसियत से कार्यरत रहे।

अपनी खुफिया एजेंसी को अपने देश में स्थापित करने हेतु घाना के भारत से मदद लेने के निर्णय से अंग्रेज कथित रूप से अप्रसन्न थे। हालाँकि, इस बात को उन्होंने सार्वजनिक रूप से जाहिर नहीं किया, लेकिन घाना के उनसे मदद लेने के बजाय भारत से सहायता लेने के निर्णय से वे कदाचित् ठगा हुआ महसूस कर रहे होंगे, क्योंकि उन्हें अपने पूर्व औपनिवेशिक कॉलोनियों के मामलों पर नियंत्रण करने की आदत जो थी। अलबत्ता, उन्होंने पूरे मामले में हिस्सा लेने की प्रबल इच्छा जाहिर की। बहुत संभव है कि वे किसी तरह दखलंदाजी कर घाना के खुफिया ऑपरेशंस पर कुछ हद तक अपना प्रभाव बनाए रखना चाहते थे।

योजना का शुरुआती चरण, जिसमें भारत के आई.बी. डायरेक्टर को घाना जाकर वहाँ के हालात का जायजा लेना था, समस्याओं से घिर गया और उस चरण को अंततः खारिज करना पड़ा। योजना का दूसरा चरण, जिसमें घाना से दो अफसर भारत में प्रशिक्षण हेतु आने वाले थे, अपने निर्धारित कार्यक्रम के अनुसार चल रहा था।

सुपरिंटेंडेंट ऑफ पुलिस पॉल यांकी और बेन फोर्जो, जो डिप्टी सुपरिंटेंडेंट थे, खुफिया एजेंसी के प्रशिक्षण कार्यक्रम में हिस्सा लेने अप्रैल 1958 में भारत

पहुँचे। अपने भारत प्रवास के दौरान उन्हें काव से प्रशिक्षण प्राप्त करना था, जो उस वक्त आई.बी. के एक अधिकारी थे।

यह सुनिश्चित करने के लिए कि प्रशिक्षण सफल हो, एक अन्य आई.बी. अधिकारी एच.जे. कृपलानी को काव के साथ सहायक के तौर पर कार्य करने के लिए चुना गया। घाना से आए दो अधिकारियों को खुफिया सेवा से संबंधित विभिन्न क्षेत्रों, जैसे एकत्रीकरण, विश्लेषण और प्रबंधन में प्रशिक्षण दिया गया। इसमें विभिन्न जानकारियों को हासिल करने और उनका विश्लेषण करने के तरीकों के प्रशिक्षण के साथ एक एजेंसी के लिए आवश्यक प्रबंधन और नेतृत्व तकनीक का प्रशिक्षण भी शामिल था।

घाना से आए दोनों अधिकारी, जो भारत में प्रशिक्षण हेतु पहुँचे थे, उनके बारे में भी काव का अवलोकन दिलचस्प है। उनके अनुसार, दोनों अधिकारियों की पृष्ठभूमि एक जैसी थी और दोनों की शिक्षा भी। यद्यपि उनकी अंग्रेजी भाषा में दक्षता उन्नत नहीं थी, वे अंग्रेजी धाराप्रवाह बोल लेते थे और स्वयं को ठीक-ठाक अभिव्यक्त भी कर लेते थे।

प्रशिक्षण के शुरुआती दिनों में घाना से आए अधिकारियों के अंग्रेजी बोलने के लहजे ने परस्पर संचार में कुछ अड़चनें पैदा कीं। भारतीय प्रशिक्षक घाना वासियों के लहजे से वाकिफ नहीं थे और इसलिए वे अफसर क्या बोलते थे, यह समझने में उन्हें मुश्किल होती थी। समय के साथ अधिकारियों ने इस अड़चन पर विजय प्राप्त की और संचार का एक असरदार तरीका अपने भारतीय प्रशिक्षकों के साथ कायम किया।

काव ने इस बात पर भी गौर किया कि इन अधिकारियों को इस बात का आभास था कि जिस कार्य के लिए उनका चयन हुआ था, वह कितनी अहमियत रखता था और इसलिए, वे अपने भारत प्रवास के दौरान जितना सीखा जा सकता था, उसे सीखने के लिए बहुत उत्सुक थे। अपनी सीमित भाषाई दक्षता के बावजूद खुफिया जानकारी का एकत्रीकरण व विश्लेषण, जो उन्हें सिखाया जा रहा था, उसके मूल को वे समझ पाने में सक्षम रहे थे।

आर.एन. काव और उनकी टीम ने इन दो घानाई अधिकारियों के भारतीय

प्रवास को हर संभव आरामदेह बनाने के लिए एक बड़ी सोची-समझी योजना बनाई। उन्होंने इस तथ्य को पहचाना कि अगर असरदार तरीके से हुनर और ज्ञान प्रदान करना है तो सबसे पहले उनके साथ एक अच्छा तालमेल और एक दोस्ताना भाव विकसित करना बेहद जरूरी था।

महज पुस्तकीय ज्ञान पर तवज्जो देने के बजाय भारतीय प्रशिक्षकों ने उन दोनों अधिकारियों के लिए एक मैत्रीपूर्ण और एक स्वागतपूर्ण माहौल बनाने का सचेत प्रयास किया।

ऐसा करके उन अधिकारियों के बीच भरोसा और एक दोस्ताना भाव पैदा करने में भारतीय प्रशिक्षक सफल रहे। इससे उन अधिकारियों के लिए सवाल पूछना, स्पष्टता की तलाश करना, यानी आमतौर से प्रशिक्षण के साथ गहराई से जुड़ने में आसानी हुई।

घानाई अधिकारी अपने प्रशिक्षकों के साथ स्वयं की जानकारी और अनुभव साझा करने में भी सहज हुए, नतीजतन उनके प्रशिक्षकों को अपने प्रशिक्षार्थियों की जानकारी एकत्रीकरण के समक्ष आई चुनौतियों और संदर्भ को बेहतर समझने में मदद मिली।

दोनों अधिकारियों को लेकर काव का जो आकलन रहा, वह उन दोनों की शख्सियत और उनके कामकाज की प्रणाली के बाबत दिलचस्प अंतर्दृष्टि प्रदान करता है। हालाँकि वे दोनों समान पृष्ठभूमि से आते थे, पर दोनों का व्यक्तित्व बिल्कुल अलग था। यांकी बहिर्मुखी व मैत्रीपूर्ण शख्सियत का मालिक था, जो बात-बात पर हँसी-मजाक के लिए तैयार रहता था, लेकिन साथ ही चतुर और अपने काम में दक्ष भी था। दूसरी ओर, फोर्जो संजीदा शख्सियत लिये हुए, अपने काम के प्रति अधिक केंद्रित था और उसका ध्यान हमेशा अपने हाथ में आए काम पर रहता था।

प्रशिक्षण के दौरान व्यक्तित्वों की इस भिन्नता ने जहाँ एक दिलचस्प गतिशीलता पेश की होगी, काव ने उल्लेख किया है कि बाद में उनकी घाना यात्रा के दौरान वहाँ मदद में इन दोनों का ही सहयोग महत्त्वपूर्ण रहा था। जो रिश्ता और तालमेल काव ने भारत में इन अधिकारियों के साथ बनाया था, काव

के घाना पहुँचने पर भी वह रिश्ता और तालमेल फला व फूला, विकसित हुआ, जिसकी बदौलत उन अधिकारियों ने काव को स्थानीय संदर्भ और चुनौतियों के विषय में अहम अंतर्दृष्टि प्रदान की।

काव ने जिन नौकरशाही अवरोधों का सामना किया, वे इस बात की पुष्टि करते हैं कि योजना कितनी भी सुनियोजित हो और प्रस्ताव कितना ही सुविचारित हो, प्रचालन तंत्र और प्रशासनिक चिंताएँ विलंब का कारण बनती हैं। पद पर नियुक्ति के लिए यद्यपि काव का नाम एकमात्र नाम था, जो प्रस्तावित हुआ था, घाना में उनकी नियुक्ति में देरी उनके वेतन और भत्ते को लेकर हुए बहस-मुबाहिसे की वजह से हुई।

किसी भी अंतरराष्ट्रीय सहयोग में मुआवजे का मुद्दा वैसे भी एक नाजुक मामला हुआ करता है, और यहाँ भी यह कोई हैरानी की बात नहीं थी कि काव के विषय में भी यह विवाद का बड़ा मुद्दा रहा। अपने अनुभव और पद को मद्देनजर रख अपनी विशेषज्ञता, दक्षता और जिम्मेदारियों के अनुरूप काव का मुआवजा अपेक्षित करना, यह बात तो बोधगम्य है।

हालाँकि, काव का प्रस्तावित वेतन घाना में स्थित भारतीय दूतावास के प्रमुख के वेतन से अधिक हो जाता, इस बात को लेकर चिंता भी जायज थी। एक विदेशी नागरिक को उसके ही समकक्ष एक सरकारी अधिकारी से ज्यादा वेतन देने पर एक कूटनीतिक तनाव की सृष्टि की एक मिसाल कायम होने की फिर यह एक पहल होती!

बहरहाल, घाना में काव की नियुक्ति को लेकर नौकरशाही (ब्यूरोक्रेसी) के साथ बातचीत चल ही रही थी कि इस दौरान 'द ट्रिब्यून' में छपे एक लेख ने खलबली मचा दी, जिसकी तत्काल जाँच-पड़ताल करनी पड़ी।

उक्त लेख ने यह दावा किया था कि घाना सरकार ने यू.के., कनाडा और पाकिस्तान से घाना में खुफिया एजेंसी स्थापित करने हेतु सहयोग प्राप्त करने के लिए एक समिति का गठन किया था। भारत सरकार को इस घटनाक्रम की कोई जानकारी नहीं थी और इसलिए इस पर विस्तृत जाँच प्रारंभ हुई। जाँच ने अंततः यह खुलासा किया कि पाकिस्तान से मदद माँगने को लेकर दी गई रिपोर्ट

गलत थी, लेकिन घाना के प्रधानमंत्री ने खुफिया एजेंसी के गठन के लिए वाकई एक समिति बनाई थी। घाना में कई साल गुजारने के बाद काव भी उस समिति के गठन की गुप्त जानकारी से वाकिफ नहीं थे। फिर भी, यह खुलासा काव के कार्य में बाधक नहीं बना और काव ने इसे नजरअंदाज करना ही सही समझा।

जब भारतीय नौकरशाही में आर.एन. काव के वेतन और भत्ते के मुद्दे को लेकर बहस छिड़ी हुई थी, काव के लिए यह समय बड़ा मुश्किल था। पूरे मामले को लेकर वे अपनी दिलचस्पी खोते जा रहे थे और कई बार उन्होंने बी.एन. मल्लिक को प्रस्ताव में से उनका नाम वापस ले लेने के लिए भी कहा। उनके वेतन को लेकर लगातार की जा रही बहस उन्हें शर्मिंदगी का अहसास करा रही थी।

इन सबके बावजूद काव थे तो देशभक्त भारतीय ही। वे चाहते थे कि इस पूरे मामले से देश को कुछ तो हासिल हो! बी.एन. मल्लिक ने उन्हें यकीन दिला दिया कि अगर वे इस प्रस्ताव को नहीं स्वीकारते हैं तो देश के लिए यह बड़ी निराशा की बात होगी! अत: जो समझौता हुआ था, काव ने उसे बेमन से ही सही, स्वीकार कर लिया था। अपने इस निर्णय से नाखुश होते हुए भी उन्होंने देश-हित को अपने निजी हित के ऊपर स्थान देने का फैसला किया।

आर.एन. काव द्वारा घाना के अक्रा शहर की ओर निकलने से पहले कुछ और जटिलताएँ भी थीं, जिनका सामना करना जरूरी था। घाना सरकार चाहती थी कि काव दो वर्ष घाना में रहकर उनके खुफिया अधिकारियों को प्रशिक्षण दें और खुफिया इकाई की स्थापना में भी सहायता करें। लेकिन इतनी लंबी अवधि के लिए काव को जाने देने को मल्लिक तैयार नहीं थे। वे काव को एक वर्ष की अवधि के लिए जाने दे सकते थे। एक और बात यह भी थी कि काव दिल्ली में अपनी रिहाइश, जो 93 लोधी एस्टेट थी, को छोड़ना नहीं चाह रहे थे। हालाँकि, भारत सरकार का नियम यह कहता था कि अगर वे छह महीने से अधिक अवधि के लिए घाना के लिए जाते हैं तो उनका आवास किसी और को दे दिया जाएगा।

इस समस्या को सुलझाने के लिए काव ने एक डील की कि वे छह महीने के लिए जाएँगे, छुट्टियों में कुछ दिन दिल्ली आकर रहेंगे और फिर नए सिरे से प्रतिनियुक्त होकर दोबारा घाना जाएँगे।

इन बातचीतों और समझौतों में समय लगा, लेकिन अंततः सब व्यवस्थित हो गया और काव अब घाना जाने के लिए तैयार थे। समस्याओं का समाधान होने पर काव दंपती ने एयर इंडिया की उड़ान से अक्रा के लिए रोम होते हुए प्रस्थान किया, जहाँ से उन्हें ब्रिटिश एयरवेज की कनेक्टिंग फ्लाइट मिली।

काव दंपती के लिए अक्रा का यह सफर उनकी अपेक्षा से अधिक उत्तेजना से भरा साबित हुआ। रोम पहुँचने पर उन्हें बताया गया कि ब्रिटिश एयरवेज के कर्मचारी दस दिन की हड़ताल पर चले गए थे, जिसका सीधा अर्थ था कि अब वे दस दिन के लिए रोम में अटक गए थे। शुरुआत में, श्रीमती काव इस स्थिति से यह सोचकर कुछ परेशान हुईं कि अब उनके खर्चे आसमान को छूने वाले थे और उनका सारा पैसा खत्म हो जाने वाला था!

किंतु रोम में स्थित भारतीय दूतावास काव दंपती की सहायता के लिए आगे आया और उसने उनके खर्चों की पूर्ति के लिए उन्हें प्रोत्साहन राशि दी। ब्रिटिश एयरवेज, जो उन दस दिनों की हड़ताल के लिए जिम्मेदार था, ने उनके होटल में रहने का प्रबंध कर दिया। नतीजतन, रोम के दस दिनों का प्रवास काव दंपती के लिए एक अप्रत्याशित अवकाश-स्वरूप हो गया।

अपने इस रोम प्रवास के दौरान काव दंपती को रोम शहर की खोजबीन और उसके तमाम आकर्षणों का आनंद उठाने का अवसर मिला, जिनमें कोलोजियम, द वेटिकन और रोमन फोरम शामिल थे। उन्होंने उस शहर के लोकप्रिय भोजन का भी आनंद उठाया, जिसमें पास्ता एवं पिज्जा जैसे कई व्यंजन थे।

इस अप्रत्याशित विलंब के बावजूद काव दंपती ने अपने रोम प्रवास का भरपूर आनंद लिया। 25 अक्तूबर, 1958 को काव दंपती अपने अप्रत्याशित रोम प्रवास के बाद आखिरकार अक्रा पहुँचे। कार्यवाहक विदेश सचिव मिस्टर ग्रांट द्वारा एयरपोर्ट पर उनका बड़ी गर्मजोशी से स्वागत हुआ। विदेश मंत्री उस समय अवकाश पर थे। मिस्टर ग्रांट के साथ दूसरे अधिकारी भी काव दंपती के स्वागत के लिए पहुँचे थे, जिनमें वे दो अफसर यांकी और फोर्जो भी शामिल थे, जिनको भारत में काव ने और घाना में भारतीय दूतावास के द्वितीय सचिव ने प्रशिक्षित किया था।

घाना के अधिकारियों की ओर से किया गया गर्मजोशी से भरा स्वागत काव और उनके मिशन के लिए शुभ संकेत था। यह इस बात को दरशाता था कि घाना सरकार खुफिया इकाई की स्थापना को लेकर प्रतिबद्ध थी और इस सिलसिले में भारत सरकार के साथ निकट से कार्य करने को राजी थी। काव अपने मिशन की संभावनाओं को लेकर आशान्वित थे और अपना कार्य आरंभ करने के लिए उत्सुक। जैसे-जैसे काव घाना के अपने घर में व्यवस्थित होते गए, शीघ्र ही उन्हें काम में अवरोध का पता चलता गया। यांकी और फोर्जो, जिन्हें उन्होंने भारत में प्रशिक्षण दिया था, ने घाना में खुफिया कार्य आरंभ करने में कोई पहल ही नहीं की थी। दरअसल, उन्होंने अपनी सरकार को भारत में प्राप्त अपने प्रशिक्षण की रिपोर्ट तक नहीं दी थी। काव की अब बड़ी मुश्किल स्थिति थी, क्योंकि उन्हें सबकुछ बिल्कुल शून्य से आरंभ करना था, जहाँ उनके लिए कोई निर्दिष्ट स्थान भी नहीं मुहैया कराया गया था। घानाई अधिकारियों की ओर से तैयारियों में कमी काव के लिए एक बड़ी असफलता थी और वे खूब समझ रहे थे कि आगे का कार्य चुनौतीपूर्ण होगा! एक नई खुफिया इकाई के लिए उन्हें घाना में अब बिल्कुल शून्य से शुरू करते हुए काम करना होगा।

आरंभ में, काव आशान्वित थे कि घाना में खुफिया इकाई की स्थापना की तैयारियाँ जल्द ही पूरी कर ली जाएँगी, लेकिन जल्द ही उन्हें समझ आ गया कि इसमें शामिल तमाम लोगों के आश्वासनों के बावजूद बहुत काम होना बाकी था।

यद्यपि उन दो अधिकारियों ने काव को आश्वासन दिया था कि सबकुछ जल्द ही तैयार हो जाएगा, उन्होंने पाया कि खुफिया इकाई के लिए जो कार्यालय पदांकित हुआ था, उसे पूरा होने में तो काफी समय था। काव को यह जानकारी भी मिली कि एक आवास को खुफिया एजेंसी के मुख्यालय में तब्दील करने का विचार स्वयं प्रधानमंत्री का ही था; लेकिन उन दो अधिकारियों ने वहाँ महज कुछ मेज, कुरसियाँ और टेलीफोन की व्यवस्था ही की थी। काव समझ गए कि काम में तेजी लाने के लिए मामला उन्हें अब अपने हाथ में लेना होगा।

इस नए खुफिया संगठन के लिए प्रधानमंत्री की ओर से आर.एन. काव को 21 नामों की एक सूची मिली, जो इस नए संगठन के लिए चुने गए थे। उन

व्यक्तियों की उम्र 21 से 49 वर्ष के बीच थी।

आर.एन. काव को यह जानकर हैरानी हुई कि उनमें से कोई भी स्नातक नहीं था, न ही उनमें से कोई पुलिस अधिकारी ही था। कुछ तो राजनीतिक पृष्ठभूमि से आते थे। अपनी उत्सुकता के बावजूद काव ने प्रधानमंत्री के चयन पर सवाल नहीं उठाए।

उन्होंने इस बात पर भी गौर किया कि अंग्रेज खुफिया अधिकारी और मैकके नाम के एक और अंग्रेज सज्जन, जो घाना में विशेष शाखा के प्रभारी थे, ये दोनों उनके साथ मैत्री संबंध बनाने को विशेष रूप से प्रयासरत दिखे। काव उनके इस व्यवहार को हांगकांग में अपनी जाँच के दौरान उनके रवैए से तुलना करने से खुद को रोक नहीं पाए। उन्होंने पाया कि अंग्रेजों का रवैया विभिन्न लोगों के साथ बिल्कुल अलग था और यह इस बात पर निर्भर करता था कि उन्हें क्या चाहिए था, वे क्या तलाश रहे थे? फिर भी, काव उनके सहयोग के शुक्रगुजार थे और उनकी सहायता से प्रसन्न ही थे।

उन अंग्रेज अधिकारियों की, जिनके साथ काव यहाँ संपर्क में आए, एक और खासियत उन्होंने महसूस की, और वो यह कि पश्चिम अफ्रीका में जिन अंग्रेजों के साथ वे संपर्क में आए, वे उतने दक्ष या सक्षम नहीं थे, जितना भारत में कार्यरत अंग्रेज अधिकारी थे, जिनके साथ उन्होंने काम किया था। उन्होंने इसके लिए इस तथ्य को जिम्मेदार ठहराया कि भारत को अंग्रेज अपने साम्राज्य का मुकुट मणि मानते थे और इसलिए उन्होंने भारत में शासन को बनाए रखने के लिए अधिक संसाधन व प्रयास निवेशित कर रखा था। दूसरी ओर, पश्चिम अफ्रीका कम महत्त्वपूर्ण था, इसलिए ब्रिटिश साम्राज्य की सत्ता के लिए कम-पसंद भी रहा और इसके लिए आंशिक रूप से यहाँ की चुनौतीपूर्ण आबो-हवा भी जिम्मेदार रही। बहुत संभव है कि अंग्रेज अधिकारियों की ओर से निवेश और तवज्जो में इस कमी के कारण ही भारत की तुलना में निम्न दक्षता व क्षमता वाले अंग्रेज अधिकारियों को इस जगह पर काम करने भेजा गया।

मैकके, वह अंग्रेज अफसर, जो घाना में विशेष शाखा प्रभारी थे, उनके बारे में आर.एन. काव मिश्रित धारणा रखते थे। उन्हें अहसास हुआ कि मैकके अपने

गरम मिजाज के बावजूद एक अच्छे हृदय के मालिक थे। काव को उनके लिए बुरा भी लगता था कि उन्हें घाना जैसी जगह पर नियुक्त किया गया था, जहाँ उनको उनकी क्षमता के अनुसार इस्तेमाल नहीं किया जा रहा था। मैकके पर पारिवारिक दबाव भी था। उन पर अपनी पत्नी और चार बच्चों के भरण-पोषण का भार था और उनके पास इस पुलिस वरदी के अलावा कोई और दक्षता भी नहीं थी। इस वजह से उन्होंने घाना का वह कार्यभार स्वीकार कर लिया था। यद्यपि वे द्वितीय विश्व युद्ध का हिस्सा रह चुके थे और फिलिस्तीन के विभाजन के समय वहाँ नियुक्त थे। काव ने अपने जर्नल में यह दर्ज किया है कि मैकके एक औसत ऊँचाई के तथा लाल बालों वाले व्यक्ति थे।

अकसर उन्हें देखकर काव को उनके आयरिश होने का भान होता था। काव उनके साथ एक लंबे अरसे तक संपर्क में रहे। जब आखिरी बार दोनों में बातचीत हुई, मैकके दक्षिण अफ्रीका के स्वाजीलैंड में थे।

घाना में कुछ समय व्यतीत करने के बाद अब आर.एन. काव प्रधानमंत्री डॉ. नक्रुमाह से मिलकर उन्हें मिशन की प्रगति के बारे में बताने को लेकर आतुर हो उठे थे। आखिरकार, एक सप्ताह इंतजार के बाद काव को प्रधानमंत्री नक्रुमाह से उनके कार्यालय में मुलाकात की मंजूरी मिल गई।

मुलाकात के दौरान आर.एन. काव ने जो बात सबसे पहले प्रधानमंत्रीजी को स्पष्ट की, वह यह कि मल्लिक अपनी योजना अनुसार घाना आने में असमर्थ थे। लेकिन फौरन ही काव ने यह कहकर उन्हें आश्वस्त किया कि भारत अपने वादों पर पूरी तरह से प्रतिबद्ध था और दोनों देशों के बीच संबंधों को और अधिक मजबूत करने में कार्य करता रहेगा। इस मुलाकात के दौरान काव को घाना सरकार के साथ मजबूत संबंध बनाने को लेक़र मिशन से संबंधित अलग मुद्दों पर भी बात करने का अवसर मिला।

आर.एन. काव जब डॉ. नक्रुमाह से मिले, उनके विशिष्ट नैन-नक्श पर काव की नजर गई। जो पहली बात उनकी नजरों ने पकड़ी, वे उनकी चमकती हुई बड़ी आँखें थीं, जिनसे एक तरह का तेज और बुद्धिमत्ता प्रस्फुटित हो रही थी। उनके विशाल ललाट ने भी काव का ध्यान आकृष्ट किया, जो उनके

प्रभावशाली व्यक्तित्व को चार चाँद लगा रहा था।

मुलाकात के दौरान आर.एन. काव डॉ. नक्रुमाह के सामने बैठे हुए थे और उनके कंधों पर जिम्मेदारियों का जो परिमाण था, उसको काव महसूस किए बिना नहीं रह सके। वे न सिर्फ अपने देश घाना की अगुवाई कर रहे थे, बल्कि उन्हें संपूर्ण अफ्रीकी महादेश के सिरमौर के रूप में भी देखा जा रहा था। उत्तरदायित्व और कर्तव्य की भावना उनके व्यक्तित्व से प्रतिबिंबित होती थी और उनकी प्रभावशाली उपस्थिति उनके तीक्ष्ण एवं एकाग्र मस्तिष्क, उनका एक खास तरीके से पेश आना—इन सब बातों से स्पष्ट झलकता था।

अपने उत्तरदायित्व के भार के बावजूद आर.एन. काव से बात करते हुए डॉ. नक्रुमाह बहुत सधे, शांत और संयमित रहे। काव को प्रधानमंत्रीजी के अपने देश के विकास के प्रति समर्पण का बोध हो रहा था। साझा लक्ष्यों को हासिल करने के लिए भारत के साथ करीब से कार्य करने को लेकर उनकी इच्छा स्पष्ट परिलक्षित थी।

काव को घाना के प्रधानमंत्री से मुलाकात का अवसर उनके आधिकारिक आवास में मिला, जो औपनिवेशिक काल में अंग्रेज गवर्नर का आवास हुआ करता था। यह महल अब प्रधानमंत्री के आवास और कार्यालय दोनों की पूर्ति कर रहा था।

प्रधानमंत्री अंग्रेजी के और अपनी भाषा—दोनों के अच्छे वक्ता थे और उनकी ऐसी करिश्माई शख्सियत थी, जो अपने भाषणों से जन-समूह को बहा ले जाए। वे अपनी उपस्थिति एवं रख-रखाव को लेकर सजग व सचेत रहने के लिए भी जाने जाते थे और काव को उनकी यह खूबी विशेष रूप से पसंद आई, क्योंकि वे स्वयं अपने पहनावे और स्टाइल को लेकर सजग रहते थे।

मुलाकात के दौरान आर.एन. काव ने खुफिया काम को लेकर प्रधानमंत्रीजी की प्राथमिकता जाननी चाही। प्रधानमंत्री ने अपनी चिंताओं को व्यक्त करते हुए बड़े विस्तार से उन्हें साझा किया, जिससे काव ने यह अनुमान लगाया कि उन्हें भारत और काव दोनों से ही बड़ी अपेक्षाएँ थीं। प्रधानमंत्री की चिंताओं का समाधान काव किस तरह से निकालेंगे, उस योजना को प्रधानमंत्री के समक्ष

रख इसके कार्यान्वयन के लिए वे क्या कदम उठाने वाले थे, उन्होंने उसकी व्याख्या की।

प्रधानमंत्रीजी ने काव से इस बात का उल्लेख किया कि अंग्रेज भी अपने सहयोग का प्रस्ताव रख चुके थे और जरूरत पड़ने पर उनका इस्तेमाल करने के लिए वे स्वतंत्र थे। उन्होंने काव को खुफिया और प्रत्यासूचना—इन दोनों पर भी सलाह देने की गुंजाइश पर प्रश्न कर डाला। काव ने उन्हें समझाया कि इन कार्यों के लिए बड़े गहन प्रशिक्षण की जरूरत थी और बहुत संभव था कि इसके लिए भारत को उन्हें सहायता देनी पड़ती। प्रधानमंत्री ने बेझिझक काव की योजना को सहमति दे दी।

मुलाकात का समय जैसे ही खात्मे पर आने लगा, काव ने प्रधानमंत्री का शुक्रिया अदा करते हुए उन्हें भारत की ओर से घाना की खुफिया क्षमताओं को विकसित करने में भारत की अटूट प्रतिबद्धता का आश्वासन दिया। प्रधानमंत्री ने इस भावना के फल-स्वरूप काव और उनकी टीम में अपना पूरा विश्वास व्यक्त किया। हाथ मिलाते हुए दोनों ने एक-दूसरे को अलविदा कहा। घाना के खुफिया ऑपरेशन को सुदृढ़ करने के मिशन के लिए वे बिल्कुल तैयार, प्रस्तुत थे।

डॉ. नक्रुमाह के साथ अपनी पहली मुलाकात में काव उनकी ईमानदारी से प्रभावित हुए थे और जब वे उनके दफ्तर से निकले, नक्रुमाह ने अपने कंधों पर जिम्मेदारियों का जो बोझ लादा हुआ था, काव को इसका अहसास हुआ। काव को उनकी किसी भी बात का विरोध करने का खयाल भी नहीं हुआ। घाना में अपने एक वर्षीय प्रवास के दौरान काव को हमेशा इस बात का अहसास होता रहा कि प्रधानमंत्री अपनी बातचीत के दौरान निहायत खुली तबीयत का मुजाहिरा करते थे। बातचीत हमेशा खुली हुई और मैत्रीपूर्ण हुआ करती थी, जिसका विरोध करने की इच्छा काव को कभी नहीं हुई।

आर.एन. काव यह बात समझ गए कि जिस नए खुफिया संगठन की वे स्थापना कर रहे थे, घाना में उसके निर्विघ्न प्रवाह की बुनियाद रखना और साथ ही, उसे बनाए रखने के लिए सिर्फ इस ऑपरेशन को सँभालना भर काफी नहीं होगा। इसलिए, उन्होंने अधिकारियों के आगे के प्रशिक्षण पर ध्यान केंद्रित किया,

जिससे आगे की कार्यवाहियों को असरदार ढंग से करने की जरूरी दक्षता और जानकारी सुनिश्चित हो सके। उन्होंने दोनों अधिकारियों—यांकी एवं फोर्जो को ऑपरेशन की कमान हाथ में लेने के लिए प्रोत्साहित किया और दूसरे अधिकारियों को भी उसी उत्साह के साथ प्रशिक्षण देने को कहा। काव ने उन्हें सटीक रिपोर्ट करना भी सिखाया और साथ ही बिल्कुल शून्य से जानकारी कैसे हासिल की जाती है तथा अलग-अलग स्थितियों से निपटने, उन्हें समझने के अलग-अलग दृष्टिकोण से भी अवगत कराया। अपनी भरसक कोशिशों के बावजूद काव को स्थानीय राजनीति के साथ, जो उस समय अपने चरम पर थी, अच्छे संबंध बनाए रखने में काफी संघर्ष करना पड़ा।

एरिका पॉवेल, एक अंग्रेज महिला, जो डॉ. नक्रुमाह की सेक्रेटरी थीं, बातों को आसान बनाने में काव की काफी मददगार साबित हुईं। काव और उनकी टीम के लिए हालात को आसान बनाने में उनकी भूमिका महत्त्वपूर्ण रही। काव ने इस बात पर गौर किया कि वे वास्तव में प्रधानमंत्री से बड़ा स्नेह रखती थीं और घाना की हर संभव मदद को हमेशा तत्पर रहती थीं। उनके सहयोग व समर्थन की बदौलत काव और उनकी टीम का उस क्षेत्र की राजनीतिक जटिलताओं की पैंतरेबाजी से गुजरना तथा उन्हें समझना आसान हुआ। इसके लिए काव उनके शुक्रगुजार रहे, क्योंकि वे जानते थे कि उनकी सहायता के बिना घाना में उनकी स्थिति और अधिक चुनौतियों से भरी होती। घाना के नेता का जब मिस्र देश की स्त्री से विवाह हुआ और इसके चलते एरिका घाना से इंग्लैंड रवाना हुईं, वह उनके लिए एक बड़े हृदयस्पर्शी अनुभव का क्षण रहा था। लेकिन उसके बारे में कहना यहाँ विषयांतर होगा।

बहरहाल, काव ने अपने नोट्स में यह भी लिखा कि एरिका पॉवेल की बदौलत ही यह हुआ कि वहाँ के स्थानीय लोगों की मानसिकता और उनके विचारों के साथ वे लड़ पाए, जो उन्हें अपने देश में एक घुसपैठिए की हैसियत से देखते थे। ऐसी सोच सिर्फ घाना वासियों की ही नहीं, अंग्रेजों की भी थी। काव जिस तरह से मिशन को लेकर सोचते थे, हर कोई ऐसा नहीं सोचता था। कुछ लोग ऐसा भी सोचा करते थे कि वे घाना का लाभ उठाकर उसकी खुफिया

इकाई की स्थापना की जानकारी बाहर जाहिर कर देंगे! इस जद्दोजहद के दौरान एरिका पॉवेल ने काव के लिए विभिन्न मुद्दों को सँभाला और काव को इससे बड़ी ताकत मिली।

काव के नेतृत्व में घाना में खुफिया इकाई की स्थापना एक उल्लेखनीय उपलब्धि थी। अपने उत्कृष्ट प्रशिक्षण कौशल से युक्त काव ने अधिकारियों को प्रशिक्षित और तैयार करने पर अपना पूरा ध्यान केंद्रित किया, जिससे यह सुनिश्चित हो सके कि वे अपना फर्ज पूरी दुरुस्ती के साथ अंजाम दे पाएँ। नतीजतन, काव और उनकी पत्नी उस क्षेत्र के खुफिया नेटवर्क के सृजन में अपने योगदान के लिए बहुत लोकप्रिय हो गए। लेकिन काव को भारत में अपने घर को लेकर भी कुछ करना था, लिहाजा 6 महीने के बाद वे एक अल्पावधि के लिए घाना छोड़ भारत आए। अपने निजी मसलों को व्यवस्थित करने के बाद वे अपना कार्यभार पूरा करने एक बार फिर घाना लौटे।

आर.एन. काव के कार्यभार का पहला साल बड़ी तेजी से गुजर गया और घाना में खुफिया नेटवर्क को स्थापित करने की दिशा में उन्होंने उल्लेखनीय प्रगति की। ज्यों-ज्यों समय गुजरा, यह बात भी स्पष्ट होती गई कि काव की जगह किसी और को प्रतिस्थापित करने का समय आ पहुँचा था। भारत में बहुत सारे ऐसे कार्य थे, जिन्हें करने की भी आवश्यकता थी। एक उपयुक्त प्रतिस्थापन को ढूँढ़ने की जिम्मेदारी बी.एन. मल्लिक पर आई, जिन्होंने अंततः के. शंकरन नायर को काव की भूमिका का कार्यभार सँभालने के लिए चुना।

नायर की पुस्तक के अनुसार, इस कार्यभार के लिए वे पहली पसंद नहीं थे। इस कार्यभार की पेशकश पहले अमृत मिधा को की गई थी। हालाँकि, जब मल्लिक उनके पास इस प्रस्ताव को लेकर पहुँचे कि उन्हें घाना में आर.एन. काव के पद का कार्यभार सँभालना होगा, यह एक ऐसा निर्णय था, जो अचानक और अप्रत्याशित लिया गया था। शंकरन नायर इस प्रस्ताव से स्तब्ध थे और उस पर विचार करने के लिए उन्होंने थोड़ा समय लगा था।

शंकरन नायर ने अपनी पत्नी के साथ इस मौके पर विचार-विमर्श करने पर पाया कि वे इस विचार के समर्थन में थीं। उन्होंने आर.एन. काव से भी

सलाह ली, जिन्होंने उन्हें बिना समय गँवाए इस प्रस्ताव को स्वीकारने की सलाह दी। सावधानी से विचार करने के बाद नायर ने अंततः इस प्रस्ताव को स्वीकारा और घाना में अपने नई भूमिका के लिए तैयार हो गए।

नायर दंपती दिसंबर 1959 में घाना पहुँचे और वर्ष 1961 तक घाना में रहे। आर.एन. काव ने घाना में अपना उल्लेखनीय प्रभाव छोड़ा था, खुफिया इकाई की मजबूत नींव की स्थापना की गई थी। उनके द्वारा स्थापित उच्च मानकों पर शंकरन नायर को खरा उतरना था। वे इस उत्कृष्ट कार्य को और काव की परंपरा को आगे बढ़ाने के लिए दृढ़-संकल्पित थे। हालाँकि, उन्हें भी स्थानीय अधिकारियों के साथ तालमेल बैठाने में और राजनीतिक परिदृश्य से जूझने तथा उससे निपटने में चुनौतियों का सामना करना पड़ा था।

इन अवरोधों के बावजूद नायर ने कड़ी मेहनत की और घाना में अपना नाम कमाया। उन्होंने एक लंबे अरसे तक घाना की खुफिया एजेंसी को दक्षतापूर्वक कार्य करने में सहायता प्रदान की। उनके अनुभव और उनकी बुद्धिमत्ता से आगामी वर्षों में घाना को बेहतरीन मदद मिली। घाना में उनके प्रवास के दौरान इजराइलियों ने उनसे अच्छे संबंध बनाए रखने के साथ ही भारतीय महाद्वीप में घुसने की पुरजोर कोशिश की; लेकिन नायर इस मामले में उनके दृष्टिकोण और रवैए को लेकर अड़ गए और इन सबसे दूरी बना ली थी। इसलिए भी कि उनका मानना था कि यह उनका कार्यक्षेत्र नहीं था और अंततः इजराइलियों ने भी इसे आगे नहीं बढ़ाया।

फरवरी 1966 में आर.एन. काव और शंकरन नायर की डॉ. नक्रुमाह के साथ बहुत महत्त्वपूर्ण मीटिंग हुई। उस समय नक्रुमाह घाना के राष्ट्रपति थे और दिल्ली होते हुए पीकिंग, चीन जा रहे थे। दुर्भाग्यवश, फौज की ओर से तख्ता पलट होने और उनके सत्ता से बेदखल होने से पूर्व उनकी काव और शंकरन के साथ यह आखिरी मुलाकात रही। अपने भारत दौरे के दौरान वे भारतीय प्रधानमंत्री श्रीमती इंदिरा गांधी से भी मिले। यह मुलाकात श्रीमती गांधी के लिए कुछ असहज रही, क्योंकि डॉ. नक्रुमाह ने पाश्चात्य रीति के चलते उन्हें गालों पर चूम लिया, जो भारत में उस समय आम नहीं हुआ करता था।

बहरहाल, डॉ. नक्रुमाह हमेशा ही काव एवं शंकरन से बेहद गर्मजोशी और खुलेदिल से मिला करते थे। दोनों के साथ उनके संबंध बड़े सौहार्दपूर्ण थे। उनके साथ मुलाकात के बाद वे पीकिंग रवाना हुए और फिर कभी घाना नहीं लौट सके। राष्ट्रपति पद का उनका कार्यकाल फौज द्वारा उनकी सरकार को बरखास्त कर तख्ता पलट करने के कारण समय से पहले समाप्त हो गया। गिनी में उन्हें अपने मित्र के यहाँ शरण मिली, जहाँ अंततः कैंसर से उनकी मृत्यु हो गई।

डॉ. नक्रुमाह के तख्तापलट के बाद भारत की घाना को दी जाने वाली खुफिया सहायता का भी अंत हो गया। लेकिन यह अध्याय भारत के रिसर्च एंड एनालिसिस विंग (RAW) के लिए एक महत्त्वपूर्ण कदम साबित हुआ, क्योंकि विदेशी सरकारों को खुफिया सहायता मुहैया कराने में इसने बेशकीमती अनुभव और दक्षता दोनों हासिल कर लिया था, जो वे आज तक किए जा रहे हैं।

□

युद्ध के लिए तैयार राष्ट्र बनने की राह पर

सन् 1962 का भारत-चीन युद्ध भारत के सक्रिय जानकारी एकत्रित करने के प्रयासों का ऐतिहासिक क्षण रहा। इसकी ही बदौलत भारत सरकार इस नतीजे पर पहुँची कि उसे ऐसी विशेषज्ञ सैन्य टुकड़ियों की जरूरत थी, जो सीमा पार शत्रु पंक्ति के परे जाकर, विशेषकर हिमालय क्षेत्र में, खुफिया ऑपरेशंस को अंजाम दे सके। फलतः स्थिति का सामना करने के लिए इंटेलिजेंस ब्यूरो (आई. बी.) को दो नई एजेंसी बनाने को बाध्य होना पड़ा था।

द एविएशन रिसर्च सेंटर (ए.आर.सी.) की स्थापना सन् 1963 में हुई, जिसके लिए आर.एन. काव को विभाग प्रमुख चुना गया और वे 1966 तक इसके प्रमुख बने रहे। यह हवाई जासूसी एवं निगरानी के लिए थी और ऐसी स्थापित होने वाली पहली एजेंसी थी। बड़ी संख्या में विमानों और अनमैंड एरियल वेहिकल्स (यू.ए.वी.) के जरिए हवाई खुफिया जानकारी को हासिल किया जाता है। सन् 1962 युद्ध के परिणाम के बाद भारत और अमेरिका के सहयोग से इसका गठन किया गया।

इस इकाई का प्रमुख कार्य आठ C-46 विमान और चार छोटे विमानों की मदद से तिब्बत एवं शिनजियांग क्षेत्र के भीतर से फोटोग्राफ्स एवं तकनीकी खुफिया जानकारी एकत्रित करना था। उन्हें ऐसे स्थान पर तैनात किया गया था, जिसका कोड नेम 'ओक ट्री' था, जिसके बारे में बाद में राज खुला कि यह ओडिशा का क्षेत्र था।

दूसरी एजेंसी 'स्पेशल फ्रंटियर फोर्स' (एस.एफ.एफ.) थी, जिसकी स्थापना सन् 1962 में सेंट्रल इंटेलिजेंस एजेंसी (सी.आइ.ए.) और निर्वासित तिब्बतियों ने की थी। खुफिया ऑपरेशंस करना एस.एफ.एफ. की जिम्मेदारी होती है और इसे खासकर हिमालय क्षेत्र में चीन के साथ लगी सीमा पर कार्यान्वित किया जाता है। इसके सदस्य तिब्बती शरणार्थी होते हैं, जिन्हें गुरिल्ला युद्ध के तौर-तरीकों और पर्वतारोहण कौशल—इन दोनों का प्रशिक्षण प्राप्त होता है।

वर्ष 1999 के कारगिल युद्ध के दौरान भारत में जो सैन्य काररवाई हुई, उनमें इन एजेंसियों का योगदान बहुत महत्त्वपूर्ण रहा। ए.आर.सी. की जिम्मेदारी दुश्मनों की गतिविधियों और उनके ठिकानों की महत्त्वपूर्ण खुफिया जानकारी प्रदान करनी होती थी, तो दूसरी ओर एस.एफ.एफ. को दुश्मनों की पंक्ति के परे जाकर ऑपरेशंस को अंजाम देना होता था। कारगिल क्षेत्र में सामरिक दृष्टि से महत्त्वपूर्ण शिखरों पर कब्जा करने में इन्होंने अहम भूमिका निभाई थी।

19 नवंबर, 1962 के संकट के दौरान भारतीय प्रधानमंत्री जवाहरलाल नेहरू ने अमेरिका के राष्ट्रपति को सहायतार्थ दो एस.ओ.एस. पत्र लिख भेजे। जॉन एफ. केनेडी को लिखे इन पत्रों में उन्होंने चीन को भारत के उत्तर-पूर्व के हिस्सों पर कब्जा करने से रोकने की उनसे अत्यावश्यक गुहार लगाई थी। पत्रों में स्थिति की गंभीरता पर जोर डालने के साथ ही जल्द-से-जल्द अमेरिकी मदद की आवश्यकता पर बल दिया गया था।

अमेरिका की ओर से फौरन प्रतिक्रिया हुई और यह उल्लेखनीय घटना थी। व्हाइट हाउस में एक उच्च स्तरीय बैठक बुलाई गई, जिसमें दूसरे उच्च अधिकारियों के साथ सेंट्रल इंटेलिजेंस एजेंसी (सी.आई.ए.) के प्रमुख भी शामिल थे। इस बैठक का उद्देश्य भारतीय संकट पर विमर्श और उसका संभावित समाधान ढूँढ़ना था।

एक लंबी बातचीत के बाद बैठक के सभी सहभागियों ने एक निर्णय लिया। तय हुआ कि एक छोटा, लेकिन उच्च-स्तरीय सैन्य मिशन भारत भेजा जाए, जो वहाँ की जमीनी हकीकत का आकलन करे। मिशन का उद्देश्य चीनी

सैन्य शक्ति और उनकी गतिविधि पर खुफिया जानकारी इकट्ठा करने के साथ भारत की अपनी सुरक्षा की क्षमता का भी मूल्यांकन करना था।

यह मुआयना इस लिहाज से बहुत महत्त्वपूर्ण था कि इससे अमेरिका को भारत की स्थिति समझने में मदद मिलती, जिसकी सहायता से वे एक प्रभावशाली प्रतिक्रिया या जवाब तैयार कर पाते। यह भारत के लिए भी इस दृष्टि से महत्त्वपूर्ण था कि इससे बहुमूल्य खुफिया जानकारी प्राप्त होती, जिससे अग्रिम काररवाई की योजना को विकसित करने में मदद मिलती।

अमेरिका से आई सामरिक (टैक्टिकल) टीम तीन दिन तक भारत में ठहरी और इस दौरान उसने बी.एन. मल्लिक और उनकी टीम से प्राप्त कई सारी प्रविष्टियों की मदद से एक बिल्कुल अलग कोण से पूरी स्थिति का आकलन करने की कोशिश की। वे इस सोच में लगे ही थे कि कैसे आगे बढ़ा जाए; लेकिन इससे पहले कि वे कुछ कर पाते, चीन ने स्वयं एकतरफा युद्ध-विराम की घोषणा कर दी। अगले 6 महीनों में अमेरिका ने भारत की कई प्रकार से सहायता की।

वर्ष 1962 के चीन के साथ युद्ध के दौरान भारत की स्थिति शोचनीय थी। पूरी ब्रह्मपुत्र घाटी भीषण हमले की चपेट में आई हुई थी और चीन की विशालकाय सैन्य शक्ति असम, त्रिपुरा, मणिपुर एवं नागालैंड पर कब्जा करने की कोशिश कर रही थी। भारतीय सेना अपने से बेहतर अस्त्र-शस्त्रों से लैस चीनी सेना के सामने अपने पाँव जमाए रखने में ही संघर्ष कर रही थी और ऐसा प्रतीत हो रहा था कि मामला हाथ से निकला जा रहा था! नेहरू ने अमेरिकी राष्ट्रपति को पत्र भेजा था। वह भारतीय सेना को सशक्त करने हेतु मदद की गुहार थी। भारतीय सेना उस समय सशक्त नहीं थी। भारत के पास चीनी सैन्य टुकड़ियों से लड़ने के लिए कोई आधुनिक उपकरण ही नहीं थे। राडार शत्रुओं की गतिविधियों को पकड़ने में सक्षम नहीं थे; यहाँ तक कि विमान भी जरूरत अनुसार आधुनिक नहीं थे, जो भारतीय सीमाओं की रक्षा कर पाते। और इस कारण अमेरिका की मदद समय की माँग बन गई थी।

वर्ष 1962 के युद्ध में भारत को चीन से मिली करारी शिकस्त के बावजूद

देश को अमेरिका से जो महत्त्वपूर्ण सैन्य और संभार तंत्र से संबंधित सहायता मिली, जिससे युद्ध का पलड़ा भारत की ओर झुक पाया। अमेरिका का यह सहयोग युद्ध के दुष्परिणामों के बाद भारतीय खुफिया और सैन्य क्षमताओं को पुनः आकार देने में बहुत सहायक सिद्ध हुआ।

अमेरिका ने भारत को नए सैन्य डिवीजन स्थापित करने में मदद की, जो बेहतर उपकरणों से लैस थे और भविष्य में होने वाले युद्धों में बेहतर और असरदार ढंग से जवाब देने के काबिल भी। अमेरिका ने भारत के अस्त्र-शस्त्र उत्पादन को बढ़ावा देने में अहम भूमिका निभाई। यह सैन्य शक्ति बढ़ाने और आत्मनिर्भरता एवं राष्ट्रीय सुरक्षा सुनिश्चित करने लिए बेहद आवश्यक था। इसके अलावा, भारतीय वायु रक्षा को सुदृढ़ व सशक्त करने के लिए अमेरिका ने संयुक्त अभ्यास की सहायता से और बेहतर लड़ाकू विमान मुहैया करवाकर आवश्यक सहायता प्रदान की।

ऐसा आमतौर पर माना गया है कि अमेरिका ने भारत को उसकी जरूरत के समय महज उसकी वायु सेना को सुदृढ़ करने के लिए ही सहायता नहीं की, उन्हें भारतीय उपकरणों और खुफिया जानकारियों तक पहुँच भी चाहिए थी, जिससे वे चीन की गतिविधियों और परमाणु क्षमताओं पर निगरानी रख सकें। इस माध्यम से इस क्षेत्र में सीधे प्रवेश किए बिना अमेरिका को चीन के बाबत अमूल्य खुफिया जानकारी हासिल करने की गुंजाइश थी।

यहाँ यह दर्ज करना जरूरी है कि इस सहायता से भारत को भी अपनी सैन्य क्षमता और तैयारियों को मजबूत करने में बल मिला। यह भविष्य में चीन की ओर से किसी भी संभावित हमले को रोकने के लिए आवश्यक था।

यद्यपि भारत की सहायता के पीछे अमेरिका का स्वयं का सामरिक हित भी छुपा था। यह एक ऐसी साझेदारी रही, जिससे दोनों देश पारस्परिक रूप से लाभान्वित हुए।

आई.बी.-सी.आई.ए. के संयुक्त उद्यम से अमेरिका को चीन के परमाणु कार्यक्रम के विषय में महत्त्वपूर्ण खुफिया जानकारी हासिल करने का एक अवसर हाथ लगा। तिब्बत और शिनजियाग के ऊपर से यू-2 मिशन की उड़ान

भरने की नेहरू से इजाजत ली गई, जिसकी बदौलत अमेरिका को यह खुफिया जानकारी हासिल हुई कि चीन लोप नूर क्षेत्र में परमाणु परीक्षण की तैयारी कर रहा था। यह खुफिया जानकारी अमेरिका के राष्ट्रपति को दी गई और इस तथ्य से अवगत कराया गया कि आगामी कुछ महीनों में चीन परमाणु शक्ति बनने जा रहा था। पूर्व सूचना के अनुसार, चीन ने अपना परमाणु परीक्षण अक्तूबर 1964 में कर डाला। एक परमाणु शक्ति-संपन्न राष्ट्र स्वरूप उसने अपनी स्थिति सुदृढ़ कर ली थी।

बहरहाल, इस दौरान आर.एन. काव 'एविएशन रिसर्च सेंटर' (ए.आर. सी.) को बिल्कुल शून्य से गढ़ने में व्यस्त हो गए थे। इसके लिए उन्होंने अमेरिका से सहयोग माँगा और उन्हें वह मिला, जिसकी बदौलत एक ऐसी अत्याधुनिक सुविधा की स्थापना हो पाई, जो पूरे एशिया में सर्वश्रेष्ठ था। काव के हांगकांग, घाना के अलावा प्रधानमंत्री की सुरक्षा, ए.आर.सी. की स्थापना जैसे कई महत्त्वपूर्ण मिशनों में भागीदारी—इन सबके साथ, जहाँ वे देश के भीतर अपनी साख बना रहे थे, वहीं साथ-साथ बेशकीमती अनुभव भी हासिल कर रहे थे।

□

असफलता से सीख

वर्ष 1962 में चीन के साथ युद्ध के दुष्परिणामों के पश्चात् भारत को भविष्य में किसी भी तरह के संघर्ष के लिए तैयार रहने की महत्ता समझ में आ चुकी थी। वह दौर व्यापक अनिश्चितताओं का दौर था और भारत सरकार को यह बात अब समझ में आ गई थी कि सैन्य क्षमताओं में निवेश करना बेहतर है, बजाय इसके कि विपरीत परिस्थितियों का सामना करते हुए सैन्य क्षमताओं में निवेश न करने की बात को लेकर पछताया जाए। काश, उन्हें इस बात का जरा भी भान होता कि युद्ध की यह तो महज शुरुआत थी। चीन के साथ युद्ध के कुछ समय बाद भारत ने खुद को एक और युद्ध में संलग्न पाया। इस बार यह पड़ोसी देश पाकिस्तान के साथ था। युद्ध 22 दिनों तक चला और ऐसे समय आया, जब भारत में बड़े पैमाने पर उथल-पुथल का माहौल था।

भारत के प्रथम प्रधानमंत्री जवाहरलाल नेहरू के देहांत से देश में जहाँ एक अनिश्चितता और शोक का माहौल छा गया था, वहीं दूसरी ओर पाकिस्तान को बड़ी ताकतें सहायता कर रही थीं, जिसने भारत की मुश्किलें और बढ़ा दी थीं।

चीन के साथ सन् 1962 का युद्ध आर्थिक और राजनीतिक दृष्टि से देश पर बहुत भारी पड़ा था। पाकिस्तान के साथ यह नया युद्ध, जिस समय देश अपना गुजारा करने के लिए भी संघर्षरत था। युद्ध ऐसे समय पर आया, जब देश कई आंतरिक समस्याओं से जूझ रहा था, जिसमें गरीबी, बेरोजगारी और राजनीतिक अस्थिरता प्रमुख थीं।

पाकिस्तान के साथ युद्ध में देश की सफलता सुनिश्चित करने में देश के

नेतृत्व की बड़ी अहम भूमिका रही। नेहरू के देहांत के बाद जब लाल बहादुर शास्त्री देश के प्रधानमंत्री बने, उन्होंने देश का बड़ी दृढ़ता और कड़े संकल्प का परिचय देते हुए नेतृत्व किया। देश को 'जय जवान, जय किसान' का उत्साहवर्धक नारा भी उन्होंने ही दिया, जिसके माध्यम से आत्मनिर्भर व सशक्त देश के निर्माण में फौज और कृषि—इन दोनों क्षेत्रों की आवश्यकता और महत्ता पर जोर डाला गया।

शास्त्रीजी के नेतृत्व में भारतीय सेना पाकिस्तानी हमले के विरुद्ध बड़ी बहादुरी से लड़ी। रक्षा मंत्रालय, जिसका नेतृत्व वाई.बी. चव्हाण कर रहे थे, देश के समग्र सैन्य ऑपरेशन के समन्वय में उसकी भूमिका महत्त्वपूर्ण रही। भारतीय वायु सेना ने जहाँ पाकिस्तान के खिलाफ कई सफल हवाई हमलों को अंजाम दिया, वहीं थल सेना ने जमीन पर आक्रामक हमले किए।

यद्यपि पाकिस्तान के पास संख्यात्मक श्रेष्ठता थी, भारतीय सैनिकों की बहादुरी और उनकी दृढ़ता ने युद्ध को भारत के पक्ष में कर दिया। भारत के सशस्त्र बल ने उल्लेखनीय बढ़त हासिल की, अहम क्षेत्रों पर कब्जा जमाया और अपनी सीमाओं को सुरक्षित किया। पाकिस्तान को उपकरण और फौजी—दोनों के ही संदर्भ में भारी क्षति पहुँची और अंततः उसे घुटने टेकने पर बाध्य होना पड़ा।

सन् 1965 के पाकिस्तान के साथ युद्ध ने राष्ट्रीय सुरक्षा के संदर्भ में देश के दृष्टिकोण में उल्लेखनीय बदलाव दर्ज किया।

शास्त्रीजी ने संकट के समय बुलंद नेतृत्व की अहमियत को समझा और भारत की क्षेत्रीय अखंडता को अविजित रखने हेतु कुछ ठोस कदम भी उठाए। उन्होंने भारतीय सेना को पाकिस्तान के अहम सैन्य ठिकानों, आधारभूत संरचनाओं पर सिलसिलेवार हवाई हमले करने की अनुमति दे दी।

युद्ध में जाने का निर्णय आसान नहीं रहा था, लेकिन देश के हितों की रक्षा के लिए यह आवश्यक था। पाकिस्तान कश्मीर में अपनी गतिविधियों में अत्यधिक लिप्त हो रहा था और भारत को अपनी संप्रभुता की रक्षा के लिए जवाब देना ही था। हालाँकि, युद्ध से क्षति भी पहुँची, लेकिन भारत की सुरक्षा

और क्षेत्रीय संप्रभुता से समझौता नहीं हो सकता, ऐसा सुनिश्चित करने के लिए यह कदम उठाना बेहद जरूरी था।

हालाँकि, यहाँ यह दर्ज करना जरूरी है और आवश्यक भी कि युद्ध का भारत और पाकिस्तान—दोनों देशों पर हानिकारक तथा भयानक प्रभाव पड़ा। हजारों की संख्या में जानें गईं और दोनों देशों को व्यापक क्षति उठानी पड़ी। आज तक दोनों देशों के लोगों को इस युद्ध की भयावहता के निशाँ परेशान करते हैं।

पाकिस्तानी राष्ट्रपति अयूब खाँ के बेटे गौहर अयूब खाँ ने 'आउटलुक' को दिए गए एक साक्षात्कार में यह बात स्वीकारी थी कि युद्ध होना नहीं चाहिए था। इसने न सिर्फ दोनों देशों के बीच की गत्यात्मकता (डायनेमिक्स) को पूरी तरह से बदलकर रख दिया था, बल्कि शत्रुता और अविश्वास की एक परंपरा का भी सृजन कर डाला था।

सन् 1965 के भारत-पाक युद्ध के वाकई दूरगामी परिणाम हुए और ऐसा मात्र इन दोनों देशों के लिए ही नहीं था, समग्र रूप से पूरे क्षेत्र के लिए ऐसा था। युद्ध ने पाकिस्तान को, खासकर उसके पूर्वी हिस्से को, लेकर पराजित और कमजोर होने का अहसास दिलाया, वह हिस्सा, जो अब बँगलादेश है।

भारत से इस हार ने पूर्वी पाकिस्तान की बंगाली जनसंख्या, जो एक लंबे अरसे से पाकिस्तानी सत्ता के हाथों भेदभाव और उपेक्षा का शिकार रही थी, उन्हें कुछ और दुःसाहसी बना दिया। पूर्वी पाकिस्तान इस बात से अत्यधिक चिंतित हो उठा था कि युद्ध के दौरान पाकिस्तानी फौज में पूर्वी क्षेत्र के लोगों की सुरक्षा में सर्वथा कमी पाई गई थी और भारत की ओर से किसी भी हमले के सामने वे बिल्कुल अनावृत थे।

पूर्वी पाकिस्तान के अधिक स्वायत्तता और अधिकारों की माँग को पाकिस्तानी सत्ता ने सिरे से खारिज कर दिया, जिसने पूर्वी पाकिस्तान के लोगों के बढ़ते आक्रोश और असहायता की आग में घी का काम किया।

शेख मुजीबुर रहमान बंगाली राष्ट्रवादी आंदोलन के नेता बनकर उभरे। उन्होंने पूर्वी पाकिस्तान में एक अलग और स्वतंत्र राष्ट्र की माँग रख दी।

भारत ने इस बंगाली आंदोलन को महत्त्वपूर्ण सैन्य व राजनीतिक समर्थन प्रदान किया और कालांतर में पूर्वी पाकिस्तान में पाकिस्तान के तानाशाही सैन्य हस्तक्षेप ने भारत एवं पाकिस्तान के बीच सन् 1971 में संपूर्ण युद्ध का विकराल रूप ले लिया। युद्ध के परिणामस्वरूप एक स्वतंत्र देश बँगलादेश का निर्माण हुआ, जिसमें भारत की भूमिका अहम रही।

सन् 1965 का भारत-पाक युद्ध दोनों ही देशों के इतिहास का वह दौर रहा, जो उथल-पुथल से भरा रहा; वह दौर, जो खुफिया क्षेत्र की कई असफलताओं से दागदार रहा था, जिसने खुफिया जानकारी के एकत्रीकरण व विश्लेषण के मामले में भारत की खामियाँ उजागर कर रख दी थीं। इनमें से एक नाकामयाबी पाकिस्तानी ऑपरेशन 'जिब्राल्टर' था, जिसका लक्ष्य भारत द्वारा प्रशासित कश्मीर में आतंकवादियों की घुसपैठ करवाना था। यह ऑपरेशन कई दिनों से धड़ल्ले से अपना काम किए जा रहा था और भारतीय खुफिया एजेंसियाँ इसे पकड़ने या इस घुसपैठ को रोकने में असफल रही थीं। नतीजतन, यह घटनाओं के ऐसे क्रमानुक्रम की ओर उन्मुख हुआ, जिसने दोनों देशों के बीच पूर्ण रूप से युद्ध की शक्ल अख्तियार कर ली।

युद्ध के खात्मे के बाद भी पाकिस्तान की हुई करारी हार पर उसकी संभावित प्रतिक्रिया से संबंधित कोई भी जानकारी हासिल करने में भारतीय खुफिया एजेंसियाँ नाकामयाब रही थीं। इसका परिणाम यह रहा कि जब पाकिस्तानी हमला हुआ, तब भारतीय सेना को इसका अंदेशा ही नहीं था, जिसके चलते पाकिस्तान को महत्त्वपूर्ण क्षेत्रीय लाभ प्राप्त हो गया। इसके अतिरिक्त, भारत को पाकिस्तान के हमले की व्यापकता का, जो वह हम पर कर सकता था, उसके विषय में भी कोई सूचना या जानकारी नहीं थी। अगर भारतीय खुफिया अधिकारियों को पाकिस्तान के आधुनिक उपकरणों और हथियारों का जरा भी अंदेशा होता, जो उसे अमेरिका से हासिल हुए थे, तो वे यह पूर्वानुमान लगा सकते थे कि युद्ध महीने भर से ज्यादा नहीं चल सकता था। हालाँकि, युद्ध 22 दिनों में ही खत्म हो गया और भारत अपनी खुफिया नाकामी से जूझने के लिए रह गया।

फिर भी, इन समस्त खुफिया असफलताओं के बीच भारत के लिए एक सकारात्मक परिवर्धन सामने आया। देश ने यह माना कि उसे अपनी खुफिया क्षमताओं को उन्नत बनाने की जरूरत थी, जिससे भविष्य में उसे यूँ अप्रस्तुत न रहना पड़े। इस बोध के चलते रिसर्च एंड एनालिसिस विंग (RAW) की स्थापना की गई, जो भारत की बाह्य खुफिया एजेंसी बनी और जिसने भारतीय खुफिया ऑपरेशंस में उल्लेखनीय बदलाव दर्ज किए। रॉ को स्थापित करने का प्राथमिक उद्देश्य बाह्य खतरों से संबंधित जानकारियाँ इकट्ठा करना और भारत के आंतरिक सुरक्षा हितों का समर्थन करना था।

रॉ (रिसर्च एंड एनालिसिस विंग) की स्थापना भारतीय खुफिया जगत् का एक उल्लेखनीय मील का पत्थर रही। सन् 1965 के युद्ध के दौरान जो खुफिया नाकामियाँ हुई थीं, उसके चलते एक समर्पित बाह्य खुफिया एजेंसी की जरूरत को पहले से कहीं ज्यादा महसूस किया गया। यह इंदिरा गांधी की दूरदर्शिता और उनका नेतृत्व था, जिसकी बदौलत सन् 1968 में रॉ की स्थापना हुई और उसके पहले प्रमुख आर.एन. काव बने।

आर.एन. काव, जो इसके पहले ए.आर.सी. (एविएशन रिसर्च सेंटर) के प्रमुख रह चुके थे, उन्होंने रॉ को बिल्कुल शून्य से पूर्ण विकसित करने में अहम भूमिका निभाई। वे अपने त्रुटिहीन नेतृत्व कौशल और हमेशा कुछ अलग, अपारंपरिक (आउट ऑफ द बॉक्स) सोच रखने के लिए जाने जाते थे। उस समय वे आई.बी. के विदेशी मामलों के प्रभाग के भी प्रमुख थे, जिस दौरान वे ए.आर.सी. की अगुवाई कर रहे थे। अत: भारत की बाह्य सुरक्षा से संबंधित चुनौतियों को लेकर उनकी समझ गहन थी।

इस अवधि में भारत के राजनीतिक परिदृश्य में भी तेजी से बदलाव हो रहे थे। लाल बहादुर शास्त्रीजी की असमय मृत्यु की बदौलत देश में नेतृत्व के क्षेत्र में एक शून्यता का सृजन हो गया था और इंदिरा गांधी, जो उस समय एक कमजोर नेता के रूप में जानी जाती थीं, नई प्रधानमंत्री के रूप में सामने आईं। अपनी ही पार्टी में उन्हें विरोध का सामना करना पड़ा था। जवाहरलाल नेहरू की बेटी होने के नाते ऐसी मान्यता हो गई कि उन्हें यह कुरसी विरासत में मिल गई

थी। अपने कार्यकाल में उन्होंने कई सख्त व साहसी निर्णय लिये, जिनमें बैंकों का राष्ट्रीयकरण और प्रिवी पर्स को समाप्त करना रहा, जिससे उन्होंने आम जनता की खूब प्रशंसा बटोरी। उन्होंने यह साबित कर दिखाया था कि वे एक चतुर राजनीतिज्ञ थीं, जिन्हें मालूम था कि काम कैसे करवाया जाता था!

इंदिरा गांधी की सफलता का श्रेय उनकी टीम को भी जाता है, जो उन्होंने अपने इर्द-गिर्द तैयार की थी। सन् 1967 में पी.एन. हक्सर उनके सचिव नियुक्त किए गए, जो उनकी टीम के सर्वाधिक प्रभावशाली सदस्यों में से एक थे। वे एक ऐसे कश्मीरी पंडित थे, जो कभी कश्मीर में नहीं रहे। एक शानदार रणनीतिकार की हैसियत से 1970 के दशक के दौरान उन्होंने भारत की विदेश नीति की रूपरेखा तैयार करने में महत्त्वपूर्ण भूमिका निभाई। पी.एन. हक्सर और आर.एन. काव ने एक-दूसरे के साथ बड़े करीब से काम करते हुए न केवल रॉ की स्थापना की, बल्कि उसकी सफलता भी सुनिश्चित की।

बहरहाल, रॉ की स्थापना को लेकर उठते कई कयासों के बावजूद कोई ऐसा सरकारी दस्तावेज उपलब्ध नहीं है, जहाँ इसके गठन का औचित्य दर्ज हो। आर.एन. काव अपने नोट्स में भी इसके कारण का उल्लेख नहीं करते हैं। लेकिन खुफिया मामलों के विशेषज्ञ शंकरन नायर, जो आर.एन. काव के करीबी रहे, उनके अनुसार रॉ का गठन सन् 1965 भारत-पाक युद्ध के दौरान भारतीय सेना और भारतीय खुफिया के बीच आए तनातनी के समाधान-स्वरूप किया गया था।

युद्ध के दौरान सेना ने विफलता का संपूर्ण आरोप खुफिया विभाग पर लगाते हुए विदेशी जमीन पर प्रबंधन हेतु एक सैन्य खुफिया इकाई की स्थापना की माँग कर डाली। हालाँकि, नौकरशाही में हर कोई इसका पक्षधर नहीं था और सन् 1966 में जब इंदिरा गांधी देश की प्रधानमंत्री बनीं तो उनके समक्ष इस तनातनी को खत्म करने की चुनौती दरपेश थी। ऐसे समय उन्होंने आर.एन. काव की दक्षता पर भरोसा जताया और काव ने महीने भर के भीतर उनके सामने एक ऐसे संगठन की पूरी रूपरेखा तैयार कर रख दी, जो विदेशी जमीन की जासूसी सँभाल लेने में सक्षम था। कैबिनेट सचिव डी.एस. जोशी ने उसका नाम 'रिसर्च

एंड एनालिसिस विंग' रखा, जो उसकी असलियत छुपाने के लिए उसका छद्म नाम था।

रॉ (RAW) की नियुक्ति प्रक्रिया को लेकर इंदिरा गांधी खासतौर पर सजग थीं। विंग में न सिर्फ भारतीय प्रशासनिक सेवा (आई.ए.एस.) और भारतीय पुलिस सेवा (आई.पी.एस.) से अधिकारियों की भरती हो, जरूरत पड़ने पर ऐसे अधिकारियों की भरती पर भी विचार किया जाए, जो स्ट्रीट स्मार्ट हों, यानी अपनी रक्षा करने में सक्षम, जमीनी हकीकत की नब्ज पर जिनकी उँगलियाँ हों। ऐसा कहकर उन्होंने अपनी मंशा भलीभाँति स्पष्ट कर दी थी।

उनके अनुसार, विदेशी जमीन पर जासूसी और खुफिया काररवाइयों के लिए स्ट्रीट स्मार्ट अधिकारियों को नियुक्त करने की जरूरत थी, इसलिए भी कि बहुधा वे अकेले काम करते हुए अप्रत्याशित हालात का सामना करते थे।

रॉ की स्थापना के पीछे की सोच बिल्कुल स्पष्ट थी, उसे नौकरशाही की प्रचलित ढाँचे की बेड़ियों से बिल्कुल अलग रखना होगा; लेकिन जिसे असाधारण परिस्थितियों में असाधारण कार्य करना होगा। इन बातों को सुनिश्चित करने के लिए रॉ प्रमुख का संसाधन-संपन्न होना और बुद्धिमान होना बहुत जरूरी था। कई बातों के लिए जवाबदेही उनकी ही थी।

इंदिरा गांधी ने आर.एन. काव को यह अधिकार दिया कि सद्यः स्थापित संगठन रॉ के लिए अपनी टीम का चयन वे स्वयं करें। काव ने फौरन अपने पुराने सहकर्मी और करीबी मित्र के. शंकरन नायर के साथ संपर्क साधा, जो घाना असाइनमेंट में उनके स्थान पर नियुक्त हुए थे। काव से दोपहर के भोजन का न्योता पाकर शंकरन बेहद खुश हुए। दोनों इस नए संवर्धन पर चर्चा करने जा रहे थे।

अपनी चर्चा के दौरान आर.एन. काव ने शंकरन नायर के साथ नए विभाग के सारे विवरण साझा करते हुए उन्हें बताया कि इंदिरा गांधी के निर्देश पर ही इसकी रूपरेखा तैयार की जा रही थी।

आर.एन. काव ने नायर को भी इसमें शामिल होने का प्रस्ताव दिया। काव ने इस बात को भी उठाया कि आई.बी. में आए नए बॉस द्वारा शंकरन नायर को

पदोन्नति से वंचित रखा गया था, जिसके लिए काव खुद क्षमाप्रार्थी थे। उन्होंने शंकरन नायर को आश्वस्त करते हुए कहा कि उन्हें उनकी पहचान दिलाने में, जिसके वे हकदार रहे थे, वे पूरी कोशिश करेंगे।

शंकरन नायर को प्रस्ताव स्वीकार करने में तनिक भी झिझक नहीं हुई, यद्यपि इसका यह तात्पर्य भी था कि वे संभावित पदोन्नति का बलिदान कर रहे थे! उनके लिए अपने करीबी दोस्त आर.एन. काव के साथ काम करते हुए देश के लिए योगदान करना कहीं ज्यादा अहमियत रखता था। काव और नायर का टीम वर्क रॉ के शुरुआती दिनों के लिए बहुत महत्त्वपूर्ण था और यह संगठन की सफलता की नींव रखने में सहायक सिद्ध हुआ।

रॉ का बनना और उसकी आई.बी. से अलहदगी, इससे आई.बी. अधिकारियों के बीच ईर्ष्या और असहिष्णुता पनपी। आई.बी. ने विदेशी खुफिया जानकारी विभाग को अपनी बेशकीमती संपत्ति मान रखा था। इसके साथ ही, विदेश मंत्रालय भी रॉ के बनने पर नाखुश था और इसकी वजह से विभिन्न विभागों के बीच मन-मुटाव पैदा हो गया था। काव ने इसे स्वयं ही दुरुस्त करने की कोशिश की, लेकिन जब निरुत्साहित हो गए तो पी.एन. हक्सर के पास पहुँचे और अपनी परेशानी व्यक्त की कि ऐसे हालात में वे प्रभावशाली तरीके से काम नहीं कर पाएँगे। उन्हें नौकरशाही के कामकाज के प्रचलित तरीकों से स्वतंत्र होकर काम करना था।

पी.एन. हक्सर ने आर.एन. काव की चिंता की वैधता को समझ श्रीमती इंदिरा गांधी को काररवाई करने की सलाह दी। मामले को गंभीरता से लेते हुए उन्होंने कैबिनेट सचिव को पत्र लिख रॉ को एक स्तर की स्वायत्तता और नौकरशाही से आजादी देने की जरूरत पर जोर दिया। यह कदम नौकरशाही अवरोधों से विचलित व निरुत्साहित हुए बगैर रॉ के प्रभावी और कुशलतापूर्वक कार्य करने को सुनिश्चित करने के लिए जरूरी था।

बहरहाल, रॉ की समस्याओं का समाधान नहीं हो रहा था। हालाँकि विभाग के कई मामलों में पी.एन. हक्सर और श्रीमती इंदिरा गांधी, दोनों ही के सहयोग की वजह से उन्हें बड़ी मदद मिली थी; लेकिन कई मामलों में विलंब हो रहा

था। नायर ने अपनी पुस्तक में लिखा है कि छोटी-छोटी चीजें, जैसे—फर्नीचर, दफ्तर की बिल्डिंग और अकाउंट स्टाफ जैसे मामलों में देरी हो रही थी, क्योंकि आई.बी. हस्तक्षेप कर रहा था।

नायर ने सब मामलों को अपने बूते पर सुलझाया। इस बीच आर.एन. काव रॉ के क्रिया-कलापों को दूसरे देशों में फैलाने, प्रसारित करने पर विचार कर रहे थे। वे 13 देशों में 13 स्टेशनों का गठन चाहते थे।

हालाँकि, विदेश सचिव टी.एन. कौल ने उनकी माँग को गंभीरता से लिया, लेकिन स्टेशनों की गिनती घटाकर 13 से 8 कर दी।

उन 8 स्टेशनों पर बेस बनाने की जरूरत के पीछे हर एक स्टेशन के लिए आर.एन. काव के पास विमर्श-विचार से पगा कारण और मंशा थी। इन कारणों की बड़े विमर्श के बाद उनकी सामरिक रूपरेखा की योजना तैयार हुई थी और इनके जरिए भारत की सुरक्षा के लिए जानकारियाँ एकत्रित की जा सकती थीं।

आर.एन. काव के निशाने पर लिये गए पहले दो स्टेशन थे—पेरिस और बॉन। उन दिनों यह क्षेत्र अत्याधुनिक हथियारों के उत्पादन और उनके वितरण का अड्डा बना हुआ था। जिन एशियाई और अफ्रीकी देशों को वे हथियार वितरित होते थे, उनमें पाकिस्तान एक था, जो भारी मात्रा में हथियार खरीद रहा था, जिनमें अपनी वायु सेना को सशक्त करने के लिए मिराज विमान भी शामिल थे। यह भारत के लिए सीधा खतरा था और इन गतिविधियों पर करीब से नजर रखने की अहमियत और उसकी जरूरत को काव बखूबी समझ रहे थे।

इसके अलावा पेरिस और बॉन राकेट्री एवं एरो डायनेमिक्स के क्षेत्र में अपने तकनीकी ज्ञान के लिए भी जाने जाते थे, जिनका उपयोग चीन अपनी सैन्य क्षमताओं को लाभान्वित करने में कर रहा था। ये स्थितियाँ, जो विकसित हो रही थीं और इन सभी गतिविधियों पर करीब से नजर बनाए रखने की जरूरत आर.एन. काव समझ रहे थे, क्योंकि इनका प्रभाव भारत के सामरिक हितों पर पड़ सकता था।

इस प्रकार, इन दोनों जगहों पर बेस स्थापित करने का निर्णय आर.एन. काव का पाकिस्तान और चीन की अंदरूनी गतिविधियों की खुफिया जानकारी

एकत्रित करने की मंशा से प्रेरित था। यह जानकारी भारत की राष्ट्रीय सुरक्षा के लिए बहुमूल्य साबित होती। इन्हीं कारणों से काव इस बात को लेकर बिल्कुल दृढ़ थे कि इन जगहों पर रॉ की उपस्थिति होनी बहुत जरूरी थी।

अंतरराष्ट्रीय संबंधों के मामले में सामरिक महत्त्व रखने वाला शहर इस्तांबुल एक और ऐसी जगह थी, जिसे आर.एन. काव ने रॉ (RAW) के लिए चुना। द्वितीय विश्व युद्ध में इस्तांबुल ने विभिन्न देशों के बीच मध्यस्थता करने और उनके आपसी संबंधों को सुगम बनाने में महत्त्वपूर्ण भूमिका निभाई थी। इसके चलते वह जासूसी और खुफिया गतिविधियों का बड़ा केंद्र बन गया था। इसके अतिरिक्त, पाकिस्तान को इस्तांबुल में बड़ी दिलचस्पी थी, क्योंकि उसके कर्मियों को वह प्रशिक्षण दे रहा था। इसलिए पाकिस्तान पर करीबी नजर रखने और महत्त्वपूर्ण जानकारी हासिल करने के लिए यह जरूरी था कि रॉ इस्तांबुल में भी एक स्टेशन स्थापित करता।

ऐसा संभव होने से पाकिस्तानी कर्मियों के प्रशिक्षण पर निगरानी रखते हुए उस क्षेत्र में उनकी गतिविधियों पर बहुमूल्य खुफिया जानकारी हासिल हो सकती थी। इसके साथ ही, इस्तांबुल की भौगोलिक स्थिति ऐसी थी कि वह मध्य-पूर्व, बालकन्स और मध्य एशिया के ऑपरेशंस के लिए बिल्कुल उपयुक्त जगह थी।

हनोई और प्नोम पेन्ह—इन दोनों शहरों को आर.एन. काव ने रॉ के स्टेशन स्वरूप इसलिए चुना, क्योंकि यह क्षेत्र चीनी हस्तक्षेप का बड़ा केंद्र बनकर उभरा था। चीनी सरकार इस क्षेत्र की राजनीति में अपनी साँठ-गाँठ, अपनी हिस्सेदारी क्रमशः बढ़ाती जा रही थी और इन गतिविधियों पर नजर रखना भारत के लिए महत्त्वपूर्ण हो गया था। भारत सरकार को इस क्षेत्र से बावस्ता चीनी नीतियों और बदलते राजनीतिक परिप्रेक्ष्य को समझने की जरूरत थी, जिससे भारत के हितों की सुरक्षा हेतु प्रभावशाली रणनीतियों को बनाने में यह सहायक सिद्ध होतीं। इसलिए, इस क्षेत्र में रॉ का स्टेशन भारत के लिए चीनी हस्तक्षेप से संबंधित खुफिया जानकारी एकत्रित करने में मददगार साबित होता और यह देश की राष्ट्रीय सुरक्षा के लिए अहम था।

इधर स्वेज नहर के बंद होने से मॉरीशस ने हिंद महासागर में अपनी

अहमियत पुनः हासिल कर ली थी। वह सामरिक रूप से महत्त्वपूर्ण था। इस क्षेत्र की समुद्री आवा-जाही पर नजर रखने के लिए भारतीय सामुद्रिक सुरक्षा से संबंधित संभावित खतरों पर खुफिया जानकारी एकत्रित करने के लिए यह एक महत्त्वपूर्ण बिंदु था।

दूसरी ओर, फिजी प्रशांत महासागर में स्थित सामरिक दृष्टि से एक महत्त्वपूर्ण द्वीप था, जो इस क्षेत्र में हो रही गतिविधियों से संबंधित खुफिया जानकारियाँ एकत्रित करने के लिए उसे इस क्षेत्र का बड़ा महत्त्वपूर्ण स्टेशन बनाती थी। यह खासकर इसलिए भी हुआ, क्योंकि इस क्षेत्र में वैश्विक शक्तियों की उपस्थिति और हस्तक्षेप दोनों बढ़ रहा था।

कैरेबियन द्वीप समूह में स्थित त्रिनिदाद की भौगोलिक स्थिति वहाँ की समुद्री गतिविधियों पर निगरानी रखने के लिए बहुत महत्त्वपूर्ण थी। वहाँ खुफिया जानकारी एकत्रित करना भारत के सामुद्रिक सुरक्षा के लिए जरूरी था। इसके अलावा, इस क्षेत्र के ड्रग ट्रैफिकिंग और ऐसे अन्य गैर-कानूनी क्रिया-कलापों पर, जिनसे भारत की सुरक्षा को खतरा पहुँच सकता था, उन पर निगरानी रखने और उनके विषय में खुफिया जानकारी हासिल करने के लिए भी त्रिनिदाद अहम ठिकाना था।

कुल मिलाकर, आर.एन. काव ने इन तीन स्टेशनों का बड़ी सावधानीपुर्वक चयन किया, जिससे यह सुनिश्चित हो सके कि विश्व की महत्त्वपूर्ण जगहों पर रॉ की उपस्थिति हो, जिससे भारत को संभावित खतरों पर निगरानी रखने में मदद मिलती रहे और क्षेत्रीय एवं वैश्विक स्तर पर भारत के हितों की रक्षा भी होती रहे।

विभिन्न विभागों से अवरोधों के बावजूद आर.एन. काव रॉ को स्थापित करने और भारत के लिए एक शक्तिशाली खुफिया नेटवर्क के गठन हेतु अपने प्रयासों में दृढ़ और कृत-संकल्प रहे। अपने कार्य की गुरुता एवं महत्ता को लेकर वे बड़े सचेत थे और राह में आए नौकरशाही के तमाम अवरोधों से निपटना बखूबी जानते थे।

उनकी कोशिशें आखिरकार रंग लाईं और कालांतर में रॉ देश के लिए एक

मूल्यवान् संपदा बन गई थी, जिसे सन् 1971 के पाकिस्तान खतरे के समय विशेष तौर पर रॉ ने साबित कर दिया था। आर.एन. काव की दूरदर्शिता और रणनीतिक योजना ने यह सुनिश्चित कर दिया था कि भारत अपनी सुरक्षा पर किसी भी संभावित खतरे से निपटने के लिए अब तैयार था। भारत के सफल सैन्य अभियान के लिए खुफिया जानकारी मुहैया कराने में रॉ ने बड़ी अहम भूमिका निभाई।

□

रॉ (RAW) और पूर्वी पाकिस्तान

1960 दशक के मध्य और उत्तरार्ध तक आते-आते विश्व महत्त्वपूर्ण बदलाव के दौर तथा उथल-पुथल की स्थिति से होकर गुजर रहा था।

फ्रांस में छात्र विरोध और मजदूरों की हड़ताल की लहर दौड़ रही थी। युवा वर्ग अधिक आजादी और राष्ट्र के अधिनायकवाद के अंत की माँग उठा रहा था। संयुक्त राज्य अमेरिका में नागरिक अधिकारों का आंदोलन (सिविल राइट्स मूवमेंट) अपने चरम पर था, जहाँ अफ्रीकी-अमेरिकी नागरिक अपने समानाधिकार के लिए और पृथक्तावाद के खात्मे के लिए संघर्ष कर रहे थे। इस बीच पूर्वी पाकिस्तान (अब बँगलादेश) बँगलाभाषी आबादी पश्चिमी पाकिस्तान के प्रभुत्व वाली सरकार के खिलाफ एक हो सिर उठा रहे थे और अपने लिए अधिक स्वायत्तता की माँग कर रहे थे।

इन सब अशांतियों के बीच भारत भी अपने हिस्से की चुनौतियों का सामना कर रहा था। देश अब भी विभाजन की विभीषिका और पाकिस्तान के निर्माण के बाद के सदमे से जूझ रहा था। उस स्थिति से उबरने की कोशिश कर रहा था, जिसने देश के मानस पर गहरे क्षति चिह्न छोड़े थे। अर्थव्यवस्था संघर्षरत थी और देश अन्न-अभाव की स्थिति एवं उच्च मुद्रास्फीति से जूझ रहा था। इस संदर्भ में, यह बेहद जरूरी था कि भारत के पास एक मजबूत खुफिया नेटवर्क हो, जो आंतरिक और बाह्य—दोनों ही तरह के खतरों पर निगरानी रख सके।

शेख मुजीबुर्रहमान न सिर्फ इस भाषाई आंदोलन के जनक थे, बल्कि वे पूर्वी पाकिस्तान की राजनीतिक पार्टी अवामी लीग के प्रमुख भी थे, एक ऐसी

पार्टी, जिसका लक्ष्य अधिक स्वायत्तता और अंततः स्वतंत्रता प्राप्त करना था। वर्ष 1970 के आम चुनावों में अवामी लीग को पाकिस्तानी नेशनल असेंबली में स्पष्ट बहुमत हासिल हुआ था; लेकिन सत्ताधारी सैन्य सरकार, जिसकी अगुवाई जनरल याह्या खाँ कर रहे थे, उन्होंने गणतांत्रिक रूप से चुनी सरकार को सत्ता का हस्तांतरण करने से साफ मना कर दिया। इसके चलते समस्त पूर्वी पाकिस्तान में बड़े पैमाने पर विद्रोह और आंदोलन आरंभ हो गया।

इस बीच पश्चिमी पाकिस्तान, खासकर कराची और लाहौर में भी, मूलभूत कमियों, जैसे खाद्य की कमी और मुद्रास्फीति को लेकर सरकार का विरोध हो रहा था। मार्शल अयूब खाँ, जिन्होंने इसके पूर्व सेना की सहायता से एक दशक से ज्यादा अवधि तक पाकिस्तान पर शासन किया था, अब स्थिति उनके नियंत्रण से बाहर होती जा रही थी।

इन्हीं प्रसंगों के बीच पाकिस्तानी राजनीति में जुल्फिकार अली भुट्टो एक प्रमुख खिलाड़ी के तौर पर उभरे। वे पाकिस्तान के पूर्व विदेश मंत्री रह चुके थे, जिन्होंने खुद को अयूब खाँ शासन से अलग कर अपनी नई पार्टी पाकिस्तान पीपुल्स पार्टी (पी.पी.पी.) का गठन कर लिया था। भुट्टो ने खुद को लोगों के अधिकारों का मसीहा के रूप में प्रतिष्ठित किया और वे सैन्य समर्थन से चलने वाली सरकार का एक व्यावहारिक विकल्प बनकर उभरे। फिर भी, सत्ता में उनका उदय, पाकिस्तान के भविष्य पर इसके दूरगामी और महत्त्वपूर्ण परिणाम होने वाला था।

बहरहाल, यह बात अब बहुत साफ हो चली थी कि पाकिस्तान के निर्माण के दो दशक बाद भी उसके पश्चिमी और पूर्वी हिस्सों में साझा धर्म के अलावा कुछ भी साझा नहीं था, बहुत कम समानता थी। दोनों क्षेत्रों के बीच सांस्कृतिक भिन्नता बहुत गहरी थी और एक धर्म के आधार पर राष्ट्र के निर्माण का विचार पूर्वी पाकिस्तान के लिए लाभदायी नहीं साबित हो रहा था। बल्कि, पूर्वी पाकिस्तान की अधिकतर बँगला भाषी जनता पश्चिमी पाकिस्तान की राजनीतिक प्रणाली से स्वयं को असंबद्ध और अप्रतिनिधित्वित पाती थी। ऐसी प्रणाली, जहाँ पश्चिम का प्रभुत्व था। इसलामाबाद में केंद्र सरकार का रवैया पूर्व की

जरूरतों की ओर संपूर्णतया सहानुभूति-विहीन और असंपर्क स्वरूप देखा गया। पाकिस्तान के दोनों हिस्सों की भाषाई बाधा एक बहुत बड़ा अंतर थी और पूर्वी पाकिस्तान इसके समाधान की माँग कर रहा था। अलगाव और हतोत्साह के बढ़ते अहसास के चलते अधिक स्वायत्तता की माँग बढ़ती गई, जो अंततः आजादी की माँग में तब्दील हो गई।

पश्चिमी और पूर्वी पाकिस्तान के बीच आबादी का अंतर भी उनके संबंध का एक महत्त्वपूर्ण कारक बन गया। सन् 1961 की जनगणना के अनुसार, पूर्वी पाकिस्तान की आबादी 5 करोड़ 8 लाख 40 हजार थी और पश्चिमी पाकिस्तान की 4.29 करोड़; लेकिन यह फर्क समूचे देश के राजनीतिक प्रतिनिधित्व में प्रतिबिंबित नहीं हो रहा था, जिससे पूर्वी पाकिस्तान के लोग और ज्यादा हतोत्साहित थे। राजनीतिक मामलों में पश्चिमी पाकिस्तान का प्रभुत्व और अपने ही पूर्वी हिस्से की संस्कृति की जगह अरबी संस्कृति पर ध्यान केंद्रित करना स्थिति को और बिगाड़ रहा था। दोनों हिस्सों के बीच की यह सांस्कृतिक और भाषाई भिन्नता का बढ़ते मन-मुटाव और झुँझलाहट में बड़ा योगदान रहा। धर्म के आधार पर पाकिस्तान का निर्माण उसके दोनों हिस्सों को साथ जोड़े रखने का एकमात्र कारण नहीं बन पा रहा था, खासकर जहाँ भाषा, संस्कृति और राजनीतिक प्रतिनिधित्व को लेकर इतनी महत्त्वपूर्ण भिन्नता थी।

शेख मुजीबुर्रहमान 'बंग-बंधु' के नाम से ख्याति प्राप्त कर रहे थे और पूर्वी पाकिस्तान की राजनीति में प्रमुख खिलाड़ी बनकर उभरे थे। उनका जन्म वर्तमान बँगलादेश के तुंगीपाडा नामक गाँव में सन् 1920 के आसपास हुआ। उनकी परवरिश एक निम्न आय-वर्गीय परिवार में हुई और शिक्षा वर्तमान भारत के कलकत्ता में हुई। अपनी शिक्षा पूरी करने के बाद वे मुसलिम लीग में शामिल हो गए, जो उस समय ब्रिटिश भारत की सबसे बड़ी राजनीतिक पार्टी थी।

शेख मुजीबुर्रहमान पाकिस्तान के निर्माण के परम उत्साही हिमायती और उसकी मुखर वकालत करने वालों में से थे। उनकी सोच थी कि उस क्षेत्र में मुसलमानों के हितों की रक्षा के लिए एक विशिष्ट मुसलिम देश की स्थापना की जरूरत थी। पश्चिमी पाकिस्तान के अभिजात वर्ग के रवैए ने, पूर्वी

पाकिस्तान के साथ जिस तरह का उनका व्यवहार था, उन्हें बहुत मायूस किया था, खासकर तब, जब भारत से अलग पाकिस्तान का निर्माण हो चुका था।

1960 के दशक के आरंभ से शेख मुजीब पूर्वी पाकिस्तान के लिए अधिक स्वायत्तता की माँग करने लगे थे। उनका विश्वास था कि पश्चिमी पाकिस्तान का सत्ताधारी वर्ग पूर्वी पाकिस्तान की आम जनता की जरूरतों से ज्यादा अपने विशेषाधिकार और सत्ता के संरक्षण को लेकर अधिक चिंतित था। उन्हें ऐसा महसूस होता था कि पूर्वी पाकिस्तान की अवाम को देश द्वारा लिये गए राजनीतिक व आर्थिक फैसलों में और अधिक प्रभावशाली होने की जरूरत थी।

1950 के दशक के मध्य तक आते-आते शेख मुजीबुर्रहमान ने 'अवामी लीग' की स्थापना कर डाली थी। यह एक नई पार्टी थी, जिसने पुरानी पार्टी 'मुसलिम लीग' की जगह ली थी। यह पार्टी पूर्वी पाकिस्तान को अधिक स्वायत्तता दिलाने के उद्देश्य के प्रति पूर्ण रूप से समर्पित थी। 1960 के दशक की शुरुआत तक भी उन्होंने पाकिस्तान के बँटवारे को लेकर कोई सोच नहीं बनाई हुई थी, लेकिन सन् 1965 में भारत-पाक के बीच कश्मीर को लेकर हुई इस दूसरी लड़ाई ने पाकिस्तान के संभावित बँटवारे को लेकर शेख मुजीबुर्रहमान के विचारों में परिवर्तन ला दिया।

सन् 1965 में राष्ट्रपति अयूब खाँ, जो उस समय पाकिस्तान का नेतृत्व कर रहे थे, ने यह खुशफहमी पाल रखी थी कि भारत पर उनका दबदबा था और इसी के चलते उन्होंने कश्मीर को लेकर युद्ध का आगाज करने की ठानी। हालाँकि, यह फैसला निहायत अहमकाना साबित हुआ, युद्ध ने जल्दी ही तूल पकड़ लिया और दोनों पक्षों को इससे भारी नुकसान उठाना पड़ा। युद्ध ज्यों-ज्यों खिंचता रहा, पाकिस्तान के पश्चिमी हिस्से को ज्यादा संसाधन व महत्त्व मिला और पाकिस्तान का पूर्वी हिस्सा बिल्कुल असुरक्षित छोड़ दिया गया। यह तो भला हो किस्मत का कि इससे पहले कि स्थिति भयानक मोड़ लेती, युद्ध समाप्त हो गया!

इस युद्ध ने पूर्वी पाकिस्तान की अवाम को यह अहसास दिला दिया कि पश्चिमी पाकिस्तान की ओर से बाकायदा सुरक्षा और सहायता के बगैर वे बाहरी

खतरों और हमलों के आगे असुरक्षित व कमजोर थे। देश में अपने प्रतिनिधित्व और अपनी हैसियत को लेकर वे सवाल उठाने लगे। पश्चिमी पाकिस्तान में स्थित सरकार उन्हें नजरअंदाज और उपेक्षित कर रही थी, इसका अहसास उन्हें होने लगा था। पश्चिमी पाकिस्तान में स्थित सरकार बस, अपने एजेंडा और हितों पर पूरी महत्त्व रखे हुए थी और यही वजह थी कि पश्चिमी पाकिस्तान में स्थित आकाओं के प्रति पूर्वी पाकिस्तान के बँगला भाषी अवाम के दिल में नाराजगी पलने लगी। अपनी सुरक्षा और बचाव को लेकर पूर्वी पाकिस्तान में सवाल उठने लगे। राष्ट्रपति अयूब खाँ और सेना उन सवालों के यकीनी और ठोस जवाब देने में नाकाम रही थी। उनका कहना था कि भारत द्वारा पूर्वी पाकिस्तान की सीमा पर हमला करने की स्थिति में चीन पूर्वी पाकिस्तान की मदद और उनके बचाव के लिए निश्चित ही आगे आता। हालाँकि, यह जवाब पूर्वी पाकिस्तान के बाशिंदों को बिल्कुल आश्वस्त करने लायक नहीं था, क्योंकि यहाँ इस बात को लेकर कोई स्पष्टता नहीं थी कि ऐसे हालात पेश होने की स्थिति में, किसी संघर्ष की स्थिति में क्या चीन वाकई ऐसा करने की क्षमता या इच्छा रखता था?

सरकार की ओर से किसी पुख्ता योजना या समाधान के अभाव की वजह से पूर्वी पाकिस्तान का आत्मविश्वास और भरोसा केंद्र के अधिकारियों पर से बिल्कुल उठ गया। उपेक्षा और परित्याग का अहसास उनमें बढ़ता चला गया।

युद्ध का दुष्परिणाम पाकिस्तान के लिए गंभीर नतीजे साथ लाया था। शेख मुजीबुर्रहमान और उनकी अवामी लीग पार्टी ने पूर्वी पाकिस्तान की स्वायत्तता की माँग को उठाते हुए राजनीतिक आंदोलन आरंभ कर दिया। उन्होंने पूर्वी पाकिस्तान को अधिक राजनीतिक प्रतिनिधित्व और आर्थिक विकास प्रदान करने की माँग की। यह राजनीतिक आंदोलन जोर पकड़ता गया, जिसके चलते पाकिस्तान को लगातार उथल-पुथल और अस्थिरता से जूझना पड़ा।

अयूब खाँ की साख को बहुत क्षति पहुँची और सन् 1969 में उन्हें इस्तीफा देने पर मजबूर होना पड़ा। तत्पश्चात् पाकिस्तान के अगले राष्ट्रपति के रूप में याह्या खाँ ने पदभार सँभाला। हालाँकि, पूर्वी पाकिस्तान में अस्थिरता बढ़ती चली

गई और अवामी लीग उस क्षेत्र की एक कद्दावर पार्टी के रूप में उभरकर सामने आई।

पूर्वी पाकिस्तान की शिकायतों को दूर करने के प्रयास में याह्या खाँ ने सन् 1970 में पाकिस्तान में आम चुनाव घोषित कर दिए। यह चुनाव पाकिस्तान के इतिहास का निर्णायक मोड़ साबित हुआ।

7 दिसंबर, 1970 को जनरल याह्या खाँ ने आखिरकार चुनाव की घोषणा कर दी, जो एक बार पहले स्थगित हो चुका था। अलबत्ता, शेख मुजीब ने चुनाव से पहले मनवाने के लिए कुछ माँगें रखीं, लेकिन याह्या खाँ ने उनमें कोई दिलचस्पी नहीं दिखाई। अपने शुबहों को दरकिनार रख मुजीब चुनाव की तैयारियों में जुट गए, यह जानते हुए भी कि शायद पूर्वी पाकिस्तान के मसले हल होने वाले नहीं थे।

चुनाव के महीना भर पहले एक भयानक समुद्री तूफान ने पूर्वी पाकिस्तान को तहस-नहस कर डाला, जिसमें लगभग 10 लाख लोग मारे गए। ऐसे में भारत ने आगे बढ़कर सद्भावना संकेत देते हुए 5 करोड़ रुपए की धनराशि और ट्रकों पर जरूरत का सामान भर पीड़ितों की सहायतार्थ रवाना किया। अवामी लीग के कार्यकर्ताओं ने भी राहत कार्य में अहम भूमिका निभाई। यह और बात है कि पश्चिमी पाकिस्तान इस आपदा में अपनी कोई भी जिम्मेदारी निभाने में और किसी प्रकार की तैयारी में पूरी तरह नाकाम रहा। इस बात ने पूर्वी पाकिस्तान के बंगालियों में और आक्रोश भर दिया।

पश्चिमी पाकिस्तान से सहयोग के अभाव ने दोनों हिस्सों के बीच की बढ़ती दूरी को और उजागर कर दिया। केंद्रीय सरकार के समक्ष पूर्वी पाकिस्तान स्वयं को उपेक्षित और महत्त्वहीन महसूस करने लगा।

वर्ष 1970 के चुनावों का परिणाम बहुतों को चौंका गया था, इसलिए भी कि यह भविष्यवाणी करना मुश्किल था कि कौन सी पार्टी जीतेगी! जुल्फिकार अली भुट्टो की पाकिस्तान पीपुल्स पार्टी (पी.पी.पी.) और पूर्वी पाकिस्तान में शेख मुजीब की अवामी लीग, दोनों ही पार्टियाँ अपने-अपने क्षेत्र में लोकप्रिय थीं। बहरहाल, जब परिणाम घोषित हुए तो यह तथ्य सबके सामने था कि पूर्वी

पाकिस्तान में अवामी लीग ने 169 सीटों में से 167 सीटों पर जीत हासिल कर भारी विजय पा ली थी। वहीं पाकिस्तान के पश्चिमी क्षेत्र में 144 सीटों में पी.पी.पी. सिर्फ 83 सीटों पर ही जीत दर्ज कर पाई थी। इसका यह तात्पर्य भी था कि अब अवामी लीग पूरे पाकिस्तान पर सत्तारूढ़ होगा, क्योंकि कुल 313 सीटों में से 167 सीटें जीतकर उन्होंने बहुमत हासिल कर लिया था।

अब, जब चुनाव के परिणामों ने यह दिखा दिया कि अवामी लीग को स्पष्ट बहुमत मिला था, जनरल याह्या खाँ और भुट्टो के सामने यह चुनौती थी कि शेख मुजीबुर्रहमान को प्रधानमंत्री बनने से कैसे रोका जाए? इसके लिए उन्होंने कई राजनीतिक हथकंडे अपनाए, जिनमें से एक यह रहा कि शेख मुजीब को भुट्टो के साथ गठबंधन में सरकार बनाने को राजी किया जाए! भुट्टो की पार्टी ने पूर्वी पाकिस्तान में एक भी सीट पर जीत हासिल नहीं की थी। वैसे भी, अवामी लीग को इस प्रस्ताव में कोई दिलचस्पी नहीं थी, क्योंकि उन्हें इस बात का यकीन था कि नेशनल असेंबली में स्पष्ट बहुमत पाने के बाद सत्तारूढ़ होने का अधिकार उन्होंने हासिल कर लिया था।

पूर्वी पाकिस्तान, जिसे याह्या खाँ और भुट्टो अल्पसंख्यक क्षेत्र मानकर चलते थे, उस क्षेत्र में से किसी को सत्ता-हस्तांतरण करने से वे दोनों अब कतरा रहे थे। सत्ता पर बने रहने को लेकर वे कृत-संकल्प थे और इसी की वजह से पाकिस्तान में एक राजनीतिक गतिरोध पैदा हो गया। याह्या खाँ ने ढाका में 3 मार्च, 1971 को नेशनल असेंबली के निर्धारित सत्र को स्थगित कर दिया। इससे समाधान ढूँढ़ने के लिए उन्हें जो समय चाहिए था, वह मिल गया। इस चाल से तनाव और बढ़ गया। पूर्वी पाकिस्तान के बंगालियों के सब्र का यह एक और इम्तेहान था।

स्थिति और भी गंभीर हो गई, जब शेख मुजीब के छह सूत्री कार्यक्रम को, जिसका लक्ष्य पूर्वी पाकिस्तान को स्वायत्तता दिलाना था, याह्या खाँ और भुट्टो ने खारिज कर दिया।

पश्चिमी पाकिस्तान के हुक्मरानों ने पूर्वी पाकिस्तान की अवाम की जायज माँगों को मानने से इनकार कर दिया, जिसने बंगालियों में असंतोष और निरुत्साह

को बढ़ाने में आग में घी का काम किया। पश्चिमी पाकिस्तान की सत्तारूढ़ सेना की हुकूमत और पूर्वी पाकिस्तान के राजनीतिक नेतृत्व के बीच घमासान का मंच बिल्कुल तैयार हो चुका था।

पाकिस्तान के हालात पर भारत करीबी नजर बनाए हुए था, इसलिए भी कि उसे पाकिस्तान की ओर से किसी भी संभावित हमले को लेकर सावधान रहना था। भारतीय खुफिया एजेंसी 'रॉ' इस बात को समझते-जानते हुए कि पाकिस्तानी सेना अपने अंदरूनी राजनीतिक हालात से ध्यान हटाने के लिए भारत पर हमला कर सकती थी, अब खासतौर पर सावधान और सतर्क थी।

इस संदर्भ में आर.एन. काव, जो रॉ के प्रमुख थे, ने 25 पृष्ठों वाला एक खुफिया दस्तावेज तैयार किया, जिसे उन्होंने कैबिनेट सचिव को संबोधित किया, जिसमें पाकिस्तान के साथ किसी संभावित युद्ध की स्थिति में भारत के पास उपलब्ध विकल्पों को चिह्नित किया गया था। इस दस्तावेज में विभिन्न परिदृश्यों को, जिसमें एक सीमित अवधि का युद्ध, एक पूर्ण विकसित युद्ध और चीन का पाकिस्तान की ओर से हस्तक्षेप—इन सब को मद्देनजर रखा गया था। दस्तावेज में पाकिस्तान की सैन्य क्षमताओं के विरुद्ध विभिन्न रणनीतियों का भी प्रस्ताव दिया गया था, जिसमें हवाई शक्ति का प्रदर्शन और स्पेशल फोर्सेज के अभियान का भी उल्लेख किया गया था। साथ ही कूटनीति द्वारा पाकिस्तान को विश्व में अलग-थलग करने का विकल्प भी सुझाया गया था। किसी भी संभावित हमले के लिए भारत को पूरी तरह से तैयार रहने की आवश्यकता और एक मजबूत रक्षात्मक मुद्रा बनाए रखने पर जोर दिया गया।

कैबिनेट सचिव को संबोधित उस खुफिया पत्र में आर.एन. काव ने न केवल पाकिस्तान के जानिब से संभावित हमले की चेतावनी दी, बल्कि इस बात का जिक्र भी किया कि पाकिस्तान संयुक्त राज्य अमेरिका से अत्याधुनिक उपकरणों की खरीदारी को लेकर अपनी बातचीत के अंतिम चरण में पहुँच चुका था और साथ ही, अपने सैन्य हार्डवेयर को लगातार बेहतर बनाने की कोशिश में संलग्न था। इसके अंतर्गत विभिन्न देशों से हथियार खरीदना शामिल था और यह भारत की सुरक्षा के लिए खतरा हो सकता था।

इसी दौरान, भारत भी अपने आगामी आम चुनाव की तैयारियों में जुटा हुआ था, जो देश के लिए बड़ी महत्त्वपूर्ण घटना थी। चुनावी अभियान में व्यस्त होने के बावजूद प्रधानमंत्री इंदिरा गांधी अपने सलाहकारों—पी.एन. हक्सर और आर.एन. काव की बदौलत पूर्वी पाकिस्तान में हो रही तमाम गतिविधियों की खबर रख रही थीं।

वे दोनों नियमित रूप से उन्हें पूर्वी पाकिस्तान के हालात और गतिविधियों की खबर उन्हें पहुँचा रहे थे। उन्हें यह मालूम था कि पाकिस्तान बिल्कुल टूट और शिकस्त की कगार पर खड़ा था और यह कारण भारत पर संभावित चढ़ाई के लिए उसे उकसा सकता था। हालात की नजाकत को देखते हुए भारत को सतर्क रहते हुए सीमा पार हो रहे घटनाक्रम पर निगरानी रखनी थी। पाकिस्तान की ओर से किसी भी संभावित हमले से निपटने के लिए मॉस्को में भारतीय राजदूत को यह जिम्मेदारी सौंपी गई कि वह उन सैन्य उपकरणों को हासिल करें, जिसकी आवश्यकता पड़ सकती थी। यह फैसला सबसे बदतर स्थिति वाली पृष्ठभूमि, जहाँ स्थिति के चरम पर पहुँचने पर पाकिस्तान भारत पर हमला कर सकता था, में इसे ध्यान में रखकर लिया गया। भारत सरकार ने इस संभावित खतरे को बड़ी गंभीरता से लेते हुए देश की सुरक्षा हेतु पुख्ता कदम उठाए। आवश्यक सैन्य उपकरणों को हासिल कर भारत पाकिस्तान की ओर से किसी भी हमले की स्थिति में अपनी सीमाओं और देशवासियों की सुरक्षा की ही तैयारी कर रहा था।

पी.एन. हक्सर इस बात से वाकिफ थे कि भारत को तत्काल सैन्य सहायता की जरूरत थी और इसकी आपूर्ति सिर्फ सोवियत संघ ही कर सकता था। इसके साथ ही, स्थिति की गंभीरता को समझते हुए, पूर्वी पाकिस्तान की समस्याओं के समाधान के लिए पी.एन. हक्सर ने इंदिरा गांधी से पाँच-सदस्यीय एक समिति का गठन करने की अनुमति माँगी। समिति की अध्यक्षता कैबिनेट सचिव कर रहे थे और इसमें पी.एन. हक्सर, आर.एन. काव, गृह मंत्री एवं विदेश सचिव शामिल थे। उनका मुख्य लक्ष्य पूर्वी पाकिस्तान में लगातार चल रहे संकट का समाधान निकालना था और इंदिरा गांधी को इसकी नियमित सूचना देते रहना था।

पाँच सदस्यीय यह समिति, जिसकी अगुवाई पी.एन. हक्सर कर रहे थे, उन्होंने एक बैठक बुलाई, जिसमें इस बात पर चर्चा होने के लिए सब मिले कि भारत के बँगलादेश स्वरूप एक स्वायत्त देश के निर्माण को स्वीकृति देने की स्थिति में, जो वैश्विक समुदाय का भारत के रुख के प्रति संभावित रवैया होगा, उसका आकलन करना जरूरी था। भारत को बँगलादेश के निर्माण को स्वीकृति देनी थी या नहीं, यह अपने आप में देश के लिए बड़ा नाजुक मामला था; क्योंकि इससे पाकिस्तान के साथ-साथ दूसरे देशों के साथ रिश्तों में तनाव आने की पूरी संभावना थी। समिति को इसका बखूबी ज्ञान था कि उनके द्वारा लिया गया निर्णय न केवल भारत और पाकिस्तान के बीच संबंधों पर प्रभाव डालेगा, बल्कि इस पूरे क्षेत्र पर भी इसके दूरगामी प्रभाव होंगे।

बँगलादेश के निर्माण को स्वीकृति देने से देश की अर्थव्यवस्था पर पड़ने वाले संभावित प्रभाव पर भी समिति के सदस्यों ने विचार किया। भारत के पाकिस्तान और विश्व के दूसरे देशों के साथ व्यापार पर इसका क्या प्रभाव होगा, इसे निर्धारित करने के लिए उन्होंने लागत-लाभ का विश्लेषण भी किया। उन्हें बखूबी यह जानकारी थी कि इस विकल्प का देश की विदेश नीति पर उल्लेखनीय प्रभाव होगा और यही कारण था कि किसी एक पर स्थिर होने से पहले वे सारे संभावित परिणामों को जाँच लेना चाहते थे।

बँगलादेश के निर्माण को मान्यता देने के जो राजनीतिक प्रभाव होते, इस कारक पर भी समिति के सदस्यों ने विचार-विमर्श किया। इस तथ्य को लेकर वे सजग व सचेत थे कि इस निर्णय का कार्यान्वयन जोखिम भरा था, जिसके परिणाम-स्वरूप भारत की वैश्विक मंच पर साख बढ़ भी सकती थी या संपूर्ण अंतरराष्ट्रीय समुदाय से भारत कटकर अलग-थलग भी हो सकता था! प्रधानमंत्री के समक्ष प्रस्ताव रखने से पहले समिति यह सुनिश्चित कर लेना चाहती थी कि सारे प्रासंगिक कारकों पर पूरी तरह से विचार-विमर्श कर लिया जाए, क्योंकि वे इस बात से वाकिफ थे कि यहाँ जो भी चुनाव होगा, उसके दूरगामी प्रभाव होंगे।

समग्र रूप से समिति इस नतीजे पर पहुँची कि बँगलादेश के निर्माण और

एक स्वतंत्र देश के रूप में उसे मान्यता देना, भारत पर इसका सारभूत प्रभाव होगा। दूसरी ओर, उन्हें यह भी भलीभाँति मालूम था कि इस मामले में भारत को एक निर्णय पर आना ही था। इसलिए भी कि पूर्वी पाकिस्तान में जो मानवीय संकट विकराल रूप धारण कर उपस्थित हो रहा था, उसे नजरअंदाज नहीं किया जा सकता था। यह एक अत्यंत नाजुक मामला था, जिसे बड़ी सावधानी से, सारे संभावित परिदृश्यों को मद्देनजर रखते हुए, सँभालना था। पूर्वी पाकिस्तान की सहायता का अर्थ शेष पाकिस्तान के साथ सीधे टकराव की स्थिति में आ जाना होता और उसका मतलब युद्ध को न्योता देना था!

पूर्वी पाकिस्तान के साथ मामलों में किस तरह आगे बढ़ा जाए, जब भारत में इस पर विमर्श हो रहा था, अंदरूनी खबर हासिल करने हेतु रॉ (RAW) उस क्षेत्र में सक्रिय हो चुकी थी।

भारतीय राजनयिकों को पूर्वी पाकिस्तान भेजा जा रहा था, जिससे कि वहाँ के लोगों का आत्मविश्वास जीवित रहे कि इस युद्ध में वे अकेले नहीं थे। इन सब में एक नाम जो उभरकर आया, वह 'नाथ बाबू' था। पी.एन. बनर्जी पश्चिम बंगाल कैडर के आई.पी.एस. अधिकारी थे।

पी.एन. बनर्जी, जो प्रशांत नाथ बनर्जी के नाम से या 'नाथ बाबू' के नाम से भी जाने जाते थे, सन् 1971 के बँगलादेश की स्वतंत्रता में उनकी अहम भूमिका रही।

बँगलादेश की मुक्ति के पहले बनर्जी बाबू का भारतीय पुलिस सेवा में बड़ा प्रतिष्ठित कॅरियर था। सन् 1925 में कलकत्ता में जनमे बनर्जी बाबू ने प्रेसीडेंसी कॉलेज से अपनी शिक्षा पूरी की और तत्पश्चात् सन् 1948 में भारतीय पुलिस सेवा में भरती हुए। उन्हें अविभाजित बंगाल कैडर में नियुक्त किया गया।

बनर्जी ने बहुत कम समय में ही खुद को एक योग्य और कर्तव्यनिष्ठ अधिकारी के रूप में प्रतिष्ठित कर लिया और पश्चिम बंगाल में विभिन्न पदों पर सेवारत रहे, जिनमें कलकत्ता के डिप्टी कमिश्नर ऑफ पुलिस का पद भी था। वे अपराधियों के विरुद्ध अपने कड़े रुख और उनसे निपटने के लिए नई रणनीतियों का प्रयोग करने के लिए जाने जाते थे।

पी.एन. बनर्जी ने भारत की बाह्य खुफिया एजेंसी रॉ (RAW) के गठन और उसके विकास में बड़ी अहम भूमिका निभाई थी। 1960 के दशक के आरंभिक वर्षों में वे इस संगठन के डिप्टी निदेशक नियुक्त हुए, जहाँ उन्होंने आर.एन. काव के अंतर्गत कार्य किया, जो एक खुफिया अधिकारी के रूप में किंवदंती का स्तर हासिल कर चुके थे। संगठन के जासूसी, काउंटर इंटेलिजेंस एवं गुप्त संचालन (ऑपरेशंस) जैसे क्षेत्रों के गठन और उनके सशक्तीकरण का श्रेय पी.एन. बनर्जी को जाता है।

पूर्वी पाकिस्तान के संकट काल में आर.एन. काव ने बनर्जी को एक विशेष और महत्त्वपूर्ण कार्यभार सौंपा। पूर्वी पाकिस्तान की राजनीतिक पार्टी अवामी लीग के प्रमुख शेख मुजीब का विश्वास और भरोसा हासिल करने की जिम्मेदारी उन्हें दी गई। उनका नया नामकरण हुआ 'पी. नाथ' और एक नए पासपोर्ट के साथ वे पूर्वी पाकिस्तान भेज दिए गए, जहाँ एक रॉ एजेंट के तौर पर उन्हें काम करना था।

शेख मुजीब के साथ संपर्क स्थापित करना 'नाथ' के लिए बड़ा चुनौतीपूर्ण कार्य था, क्योंकि मुजीब पर पाकिस्तानी खुफिया एजेंसी द्वारा लगातार निगरानी रखी जाती थी। कई सारी कोशिशों और पाकिस्तान में स्थित अपने सूत्रों व संपर्कों और मित्रों की सहायता के फल-स्वरूप नाथ आखिरकार सन् 1968 में लंदन में मुजीब के साथ एक मुलाकात का प्रबंध करने में सफल रहे।

समय के साथ नाथ ने शेख मुजीब का भरोसा जीता और पूर्वी पाकिस्तान में उनकी आँख व कान बन गए और रॉ को अमूल्य जानकारियाँ देने में सफल रहे।

पूर्वी पाकिस्तान के संकट काल के दौरान पी.एन. बनर्जी का रॉ के प्रति योगदान महत्त्वपूर्ण रहा। उनके प्रयासों की बदौलत रॉ को पाकिस्तानी फौज की उन योजनाओं और गतिविधियों की महत्त्वपूर्ण जानकारी हासिल हो पाई, जो उस क्षेत्र से ताल्लुक रखती थीं। रॉ एजेंट की हैसियत से उनका किया गया काम कालांतर में बँगलादेश के मुक्ति संग्राम में भारत की जीत में सहायक सिद्ध हुआ।

बदकिस्मती से, 24 जुलाई, 1974 को नाथ बाबू का आकस्मिक निधन

हो गया। उनकी इस असामयिक मृत्यु से रॉ को भारी क्षति पहुँची। वे एजेंसी के एक बड़े भरोसेमंद और प्रभावशाली एजेंट माने जाते थे। अपने छोटे कार्यकाल के बावजूद रॉ के इतिहास में उनका योगदान एक उल्लेखनीय अध्याय बन चुका है।

पी.एन. बनर्जी के पुत्र, जो कलकत्ता में पूर्व पत्रकार रह चुके हैं, उनके द्वारा लिखी गई पुस्तक के अनुसार, शेख मुजीब का विश्वास हासिल करने में उनके पिता की बड़ी भूमिका रही थी। उनकी पुस्तक के अनुसार, पी.एन. बनर्जी और मुजीब में मैत्री संबंध बड़े प्रगाढ़ हो चले थे और शेख मुजीब का उन पर भरोसा अद्भुत स्तर का रहा। बँगलादेश की मुक्ति के बाद मुजीब ने बनर्जी को सपरिवार ढाका अपने घर आने का आमंत्रण दिया था। उन्होंने यह भी बताया कि उनके अपने परिवारजनों को छोड़कर बनर्जी एकमात्र ऐसे सदस्य थे, जो परिवार का हिस्सा न होते हुए भी शेख मुजीब के घर में जिनकी पूरी पहुँच थी। यह भरोसा बनर्जी के अमूल्य योगदान का साक्षी था, जिस योगदान की बदौलत बँगलादेश मुक्ति युद्ध के दौरान आर.एन. काव को वहाँ की गतिविधियों की पूर्ण सूचना मिलती रही थी।

बनर्जी के इनपुट्स ने काव को युद्ध के पहले और युद्ध के दौरान बहुत व्यस्त रखा। इस जिम्मेदारी ने काव की नींद उड़ा रखी थी। सीमा पार से जो विस्तृत विवरण यहाँ पहुँच रहे थे, वे भयानक थे और यह काव की जिम्मेदारी थी कि इंदिरा गांधी को पाकिस्तान के जानिब से आने वाले खतरे की जानकारी मिलती रहे! मुजीब के साथ बनर्जी के करीबी रिश्ते ने यह तो सुनिश्चित कर दिया था कि काव को जमीनी हकीकत की सारी जानकारियाँ लगातार मिलती रहें। किसी भी स्थिति से निपटने के लिए उन्हें पूर्ण रूप से तैयार रहना था।

वह वक्त, जो बँगलादेश के मुक्ति युद्ध की ओर अग्रसर हो रहा था, भारतीय उपमहाद्वीप का राजनीतिक माहौल उस समय बड़ा तनावपूर्ण और अनिश्चितता से भरा हुआ था। एक ओर पाकिस्तान की तरफ से अपने क्षेत्र में किसी भी संभावित हमले की स्थिति में मुजीब भारत से संपूर्ण समर्थन का आश्वासन माँग रहे थे, वहीं दूसरी ओर भारतीय प्रधानमंत्री इंदिरा गांधी स्पष्ट

समर्थन देने से झिझक रही थीं, क्योंकि उन्हें यह डर था कि इससे पाकिस्तान के साथ संबंध और भी तनावपूर्ण हो सकते थे!

यद्यपि भारत इस स्थिति से पीछे नहीं हट रहा था, सरकार ने सतर्क दृष्टिकोण अपना लिया था। इंदिरा गांधी स्थिति की गंभीरता को समझ रही थीं और पाकिस्तान के साथ एक पूर्ण युद्ध की संभावना को भी। पूर्वी पाकिस्तान की स्वतंत्रता का समर्थन और पड़ोसी देश के साथ युद्ध की स्थिति को टालना—इन दोनों के बीच का संतुलन नाजुक था।

अलबत्ता, शेख मुजीब भारत के अस्पष्ट आश्वासनों से संतुष्ट नहीं थे। इसलिए उन्होंने इंदिरा गांधी को दो पत्र लिखे, जिनमें उन्होंने ठोस समर्थन की माँग उठाई। भारत और पाकिस्तान के बीच तनाव अपने चरम पर पहुँच चुका था। युद्ध की संभावना सिर पर मँडराने लगी थी और बड़े ऊँचे दाँव लगे थे। वे पत्र ऐसी अनिश्चितता की स्थिति को और अधिक जटिल बना गए।

हालात जैसे-जैसे बिगड़ते गए, यह साफ होता जा रहा था कि ज्वालामुखी अब कभी भी फूट सकता था! पूर्वी पाकिस्तान की किस्मत अधर में टँगी थी। भारत को एक बड़े जटिल राजनीतिक परिदृश्य से स्वयं को ले जाते हुए समर्थन भी देना था और साथ ही पाकिस्तान के साथ किसी सैन्य टकराव को उकसाना नहीं था।

□

बँगलादेश का निर्माण

वर्ष 1971 के आरंभिक महीनों में पश्चिमी पाकिस्तान और पूर्वी पाकिस्तान की राजनीतिक स्थिति बेहद अनिश्चित व तनावपूर्ण रही। शेख मुजीब की अगुआई में अवामी लीग अब अधीर हो उठी थी और अपने क्षेत्र के लिए स्वायत्तता की माँग कर रही थी। हालाँकि, पाक राष्ट्रपति याह्या खाँ उनकी माँगों को मानने से कतरा रहे थे, क्योंकि ऐसा होने पर उनकी अपनी पार्टी सत्ता से बेदखल हो जाती।

इस राजनीतिक गतिरोध को भंग करने के लिए शेख मुजीब ने मामला अपने हाथों में लेने की ठान ली। 13 फरवरी, 1971 को उन्होंने घोषणा की कि वे नेशनल असेंबली के सेशन की अगुवाई करेंगे, जिसका मुख्य उद्देश्य पाकिस्तान के लिए एक नए संविधान की रचना करना होगा, जिसमें पूर्वी पाकिस्तान को अधिक स्वायत्तता प्रदान की जाएगी। मुजीब की इस चाल को याह्या खाँ की सत्ता को सीधे चुनौती के रूप में देखा गया और इससे पूरे क्षेत्र में नए विद्रोह तथा अस्थिरता की चिनगारी भड़क उठी।

जुल्फिकार अली भुट्टो ने फुरती से शेख मुजीब के नेशनल असेंबली को संगठित करने के निर्णय को खारिज कर दिया। उन्होंने मुजीब पर इलजाम लगाया कि पश्चिमी पाकिस्तान पर एकतरफा संविधान लागू करने की कोशिश में वे लोकतांत्रिक सिद्धांतों का उल्लंघन कर रहे थे।

भुट्टो का मानना था कि ऐसा संविधान सिर्फ पूर्वी पाकिस्तानियों के लिए लाभप्रद होगा। इससे पश्चिमी पाकिस्तान के लोगों का प्रतिनिधित्व कम हो

जाएगा और वे हाशिए पर धकेल दिए जाएँगे।

नतीजतन, पश्चिमी पाकिस्तान में जब मुजीब ने एक सामूहिक विरोध-प्रदर्शन का आयोजन किया, भुट्टो ने उसे 'काला दिन' कहते हुए उसका बायकॉट किया। यह बायकॉट भुट्टो और मुजीब के बीच लंबे समय से चली आ रही राजनीतिक तनातनी की शुरुआत थी। दोनों पार्टियाँ एक-दूसरे के विरोध में अब सड़क पर उतर आई थीं।

जुल्फिकार अली भुट्टो द्वारा शेख मुजीब के प्रस्ताव को ठुकराए जाने से पश्चिमी और पूर्वी पाकिस्तान के बीच मौजूदा तनाव को और हवा मिली तथा हालात हिंसा की ओर अग्रसर होने लगे। भुट्टो पश्चिमी पाकिस्तान की अवाम को यह राजी कराने में जुट गए कि शेख मुजीब का प्रस्ताव एक पाकिस्तानी के तौर पर उनके निजी हितों की सुरक्षा के बिल्कुल खिलाफ था। उन्होंने यह दलील दी कि अगर मुजीब द्वारा प्रस्तावित संविधान को देश भर में लागू कर दिया गया तो यह लोकतंत्र के विकास में बाधा बन जाएगा। भुट्टो का प्रयास था कि पश्चिमी पाकिस्तान की मौजूदा सत्ता संरचनाओं को बरकरार रखा जाए। मुजीब के प्रस्ताव के कार्यान्वयन से कहीं उनके और उनके समर्थकों के हितों को खतरे का अंदेशा न हो, यह सुनिश्चित किया जा सके। इससे दोनों क्षेत्रों के बीच पहले से ही नाजुक रिश्ते और बिगड़ गए और अंततः युद्ध छिड़ गया।

"हम ढाका से अपमानित होकर नहीं लौटने वाले हैं!" भुट्टो का यह कहना था।

इधर पूर्वी पाकिस्तान की स्थिति दिनोदिन अस्थिर और विस्फोटक होती जा रही थी। लोग विकास के अभाव और अधिक स्वायत्तता को लेकर उनकी माँग पूरी न होने पर झुँझलाए और खीजे हुए थे। ऐसे में, नेशनल असेंबली को स्थगित करने के फैसले ने आग में घी का काम किया। ढाका में लोग बड़े पैमाने पर सड़कों पर उतरकर प्रदर्शन और विद्रोह करने लगे।

हालात के बिल्कुल बेकाबू होने का खतरा आ पहुँचा था। इन सबके बीच मुजीब ने स्वयं को मुश्किल हालात में फँसा पाया। एक तरफ तो वे लोगों की अभिलाषा, उनके अधिक स्वतंत्रता और स्वायत्तता की माँग के मसीहा के रूप

में देखे जाने लगे थे, वहीं दूसरी ओर पाकिस्तान से पूरी आजादी की खुलेआम वकालत करने में जोखिम बहुत था, इस बात से भी वे बखूबी वाकिफ थे।

यद्यपि जन-समूह से लगातार दबाव बढ़ता जा रहा था, लेकिन मुजीब बिल्कुल खुल्लम-खुल्ला आजादी की माँग रखने से खुद को रोके रहे; बल्कि पूर्वी पाकिस्तान की अवाम के लिए अधिक स्वायत्तता और स्वनिर्णय पर ही आमतौर पर बोलते दिखाई दिए।

मुजीब अपने राजनीतिक कौशल और रणनीतिक सोच के लिए जाने जाते थे। उन्हें इस बात का भान था कि किसी भी प्रकार का हिंसात्मक विरोध बड़ी संख्या में लोगों की जानें ले सकता था और हालात उस हद तक पहुँचें, वे यह नहीं चाहते थे। वे शांतिपूर्ण माहौल बनाए रखना चाहते थे, अतः उन्होंने अपने समर्थकों से शांति बनाए रखने की अपील की और किसी भी प्रकार के हिंसात्मक आंदोलन से दूर रहने की हिदायत दी।

इसे हासिल करने के लिए शेख मुजीब ने 'सत्याग्रह' का आह्वान किया—एक अहिंसात्मक प्रतिरोधक आंदोलन, जिसे महात्मा गांधी ने भारत की आजादी के संघर्ष के समय सफलतापूर्वक इस्तेमाल किया था। 'सत्याग्रह' एक संस्कृत शब्द है, जिसका अर्थ—सत्य को धारण करना है। इसके अंतर्गत अधिकारियों एवं प्रशासन का शांतिपूर्ण विरोध, सविनय अवज्ञा और असहयोग करना शामिल है।

'सत्याग्रह' की पुकार द्वारा शेख मुजीब शांतिपूर्ण प्रतिरोध की अहमियत पर जोर डाल रहे थे, जिसके माध्यम से स्वतंत्रता का उनका लक्ष्य हासिल होना था। वे जानते थे कि अगर पूर्वी पाकिस्तान की अवाम एकजुट रहकर शांतिपूर्ण ढंग से विरोध करती रहेगी तो पाकिस्तानी सरकार के लिए उनकी माँगों को नजरअंदाज करना मुश्किल हो जाएगा।

हालाँकि, पूर्वी पाकिस्तान के सारे विरोधी मुजीब के दृष्टिकोण या रवैए से सहमत नहीं थे। चरमपंथी शांतिपूर्ण विरोध से कतई संतुष्ट नहीं थे और लक्ष्यों को पाने के लिए अधिक शक्ति-प्रदर्शन चाहते थे। उनका मानना था कि पीड़ित बंगाली जनता को उनके हाल से मुक्ति दिलाने का एकमात्र उपाय पूर्ण क्रांति था,

भले ही इसके लिए उन्हें हिंसा का सहारा ही क्यों न लेना पड़े!

इन चरमपंथी गुटों को पाकिस्तानी अधिकारियों के साथ किसी तरह का कोई संतुलन बनाए रखने में या किसी प्रकार की बातचीत में शामिल होने में विश्वास नहीं था। वे संघर्ष को उसके चरम तक ले जाना चाहते थे और पूर्ण आजादी के लिए लड़ने को दृढ़ प्रतिज्ञ एवं कृत-संकल्प थे।

बंगाली आबादी में इस कारण ने तीव्र विभाजन लाकर खड़ा कर दिया, जिसमें कुछ लोग जहाँ अहिंसक विरोध की वकालत कर रहे थे, वहीं दूसरी ओर कुछ लोग आक्रामक व उग्रवादी काररवाई की माँग कर रहे थे, उसकी वकालत कर रहे थे।

जैसे-जैसे तनाव बढ़ा, पूर्वी पाकिस्तान में अनिश्चितता की स्थिति बढ़ती गई और ऐसे में चरमपंथी तत्त्व अवाम के बीच अधिक ताकतवर एवं प्रभावशाली होते चले गए। आजादी का आंदोलन उग्र होता चला गया। हिंसात्मक टकराव का बीजारोपण हो चुका था।

याह्या खाँ और मुजीब के बीच बढ़ता तनाव अपने चरम पर पहुँच चुका था और अवाम को यह स्पष्ट रूप से दिखाई दे रहा था कि ये दोनों नेता राजनीतिक वर्णक्रम के दो विपरीत पक्षों में खड़े थे। याह्या खाँ के भाषण शेख मुजीब को लेकर अत्यधिक आलोचनात्मक हो चले थे और पाकिस्तान में अस्थिरता के लिए वे मुजीब को जिम्मेदार ठहरा रहे थे। इसके साथ ही, याह्या खाँ ने मुजीब को एक गुप्त पत्र भेजा, जिसमें उनसे अपने दृष्टिकोण पर पुनः विचार करने का आग्रह किया।

यद्यपि याह्या खाँ मुजीब को अपना दृष्टिकोण और स्थिति बदलने का आग्रह कर रहे थे, किंतु वे पुनः मार्शल लॉ लागू करने पर भी विचार कर रहे थे, जिसका एक ही तात्पर्य होता कि सारे निर्णय लेने का फैसला याह्या खाँ के पास केंद्रित हो जाता और देश सैन्य प्रशासन द्वारा शासित होता! मार्शल लॉ का विचार विवादित था और बहुत सारे पाकिस्तानी इसके विरोध में थे। याह्या खाँ के पास विकल्प समाप्त हो रहे थे और उनका यकीन था कि पूर्वी पकिस्तान में फैली अस्थिरता को खत्म करने में यही एकमात्र कारगर साबित होगा।

स्थिति बहुत ज्यादा तनावपूर्ण हो चली थी और पूर्वी पाकिस्तान का भविष्य अधर में लटका था। आगामी दिनों में याह्या खाँ और शेख मुजीब द्वारा लिया गया फैसला पाकिस्तान के भविष्य को तथा उसके इतिहास की दिशा के निर्धारित करने वाला था।

7 मार्च, 1971 को मुजीबुर्रहमान ने ढाका के रेसकोर्स मैदान में वह भाषण दिया, जो 'बंग-बंधु भाषण' के नाम से विख्यात हुआ। उस भाषण में उन्होंने कहा कि पूर्वी पाकिस्तान को स्वतंत्र होना होगा और इसके लिए पाकिस्तानी सरकार से लड़ने के लिए उनके खिलाफ असहयोग आंदोलन करने का आह्वान दिया। पश्चिमी पाकिस्तानी सत्तारूढ़ श्रेणी बंगालियों के साथ बहुत लंबे समय से दुर्व्यवहार करती आई थी।

यह भाषण बंगालियों के लिए अब कार्यान्वयन का सशक्त आह्वान था, जो उनके अंदर गहरे तक गूँजा। भीड़ चरम उत्साह में थी और उन्होंने स्वतंत्र बँगलादेश के परचम जोर-शोर से लहराए।

अपने भाषण में शेख मुजीब ने बँगलादेश को लेकर अपना दृष्टिकोण अपने लोगों के समक्ष रखा, वह देश, जिसका आधार लोकतंत्र, समानता और न्याय होगा! पूर्वी पाकिस्तान के बंगालियों द्वारा झेले गए अन्याय और आर्थिक शोषण से लेकर उनकी संस्कृति को दबाने का प्रयास, इन सब पर बोलते हुए उन्होंने पश्चिमी पाकिस्तान की सत्तारूढ़ सरकार की नीतियों की भी घोर निंदा की तथा उन पर बंगालियों के साथ पक्षपाती रवैया अपनाने का आरोप भी लगाया।

बंगाली अवाम शेख मुजीब को अपने नेता के रूप में देखती थी और अब भारी संख्या में उनके समर्थन में आ जुटी। इस भाषण ने कलाकारों, कवियों और संगीतकारों को अपनी संस्कृति तथा अपनी पहचान का निर्माण करने को भी प्रेरित किया।

शेख मुजीब का भाषण बँगलादेशी मुक्ति संग्राम, उनके स्वाधीनता संग्राम का संक्रांत काल साबित हुआ। यह यथेष्ट रूप से स्पष्ट हो चुका था कि पाकिस्तान के पूर्वी हिस्से पर अब मुजीब का नियंत्रण था। लेकिन याह्या खाँ

हालात को अब भी नजरअंदाज किए जा रहे थे और देश की समस्याओं के लिए लगातार मुजीब पर इलजाम लगा रहे थे। उन्होंने तो एक गुप्त पत्र भी मुजीब को भेजा, जिसमें उनको अपनी राय बदलने का आग्रह किया था। पूर्वी पाकिस्तान में बढ़ते राष्ट्रवाद को दबाने व कुचलने के लिए याह्या खाँ मार्शल लॉ लागू करने का भी सोच रहे थे।

शेख मुजीब के कथन के उत्तर में याह्या खाँ ने ढाका में अपने आगमन का दिन 10 मार्च से 15 मार्च तक टाल दिया। याह्या खाँ की इस चाल को मुजीब ने अपनी बेअदबी समझी और यह बात उन्हें बिल्कुल नहीं जँची। दोनों नेताओं के बीच तनाव बढ़ता गया और यह बात साफ होने लगी कि इस संकट का शांतिपूर्ण समाधान निकलना अब संभव न था।

16 मार्च, 1971 को कथित तौर पर संकट को सुलझाने हेतु शेख मुजीबुर्रहमान से बातचीत करने जनरल याह्या खाँ ढाका पहुँचे। हालाँकि, यह बात शीघ्र ही स्पष्ट हो गई कि याह्या की पूर्वी पाकिस्तान को स्वायत्तता देने या मुजीब की माँगों को मानने की कोई मंशा ही नहीं थी। पूर्वी पाकिस्तान में जाने का उनका असली मकसद वहाँ की तैयारियों के स्तर को आँकना था और जमीनी हकीकत पर खुफिया जानकारी हासिल करना था।

याह्या खाँ पूर्वी पाकिस्तान की सैन्य क्षमता का आकलन करने अपने साथ जनरलों की एक टीम ले आए, जिससे आगे की काररवाई की दिशा पर फैसला किया जा सके। पाकिस्तानी सेना पूर्वी पाकिस्तान की बंगाली अवाम पर सैन्य काररवाई करने की योजना बना रही थी और याह्या का दौरा इसी दिशा में एक नृशंस ऑपरेशन को निर्णायक हरी झंडी दिखाने के तौर पर माना जा रहा था।

बहरहाल, जनरल टिक्का खाँ, जो 'बंगाल का कसाई' के नाम से कुख्यात हुआ, उसे राष्ट्रपति याह्या खाँ ने 'बंगाल ऑपरेशन' की अगुवाई के लिए नियुक्त किया। उसने याह्या खाँ को आश्वस्त किया कि वह एक सप्ताह में इस पूर्वी क्षेत्र में सामान्य स्थिति बहाल कर सकता था, यह और बात थी कि उसकी योजना बहुत क्रूर व निर्मम थी!

इस योजना के कार्यान्वयन का पहला कदम सारे विदेशी मीडिया और

टी.वी. क्रू को वहाँ से निकालना था। अंतरराष्ट्रीय खबरों के संगठनों के पत्रकारों को निशाने पर लिया गया, जिनमें बहुतों के साथ दुर्व्यवहार कर उन्हें जबरदस्ती देश से निकलने को बाध्य किया गया। उनका लक्ष्य पूर्वी पाकिस्तान पर किए जाने वाले अत्याचारों की किसी भी तरह की कवरेज को बाहरी दुनिया तक पहुँचने से रोकना था। नतीजतन बाहरी दुनिया आने वाले दिनों में होने वाले उस भयानक रक्त-रंजित जन-संहार से कमोबेश अनजान ही रही।

पाकिस्तानी सेना के भरसक प्रयासों के बावजूद अत्याचार और जन-संहार की खबरें बाहरी दुनिया तक पहुँच ही गईं और यह आंशिक रूप से उन दिलेर पत्रकारों की वजह से हुआ, जिन्होंने अपनी जान पर खेलकर जमीनी हकीकत पर रिपोर्ट किया। उनमें से बहुत सारे पत्रकारों ने पड़ोस में स्थित भारत में शरण ली। कालांतर में बँगलादेश की मुक्ति में उनकी अहम भूमिका रहने वाली थी।

25 मार्च, 1971 की रात बँगलादेश के इतिहास के सबसे स्याह लमहों में से थी। जनरल टिक्का खाँ ने पूर्वी पाकिस्तान पर सेना की मदद से कहर बरपा दिया। ऑपरेशन का लक्ष्य पूर्वी पाकिस्तान की आजादी के आंदोलन का पूरी तरह से दमन करना और पाकिस्तान की एकता को अखंडित रखना था।

काररवाई रात 11 बजे आरंभ हुई। टिक्का खाँ ऑपरेशन की अगुवाई कर रहे थे। पाकिस्तानी सेना ने निहत्थे नागरिकों, विश्वविद्यालय के छात्रों और अवामी लीग के समर्थकों, जो सड़कों पर उतर आए थे, पर बड़े पैमाने पर हमला बोल दिया।

उन्हें बड़ी बेरहमी से गोलियों से भून डाला गया और बहुतों को पीट-पीटकर मार डाला गया। विद्रोह के दमन के लिए सेना ने टैंक, मशीनगन और दूसरे भारी हथियार इस्तेमाल किए।

ढाका की सड़कें मासूम लोगों की लाशों से पटी पड़ी थीं। ऐसा अनुमान है कि इस ऑपरेशन में मारे जाने वालों की संख्या 7,000 से 10,000 के बीच थी। बहुत सारी महिलाओं के साथ बलात्कार हुआ और अनगिनत लोग घायल हुए। इस ऑपरेशन को पूर्ण दंड-मुक्ति के साथ किया गया और कोई भी सेना की नृशंसता व बर्बरता को रोक नहीं सका।

लोगों में अपनी माँगों को लेकर खौफ पैदा करने के लिए, आइंदा ऐसा न करने हेतु, जो सैन्य ऑपरेशन किया जाता है, वह ऐसे गिने-चुने सैन्य ऑपरेशनों में से एक रहा।

बंगाली राष्ट्रवादी आंदोलन के दमन की शुरुआत ढाका यूनिवर्सिटी के इकबाल हॉल से हुई, जो राजनीतिक गतिविधियों का अड्डा था। स्थान को खाली कराने के लिए वहाँ टैंक तथा सेना की टुकड़ियाँ भेजी गईं और निहत्थे छात्रों व नागरिकों पर निर्मम हमला हुआ।

जल्द ही सेना इससे भी अधिक नृशंस स्तर पर आ पहुँची। आम जनता में खौफ पैदा करने की कोशिश में और उन्हें धमकाने के लिए सेना ने आसपास की झुग्गी-झोंपड़ियों में आग लगा दी। हजारों की संख्या में गरीबों ने रेलवे की पटरियों के पास अपना रहने का ठिकाना बनाया था, जहाँ वे अपने परिवार सहित रहते थे। आग जल्दी ही फैल गई और उसमें हजारों लोगों की जानें गईं; ऐसे लोग, जिन्हें राजनीतिक अस्थिरता से कोई लेना-देना नहीं था। वह एक अत्यंत बर्बरतापूर्ण और कठोर कृत्य था, जिसने सबके सामने यह उजागर कर दिया कि अपने लक्ष्य की प्राप्ति के लिए पाकिस्तानी सेना किस हद तक जा सकती थी!

इकबाल हॉल पर आक्रमण और उसके बाद बस्तियों में आग लगाने के साथ ही पूर्वी पाकिस्तान में हिंसा एवं आतंक का एक अनवरत अभियान आरंभ हुआ। सेना ने गाँव-गाँव जाकर संदेहास्पद बंगाली राष्ट्रवादी लोगों की धर-पकड़ की और उन्हें उसी दम मौत के घाट उतार दिया।

सैन्य ऑपरेशन की नृशंसता, उसकी हिंसा व्यापक स्तर पर हुई और बहुत बड़े पैमाने पर बंगाली जनता को यह दुःख व संताप तथा त्रास झेलना पड़ा। विश्वविद्यालय के प्रांगण में ही बहुत सारे शिक्षकों की उनके परिवार समेत हत्याएँ हुईं। बहुत सारे छात्र भी मारे गए।

उनमें हिंदुओं को भी निशाने पर लिया गया था, जो उनका प्रमुख लक्ष्य था। सेना ने अंधाधुंध मार-काट मचा रखी थी। रिपोर्ट थी कि सैनिक घरों में घुसकर निहत्थे लोगों को गोलियों से भून रहे थे। बिल्कुल अराजकता की स्थिति थी।

लोग घरों से भागकर जहाँ भी शरण मिलने की संभावना थी या मिल रही थी, वहीं की ओर निकल पड़े थे।

इस नर-संहार की खबर जब शेख मुजीब तक पहुँची तो वे समझ चुके थे कि उन्हें अब कुछ करना ही था। उन्होंने अपने सभी नेताओं को भूमिगत हो जाने को कहा और पलटवार के लिए नहीं रुके। वे अब रेडियो स्टेशन पहुँचकर देश की आजादी की घोषणा करना चाह रहे थे; लेकिन सेना ने पहले ही ढाका का रेडियो स्टेशन तहस-नहस कर डाला था।

यह जानकर कि ढाका का रेडियो स्टेशन अब सक्रिय नहीं रहा, शेख मुजीब बड़ा साहसिक कदम उठाते हुए चटगाँव रेडियो स्टेशन की ओर लपके, जो तब भी सक्रिय था। बँगलादेश की आजादी की घोषणा करने का और पूरी दुनिया को एक संदेश भेजने का उन्हें यह एक महत्त्वपूर्ण और उपयुक्त अवसर लगा।

रेडियो स्टेशन पहुँचने पर ई.पी.आर. वायरलेस के माध्यम से शेख मुजीबुर्रहमान ने पूर्वी पाकिस्तान को स्वतंत्र घोषित कर दिया। उन्होंने बँगलादेश के लोगों को सेना के आक्रमण का यथेष्ट प्रतिरोध करने की सलाह दी और आवश्यकतानुसार संघर्ष करने की भी—तब तक, जब तक पाकिस्तानी सेना का एक भी सैनिक उनकी जमीन पर था। शेख मुजीब के शब्द इतने सशक्त थे और प्रेरणा व उत्साह से भरे थे कि पूरे बंगाली अवाम में उसकी गूँज सुनाई देने लगी, जो अब अपनी भूमि की रक्षा और उसकी मुक्ति के लिए कमर कस चुके थे।

चटगाँव रेडियो स्टेशन, जो उस समय का एकमात्र सक्रिय स्टेशन था, ने बहुत जल्द ही मुजीबुर्रहमान के स्वतंत्रता की घोषणा पर अपनी जवाबी काररवाई कर दी। कुछ ही घंटों में पूर्वी पाकिस्तान के स्वतंत्र होने की खबर आग की तरह फैल गई। सबको अब पूर्वी पाकिस्तान की स्थिति की जानकारी मिल चुकी थी।

शेख मुजीब के द्वारा स्वतंत्रता की घोषणा बँगलादेश मुक्ति युद्ध (बँगलादेश लिबरेशन वॉर) का निर्णायक मोड़ साबित हुआ। उनके शब्द उन बंगालियों के लिए आशा की किरण थे, जो सेना की बर्बरता का शिकार हो रहे थे। अपने लोगों की आजादी के हक के लिए उनके साहसिक प्रदर्शन एवं उनकी दृढ़ता

ने हजारों की तादाद में लोगों को प्रेरित किया और वे इस अभियान का हिस्सा बने। उन्होंने पाकिस्तानी फौज के दमन का सामना और उसका प्रतिरोध किया।

मुजीबुर्रहमान द्वारा आजादी की घोषणा के बाद पाकिस्तानी सेना ने इस विद्रोह एवं प्रतिरोध के दमन हेतु बड़े सुनियोजित और बहुत अमानवीय ऑपरेशन की शुरुआत की। शेख मुजीब को बहुत जल्द पकड़ लिया गया और बाकी सारे नेतागण भूमिगत हो गए। यह सैन्य काररवाई इतनी सुनियोजित ढंग से की गई कि आरंभ के कुछ दिन पूरे विश्व को यह खबर तक नहीं लग पाई कि बँगलादेश में हो क्या रहा था?

अलबत्ता, कुछ पत्रकार पाकिस्तानी सेना के चंगुल से बच निकले, जिनमें 'डेली टेलीग्राफ' के साइमन ड्रिंग भी एक थे। सैन्य काररवाई जब शुरू हुई, वे ढाका के एक होटल में रह रहे थे। आक्रमण से बचने के लिए वे होटल की छत पर जा छुपे, जहाँ से नीचे सड़क पर हो रहे भयानक कृत्यों को उन्होंने अपनी आँखों से होते देखा।

वहाँ से भाग निकलने के अवसर का लाभ उठा निकल आने के बाद उस नर-संहार की पराकाष्ठा पर जो रिपोर्ट उन्होंने दी, वह खून सर्द कर देने वाली थी। उन्होंने दावा किया कि सैन्य काररवाई के 24 घंटों के अंदर सिर्फ ढाका में 7,000 लोग मारे जा चुके थे और पूरे बँगलादेश में मृतकों की संख्या लगभग 15,000 थी। इस रिपोर्ट ने दुनिया को सकते में डाल दिया; साथ ही यह भी स्पष्ट हो गया कि पाकिस्तानी सेना पूर्वी पाकिस्तान के बंगालियों का नृशंस नर-संहार करने पर उतारू हो गई थी।

27 मार्च, 1971 को, कर्फ्यू के 33 घंटे बाद, आखिरकार ढाका के निवासी शहर छोड़ पाए। यह और बात है कि ढाका के बाहर के हालात भी उतने ही शोचनीय थे। पाकिस्तानी सेना ने चटगाँव, जेसोर और कोमिल्ला शहरों में भी अपनी मार-काट से तबाही जारी रखी थी। उन्होंने अपनी वायु सेना का इस्तेमाल करते हुए पूरे पाकिस्तान के लगभग 15,000 गाँवों पर बमबारी की। मृतकों की सटीक संख्या बता पाना मुश्किल है, लेकिन ऐसा विश्वास है कि इस नर-संहार में करीबन 10 लाख लोग अपनी जानें गँवा बैठे थे।

ढाका से नागरिकों के सामूहिक पलायन की बदौलत करीबन 1 करोड़ लोग विस्थापित हुए, जो पड़ोस में स्थित भारत में शरणार्थी बनकर पहुँचे। भारत के लिए इतनी बड़ी संख्या में लोगों को शरण देना और उनके लिए व्यवस्था करना एक विशाल संघर्ष बन गया था। यहाँ एक विकट और विशाल मानवीय संकट पैदा हो चुका था।

पाकिस्तानी सेना ने बुद्धिजीवियों, शिक्षाविदों, सांस्कृतिक और तमाम ऐसे लोगों को अपने निशाने पर लिया, जो उनकी सत्ता के लिए खतरा हो सकते थे। उन्होंने बड़े सुनियोजित ढंग से उन तमाम लोगों की हत्याएँ कीं, जिनके कालांतर में नेता बनने की संभावना थी या जो विद्रोह की आवाज हो सकती थी।

इनमें पत्रकार, डॉक्टर, कवि, लेखक, संगीतज्ञ—सब शामिल थे।

पूर्वी पाकिस्तान पर ढाया गया कहर इतना क्रूर, बर्बर और इतने व्यापक पैमाने पर था कि इसकी तुलना जर्मनी के 'होलोकॉस्ट' से की जाती है। नर-संहार का ऐसा पैमाना और परिमाण पहले कभी देखा नहीं गया था। अंतरराष्ट्रीय समुदाय को इस संकट पर प्रतिक्रिया देने में विलंब हुआ और इनमें कई देश ऐसे थे, जो पाकिस्तान के अंदरूनी मामलों में दखल देने से झिझक रहे थे।

पूर्वी पाकिस्तान के इस संकट में भारत की प्रतिक्रिया महत्त्वपूर्ण होने के साथ-साथ उल्लेखनीय भी रही। भारत एकमात्र देश था, जिसने इस स्थिति पर तत्काल कार्य किया। इस मुद्दे पर विचार-विमर्श हेतु भारत में 31 मार्च, 1971 को संसद् का अधिवेशन बुलाया गया, जहाँ सर्वसम्मति से यह प्रस्ताव पास हुआ कि पाकिस्तानी सेना को अविलंब पूर्वी पाकिस्तान से हट जाना चाहिए। पूर्वी पाकिस्तानियों पर हो रही बर्बरताओं के विरोध में भारत का यह एक सशक्त पक्ष था, जो सबके समक्ष उजागर हुआ, जो ऐसे समय अपने दक्षिण एशियाई देश के लोगों के समर्थन में उनके साथ खड़ा था।

शरणार्थियों का संकट भी एक बड़ा मुद्दा था, जिसका सामना करना था। पूर्वी पाकिस्तान में हिंसा बढ़ने के साथ सीमा पार भारत में आ रहे शरणार्थियों की संख्या भी उसी तादाद में बढ़ती गई। जुलाई के अंत तक आते-आते भारत में शरणार्थियों की संख्या लगभग 1 करोड़ हो चुकी थी। इससे भारत के बुनियादे

ढाँचे पर, उसके संसाधनों पर बहुत जबरदस्त दबाव पड़ा। सरकार को अपने संसाधनों को तेजी से गतिशील बनाते हुए लोगों के लिए जरूरत के अनुसार खाद्य सामग्री, रिहाइश और स्वास्थ्य सेवाएँ मुहैया करानी थीं।

शरणार्थी संकट महज एक मानवीय मुद्दा नहीं, एक राजनीतिक मुद्दा भी था। भारत का पाकिस्तान के साथ रिश्ता तनावपूर्ण था और लगातार आते शरणार्थियों की बाढ़ ने उसे और तनाव में डाल दिया। भारत सरकार को एक ओर शरणार्थियों की सुरक्षा की जिम्मेदारी और दूसरी ओर पाकिस्तान तथा अन्य पड़ोसी देशों के बीच कूटनीतिक संबंध—इन दोनों के बीच का संतुलन बनाए रखना था।

इन चुनौतियों के बावजूद भारत शरणार्थियों की हर संभव सहायता और बँगलादेश को मदद प्रदान करने के लिए कटिबद्ध था। भारतीय स्वयंसेवकों और सहायता-प्रदाताओं ने दिन-रात अथक परिश्रम कर जरूरतमंदों की सहायता की।

पूर्वी पाकिस्तान में हो रहे अत्याचारों पर अपनी प्रतिक्रिया देने और उसकी भर्त्सना करने के लिए भारत सरकार अंतरराष्ट्रीय समुदाय पर लगातार अपना दबाव बनाए रखे हुए थी।

31 मार्च को अवामी लीग के दो कद्दावर नेता—ताजुद्दीन अहमद और अमीरुल इसलाम खुफिया तरीके से सीमा पार कर भारत में दाखिल हुए। सीमा सुरक्षा बल (बी.एस.एफ.) ने उन्हें पकड़ लिया और पहले उन्हें कोलकाता तथा फिर तत्कालीन प्रधानमंत्री श्रीमती इंदिरा गांधी से मिलवाने दिल्ली ले जाया गया, जहाँ पूर्वी पाकिस्तान के हालात के बारे में विस्तृत विचार-विमर्श होना था।

अवामी लीग के नेताओं के अलावा, दुनिया भर में रह रहे बंगाली इस युद्ध के प्रयासों में योगदान देने के इच्छुक थे। ताजुद्दीन अहमद और दूसरे नेताओं को बखूबी मालूम था कि इस युद्ध में अपना अस्तित्व बनाए रखने के लिए उन्हें एक सुसंगठित प्रतिरोध आंदोलन की आवश्यकता थी। वे महज सहानुभूति की माँग नहीं कर रहे थे। वे भारत की सहायता इसलिए चाहते थे कि वे पाकिस्तानी सेना के हमले का जवाब दे सकें और उनकी अपनी जमीन सुरक्षित रह सके।

ताजुद्दीन अहमद और दूसरे अवामी लीग नेताओं ने भी पाकिस्तानी सेना का प्रतिरोध करने हेतु पूर्वी पाकिस्तान के बंगाली अवाम को संगठित करने की अहमियत को समझा। 10 अप्रैल, 1971 को पूर्वी पाकिस्तान के सारे नेतागण एवं प्रतिनिधिगण एक मंच पर एकत्र हुए और आवश्यकताओं पर विस्तार से विचार–विमर्श किया। अंततः ताजुद्दीन अहमद के नेतृत्व में उन्होंने अस्थायी सरकार की स्थापना की, जिसे 'मुजीब नगर सरकार' के नाम से पुकारा गया। यह पूर्वी पाकिस्तान (वर्तमान में बँगलादेश) के मुजीब नगर शहर में था। इस सरकार की स्थापना का लक्ष्य बंगाली प्रतिरोधी आंदोलन को नेतृत्व व दिशा प्रदान करना था और पाकिस्तानी सेना के विरुद्ध बंगाली प्रतिरोध का प्रतीक होकर उभरना था।

पाकिस्तान से अलग एक स्वतंत्र बँगलादेश के निर्माण का जो युद्ध था, ताजुद्दीन अहमद का उसके नेतृत्व में बड़ा योगदान रहा। शेख मुजीब की अनुपस्थिति में, जिन्हें पाकिस्तानी सेना ने बंदी बना लिया था, ताजुद्दीन अवामी लीग और स्वतंत्रता के तथ्यतः नेता बन चुके थे।

ताजुद्दीन अहमद की नेतृत्व क्षमता को स्वीकारते हुए भारत सरकार ने उनके और दूसरे नेताओं के साथ सहयोग कर बँगलादेश में अस्थायी सरकार का गठन किया। 17 अप्रैल, 1971 को बैद्यनाथतला नामक गाँव में औपचारिक रूप से यह सरकार अस्तित्व में आई। शेख मुजीबुर्रहमान के सम्मान में बाद में इसका पुनः नामकरण हुआ और यह 'मुजीब नगर' कहलाया। ताजुद्दीन इस अस्थायी सरकार के प्रधानमंत्री नियुक्त हुए और उन्होंने इसे संगठित करने के लिए भारत सरकार के साथ मिलकर अथक परिश्रम किया। एक स्वतंत्र राष्ट्र के रूप में बँगलादेश को अंतरराष्ट्रीय स्तर की पहचान दिलवाने के लिए भारत की निगरानी में काजी ने सरकारी दस्तावेज पर हस्ताक्षर कर दिए। उस दिन ताजुद्दीन ने पूरे विश्व से बँगलादेश को एक देश के रूप में स्वीकार करने की अपील की। मंच से संबोधन करते हुए उन्होंने कहा कि, "पाकिस्तान अब मृत है और लाशों के ढेरों के नीचे दफन हो चुका है। वे लाखों लोग, जो मारे गए, अब हमेशा पश्चिमी पाकिस्तान एवं बँगलादेश के बीच एक दीवार बन खड़े रहेंगे।"

ताजुद्दीन अहमद के प्रेरणादायक शब्दों से दुनिया भर के बंगाली बड़े प्रभावित हुए। उनमें से बहुत सारे ऐसे भी थे, जिन्होंने पाकिस्तान की सेवा की थी, लेकिन अब अपनी वफादारी बदलकर बँगलादेश की स्वतंत्रता के समर्थन में आ खड़े हुए थे। यह भावना विशेष रूप से उन बंगालियों में बहुत सशक्त पाई गई, जो विदेशों में राजदूत और अन्य आधिकारिक हैसियत से सेवारत थे। कुल मिलाकर, करीब 126 अधिकारी, जो विश्व के अलग-अलग देशों में राजनयिक के तौर पर कार्यरत थे, बँगलादेश की स्वतंत्रता के समर्थन में उन्होंने अपनी नौकरी से इस्तीफा दे दिया।

वे अधिकारी भारत, फिलीपींस, इराक, अर्जेंटीना जैसे देशों में नियुक्त थे और उनके दल बदलने से बंगाली जन-मानस का मनोबल खूब बढ़ा। इससे यह साबित हुआ कि बँगलादेश की मुक्ति की लड़ाई सिर्फ बँगलादेश की सीमा के भीतर तक ही सीमित नहीं थी, बल्कि समस्त विश्व में बसे बंगाली इसका समर्थन कर रहे थे और अपने साथी देशवासियों के लिए व्यक्तिगत बलिदान देने के लिए प्रस्तुत थे। एकजुटता की इस भावना ने आंदोलन को गति प्रदान की और बँगलादेश की मुक्ति के लिए लड़ रहे लोगों को उम्मीद दी।

बँगलादेश मुक्ति संग्राम (बँगलादेश लिबरेशन वॉर) के दौरान भारतीय खुफिया एजेंसी रिसर्च एंड एनालिसिस विंग (रॉ) ने बँगलादेशी मुक्ति योद्धाओं (स्वतंत्रता सेनानियों) को सहायता देने में बड़ी अहम भूमिका निभाई।

अलग-अलग सूत्रों से प्राप्त हो रही जानकारियों को रॉ ने अथक परिश्रम से संसाधित किया, जिनमें नाथ बाबू द्वारा भेजी गई खुफिया रिपोर्ट्स भी शामिल थीं।

इसी बीच, भारतीय सेना बँगलादेशी शरणार्थियों, जो अपने देश से जान बचाकर भारत भाग आए थे, के लिए प्रशिक्षण आधार तैयार करने में जुट गई। उन शरणार्थियों को पाकिस्तानी सेना के विरुद्ध लड़ने का प्रशिक्षण दिया जाने लगा था और जवाबी हमले का खाका (ब्लू प्रिंट) लगभग तैयार था। सैम मानेकशॉ, जो तत्कालीन भारतीय सेना प्रमुख थे, स्वयं इस प्रशिक्षण कार्यक्रम पर निगरानी रख रहे थे।

रॉ विदेशी सरकारों और संगठनों के साथ समन्वय स्थापित कर बँगलादेश के लिए समर्थन जुटाने में भी संलग्न थी। एजेंसी ने स्वतंत्रता सेनानियों के लिए हथियार एवं गोला-बारूद हासिल करने के लिए संयुक्त राज्य अमेरिका, जापान और यूनाइटेड किंगडम जैसे राष्ट्रों के साथ संपर्क स्थापित किए। शरणार्थियों को मानवीय सहायता मुहैया कराने के लिए उन्होंने 'ऑक्सफेम' एवं 'कारितास' जैसे संगठनों के साथ मिलकर भी कार्य किया।

बनर्जी और दूसरे विश्वसनीय सूत्रों से प्राप्त जानकारी की बदौलत भारत को यह सटीक तौर पर मालूम था कि किसे सहायता प्रदान करना है, जो भूमिगत संगठनों और शक्तियों को हथियारों व उपकरणों से सुसज्जित और अच्छी तरह से सूचित रखकर उन्हें पाकिस्तानी शक्तियों के विरुद्ध लड़ने के लिए तैयार रख सके।

पूर्वी पाकिस्तान की स्थिति दिन-ब-दिन बिगड़ती जा रही थी और भारत को अब पाकिस्तान के साथ संभावित युद्ध के लिए खुद को तैयार रखना था। प्रधानमंत्री श्रीमती इंदिरा गांधी स्थिति की गंभीरता से वाकिफ थीं और जानती थीं कि भारत को किसी भी संभावना के लिए पूरी तरह से तैयार रहना होगा। इसलिए उन्होंने एक समिति का गठन किया, जिन्हें युद्ध के लिए योजना और रणनीति बनाने का कार्य सौंपा गया। इस समिति में जो मुख्य किरदार थे, उनमें रॉ के संस्थापक आर.एन. काव भी शामिल थे।

हालात जैसे-जैसे बिगड़ते गए, समिति में रक्षा सचिव के.बी. लाल को भी शामिल किया गया। समिति में आर.एन. काव की भूमिका बहुत अहम थी। विभिन्न सूत्रों से खुफिया जानकारी एकत्रित कर उन्हें संसाधित करना उनकी जिम्मेदारी थी। सेना भी युद्ध के लिए तैयार हो रही थी।

भारतीय सेना प्रमुख सैम मानेकशॉ बँगलादेशी शरणार्थियों के प्रशिक्षण कार्यक्रम की स्वयं निगरानी कर रहे थे।

इंदिरा गांधी को मालूम था कि पाकिस्तान के साथ युद्ध का इस क्षेत्र और विश्व पर महत्त्वपूर्ण प्रभाव पड़ेगा। लेकिन पूर्वी पाकिस्तान के लोगों के साथ उनकी स्वतंत्रता-प्राप्ति में उनका साथ और समर्थन देने को लेकर सब पूर्ण रूप से प्रतिबद्ध थे।

पूर्वी पाकिस्तान की स्थिति से निपटने को लेकर इंदिरा गांधी पर जो अंतरराष्ट्रीय दबाव था, उनकी दुविधा महज इस एक बात को लेकर ही नहीं थी, बल्कि चीन के संभावित प्रतिघात का खौफ भी एक कारण था। ऐसे में आर.एन. काव, जो भरोसेमंद रॉ प्रमुख थे, इंदिरा गांधी को महत्त्वपूर्ण एवं बहुमूल्य अंतर्दृष्टि और सलाह देने में सफल व सक्षम रहे।

खुफिया जानकारी एकत्रित करने के प्रयासों के अलावा काव की 'मल्टी-टास्किंग' की योग्यता और योग्य लोगों को उनकी क्षमतानुसार कार्य सौंपने की क्षमता की वजह से वे सरकार के लिए एक अमूल्य निधि बन गए। वे एक ही समय में कई मंत्रालयों के साथ संपर्क स्थापित कर कार्य किया करते, जिससे सब का कार्य सही तालमेल के साथ और सुचारु रूप से सुनिश्चित हो और सब एक साझा लक्ष्य को लेकर कार्य करें।

इस दौरान आर.एन. काव के योगदानों में से जो प्रमुख रहा, वह मुक्ति वाहिनी, यानी बंगाली गुरिल्ला योद्धाओं के लिए प्रशिक्षण शिविरों का गठन करना था। मुक्ति वाहिनी पाकिस्तानी सेना के विरुद्ध लड़ रही थी। आर.एन. काव ने अपनी टीम के साथ मिलकर उन उपयुक्त जगहों को खोज निकाला और प्रशिक्षण कार्यक्रम को समन्वित करने में सहायता की तथा आसन्न संघर्ष के लिए उन्हें हथियारों एवं अन्य आपूर्तियों से लैस कर तैयार किया। कालांतर में बँगलादेश की जो विजय हुई, उसमें मुक्ति वाहिनी ने अहम भूमिका निभाई और उनके प्रशिक्षण एवं तैयारियों में काव बहुत बड़े सहायक रहे।

इस दौरान चीनी सैन्य गतिविधियों पर निगरानी रखना भी आर.एन. काव के कार्यभार का हिस्सा था, जो कथित तौर पर पाकिस्तानी सेना की सहायता कर रहे थे। उनकी खुफिया जानकारी की बदौलत भारत सरकार को इन सब में चीन की भागीदारी के परिमाण को समझने में मदद मिली और तदनुसार उसका मुकाबला करने हेतु उन्होंने उचित कदम उठाए।

बँगलादेश के मुक्ति संग्राम में आर.एन. काव का कार्य अत्यंत सराहनीय रहा। रॉ प्रमुख की हैसियत से उन्होंने खुफिया जानकारियाँ एकत्रित करने और उनका विश्लेषण करने में अहम भूमिका निभाई।

बंगालियों के स्वतंत्रता संघर्ष के लिए रणनीतियाँ उन्होंने ही बनाईं। अव्यवस्था व अराजकता की स्थिति में भी सबकुछ नियमबद्ध और संयोजित रखने की अपनी क्षमता के लिए वे जाने जाते थे।

आर.एन. काव का कार्यक्षेत्र युद्ध के सिर्फ सैन्य पहलू तक ही सीमित नहीं था, बल्कि इसका विस्तार कूटनीति के क्षेत्र तक फैला हुआ था। दूसरे देशों के साथ गठबंधन जोड़ने में वे बहुत कारगर साबित हुए। इन देशों में सोवियत रूस और संयुक्त राज्य अमेरिका विशेष रूप से थे, जिनसे बँगलादेश को लेकर भारत के पक्ष में उनका सहयोग हासिल करना प्रमुख कार्य रहा। युद्ध पर आर.एन. काव का प्रभाव सिर्फ उनके अपने कार्य तक ही सीमित नहीं था, जमीन पर आम नागरिकों और सैनिकों पर भी उनका प्रभाव समान रूप से रहा। उनके नेतृत्व और मार्गदर्शन ने उनमें आशा एवं आत्मविश्वास का संचार किया। युद्ध के उस मुश्किल दौर में काव की उपस्थिति उन्हें बहुत आश्वस्त करती और उनमें ढाढ़स बँधाती थी।

परदे के पीछे कार्य करने की अपनी अद्‌भुत क्षमता के लिए काव विख्यात थे और दूसरों का भी सही दिशा में अच्छा मार्गदर्शन किया करते थे। संकट की अनगिनत परिस्थितियों में उनका मार्गदर्शन और उनकी विशेषज्ञता बहुमूल्य साबित हुई और कई लोगों की निजी सफलता के साथ दलों की सफलता में भी उनका बड़ा हाथ रहा। उनकी अनेक खूबियों में से एक उनका शांतचित्त स्वभाव का होना था, जिसकी वजह से वे बहुतों के सलाहकार और मार्गदर्शक बने।

आर.एन. काव का प्रभाव बँगलादेश की सीमाओं के परे भी महसूस किया जा रहा था। वे उन सभी का मार्गदर्शन कर रहे थे, जो बँगलादेश के निर्माण का समर्थन करना चाह रहे थे। लेकिन खुद को जोखिम में डाले बगैर इसे कैसे कार्यान्वित किया जाए, इसे लेकर वे अनिश्चितता से जूझ रहे थे। काव ने उन्हें मुखर समर्थक बनने को उकसाया, जिससे स्वतंत्रता की इस लड़ाई में अंतरराष्ट्रीय समर्थन जुटाने में बड़ी सहायता मिली। आर.एन. काव ने पश्चिमी देशों के मीडिया आउटलेट्स को पूर्वी पाकिस्तानी अवाम पर पाकिस्तानी सेना द्वारा किए गए बर्बर अत्याचारों की प्रत्यक्ष रिपोर्ट पेश की। इससे उस देश की

वास्तविकता को लेकर वैश्विक स्तर पर जागरूकता उत्पन्न हुई और अंतरराष्ट्रीय समुदाय पर सक्रिय होने का दबाव बना।

के. शंकरन नायर और आर.एन. काव ने बँगलादेश में सिर्फ अपनी व्यक्तिगत भूमिकाओं पर ही ध्यान केंद्रित नहीं किया, बल्कि अपने प्राथमिक उत्तरदायित्व, भारतीय सीमाओं की सुरक्षा पर भी उनकी पूरी तवज्जो रही। शंकरन नायर पाकिस्तानी सेना में एक जासूस को तैनात करने में सफल हुए, जो बहुत महत्त्वपूर्ण साबित हुआ। उस जासूस ने यह जानकारी दी कि पाकिस्तानी सेना 1 दिसंबर को भारतीय अग्रिम बेस पर हमले की योजना बना चुकी थी।

शंकरन नायर ने यह जानकारी आर.एन. काव से साझा की और उन्होंने प्रधानमंत्री को सावधान कर दिया। भारतीय वायु सेना को उच्च चेतावनी (हाई अलर्ट) पर रहने को कहा गया, लेकिन निर्धारित दिन कुछ नहीं हुआ। 2 दिसंबर को भी हमले के कोई आसार नजर नहीं आ रहे थे। फिर भी, शंकरन नायर के अनुरोध पर वायु सेना के मुख्यालय ने एक और दिन उच्च चेतावनी पालन करने का फैसला किया। 3 दिसंबर को पाकिस्तान ने हमला बोल दिया। खैरियत यह रही कि भारतीय वायु सेना इसके लिए पूरी तरह से तैयार थी और पाकिस्तानी मिशन बुरी तरह से विफल हुआ। भारतीय वायु सेना की चौकसी और किसी भी हालात से निपटने की उनकी तैयारी ने दुश्मन के मनसूबों को विफल कर पूरा खेल ही बदल डाला। संभावित आक्रमण का दिन भले ही टल गया था, पर भारतीय वायु सेना हर हमले का माकूल जवाब देने के लिए बिल्कुल तैयार थी।

बाद में, जब शंकरन नायर ने दिन के टलने पर विचार किया, उन्होंने पाया कि यह गलती तो रॉ की ही थी। जासूस ने तो 3 दिसंबर का दिन ही बताया था, लेकिन जिसने संदेश को डिकोड किया था, उसने गलती से 1 दिसंबर डिकोड कर दिया।

बहरहाल, पाकिस्तान के साथ उन 13 दिनों के युद्ध के दौरान यही बात एक बार फिर दोहराई गई थी, जब भारत के पास हमले की अग्रिम सूचना पहुँच चुकी थी। नतीजतन, भारत ने हमले का प्रभावशाली ढंग से प्रतिरोध करते हुए जवाबी हमला बोला था, जो बहुत प्रभावी रहा था। इस युद्ध के बाद याह्या खाँ

ने शेख मुजीब को जल्द ही रिहा कर दिया और अंततः एक नए राष्ट्र के रूप में बँगलादेश का निर्माण हुआ। शेख मुजीबुर्रहमान ने नए राष्ट्र बँगलादेश की बागडोर सँभाली और इस तरह एक स्वतंत्र राष्ट्र अस्तिव में आया।

मौजूदा परिस्थिति में देश की सीमाओं की सुरक्षा हेतु आर.एन. काव और शंकरन नायर की सतर्कता एवं तैयारी बहुत महत्त्वपूर्ण रही। उनके प्रयासों की बदौलत भारतीय सशस्त्र बल दुश्मन के हमलों का यथोचित जवाब देने के लिए खुद को तैयार कर सका। बँगलादेश का निर्माण दक्षिण एशिया के इतिहास का एक महत्त्वपूर्ण क्षण था, इसलिए भी कि विश्व में भाषा एवं संस्कृति की भिन्नता के आधार पर एक नए राष्ट्र का गठन पहली बार हुआ था। इस प्रक्रिया में आर.एन. काव और शंकरन नायर का योगदान इस तथ्य को उजागर करता है कि देश की सुरक्षा को बनाए रखने के लिए रणनीतिक योजना और तैयारी की कितनी अहमियत रहती है!

□

सिक्किम की कहानी

बँगलादेश की आजादी की सफलता सिर्फ भारत की ही सफलता का किस्सा नहीं बनी, बल्कि दक्षिण एशिया के इतिहास का निर्णायक मोड़ भी साबित हुई। एक बड़ी क्षेत्रीय शक्ति के रूप में भारत की भूमिका स्थापित हो चुकी थी, जिसके चलते वैश्विक स्तर पर उसने उल्लेखनीय प्रभाव और पहचान हासिल की। बँगलादेश की मुक्ति ने इंदिरा गांधी की राजनीतिक साख कई गुना बढ़ा दी और वे भारत की ही नहीं, बल्कि विश्व की एक लोकप्रिय नेता के रूप में उभरीं। इसने भारत के साथ दूसरे देशों के संबंध भी सुधारे, जिनमें चीन और संयुक्त राज्य अमेरिका भी शामिल थे।

पूर्वी पाकिस्तान में भारत के हस्तक्षेप को समर्थन देने में जहाँ अमेरिका पहले झिझक रहा था, उसने अब भारत को एक क्षेत्रीय शक्ति के रूप में गंभीरता से लेना शुरू किया। दरअसल, अमेरिका ने आने वाले दिनों में भारत और पाकिस्तान के बीच मध्यस्थता में अहम भूमिका निभाई, जिसके अंतर्गत सन् 1972 में शिमला समझौते पर हस्ताक्षर हुए। इस समझौते से दोनों देशों के बीच कई मुद्दों के रुके हुए फैसलों का समाधान हुआ, जिनमें युद्धबंदियों का मुद्दा और कब्जा किए गए क्षेत्रों की वापसी भी शामिल थी।

दूसरी ओर, चीन ने इस युद्ध में हस्तक्षेप न करते हुए एक तटस्थ की भूमिका निभाई। यह आंशिक रूप से इसलिए भी था कि उसे अपने पूर्वी हिस्से, तिब्बत, के हालात को लेकर अपनी अलग चिंता थी। यद्यपि चीन इस बात से खुश था कि इस टकराव का समाधान ढूँढ़ने में भारत ने अगुआई की। चीन दूसरे

देशों के अंदरूनी मामलों में दखल देने वाले देश के तौर पर अपनी छवि नहीं बनाना चाहता था। बँगलादेश में भारत के सफल हस्तक्षेप की वजह से भारत और चीन के रिश्तों में भी सुधार आया, जो सन् 1962 के सीमा संघर्ष के बाद से ही बेहद तनावपूर्ण रहे थे।

बँगलादेश युद्ध में उल्लेखनीय सफलता के बावजूद इंदिरा गांधी देश की सीमा के भीतर बन आए गंभीर मुद्दों को लेकर भी जागरूक थीं; ऐसे मुद्दे, जिनका फौरन हल निकालना आवश्यक हो चला था। उन्हें मालूम था कि जीत के जश्न में डूबे रहने का समय नहीं था। कई और चुनौतियाँ थीं, जिनका सामना करना था। सिक्किम में बढ़ता संकट उनमें से एक मुद्दा था, जिस पर फौरन ध्यान केंद्रित करने की जरूरत थी। यह देश, जो तिब्बत और भूटान के बीच स्थित था, भारत की सीमा पर उसकी स्थिति सामरिक दृष्टि से महत्त्वपूर्ण थी और इस वजह से भारत की सुरक्षा के लिए उसे बड़ा अहम बनाती थी।

सन् 1950 में भारत-सिक्किम के बीच हुए समझौते ने सिक्किम को भारत का संरक्षित राज्य बना दिया था, जिसके फल-स्वरूप उसके विदेशी मामले, रक्षा और संचार पर अब भारत का नियंत्रण था। लेकिन सिक्किम-नरेश चोग्याल समझौते पर पुनः बातचीत चाहते थे, जिससे अपनी कुछ खोई हुई शक्तियों को वे पुनः प्राप्त कर सकें। यह भारत के लिए एक पेचीदा स्थिति थी, क्योंकि चोग्याल की किसी भी माँग को मान लेने के लिए उठाया गया कदम उस क्षेत्र में चीन के हस्तक्षेप को बढ़ावा दे सकता था।

चोग्याल ने भारत से सन् 1950 में किए गए समझौते का पुनरावलोकन करने का अनुरोध किया। यह इंदिरा गांधी सरकार के लिए एक बड़ी चिंता का विषय बन गया। समझौते में किसी भी प्रकार के परिवर्तन से सिक्किम पर भारत के मौजूदा नियंत्रण पर संभावित प्रभाव पड़ता, जो उसे कमजोर कर सकता था और साथ ही देश की सुरक्षा को खतरा पैदा हो सकता था।

इस प्रकार, अब इंदिरा गांधी को इस नाजुक स्थिति को लेकर बड़ी सतर्कता के साथ और एक रणनीतिक योजना के तहत गुजरना था। सिक्किम पर भारत की पकड़ की महत्ता को वे खूब समझ रही थीं और साथ ही चोग्याल की माँगों

एवं चिंताओं का भी उन्हें समाधान ढूँढ़ना था।

स्थिति ऐसी थी कि बातचीत का कौशल एवं कूटनीति महत्त्वपूर्ण थी और इस कार्य के लिए इंदिरा गांधी उपयुक्त व्यक्ति थीं।

शुरुआत करने से पहले आइए, 1947 की उन घटनाओं का सिंहावलोकन करें, जो समस्या की उत्पत्ति के रूप में प्रकट हुईं।

स्वतंत्र भारत में रजवाड़ों-रियासतों के विलय की प्रक्रिया में सरदार वल्लभभाई पटेल की बहुत बड़ी भूमिका रही। सन् 1947 में जब भारत आजाद हुआ, देश में 500 से अधिक रजवाड़े और रियासतें थीं, जो ब्रिटिश भारत का हिस्सा नहीं थीं। सरदार पटेल भारत के गृह मंत्री एवं उप-प्रधानमंत्री नियुक्त हुए और उनकी प्राथमिक जिम्मेदारियों में उन रजवाड़ों-रियासतों का भारत में विलय करवाना था।

सरदार पटेल ने शक्ति और कूटनीति—दोनों के सम्मिश्रण का इस्तेमाल कर विलय रूपी सफलता हासिल की। उन्होंने पहले उन रजवाड़ों या रियासतों के राजाओं से बातचीत के जरिए उन्हें भारत के साथ एक होने के लिए मनाने की कोशिश की। उन्होंने वादा किया कि उनकी स्वायत्तता और उनके विशेषाधिकार बरकरार रहेंगे; लेकिन उन्हें भारत की संप्रभुता स्वीकार करनी होगी। सरदार पटेल का यह मानना था कि भारत देश की एकता और अखंडता को सशक्त करने के लिए इन रजवाड़ों या रियासतों का भारत में विलय आवश्यक था।

अलबत्ता, सारे रजवाड़े या रियासतें भारत के साथ विलय के लिए सहमत नहीं थीं। इनमें से कुछ, खासकर हैदराबाद और कश्मीर, विलय के इस विचार के बिल्कुल ही खिलाफ थीं। इन रियासतों के विलय के लिए सरदार पटेल को शक्ति का प्रयोग करना पड़ा था। उदाहरणस्वरूप, सन् 1948 में उसने भारतीय सेना को हैदराबाद पर हमले का हुक्म दे दिया था, जिसके बाद ही उसका भारत के साथ विलय हो पाया। इसी तरह, सरदार पटेल कश्मीर के महाराजा हरि सिंह को समझाने में सफल हुए कि उन्हें भारत के साथ विलय कर लेना चाहिए। तत्पश्चात् ही पाकिस्तानी घुसपैठियों के साथ मुकाबला करने के लिए भारतीय सेना को वहाँ भेजा गया।

सिक्किम, जो कि भारत के संरक्षण में था, के मामले में स्थिति अलग थी। सन् 1950 का समझौता यह भी कहता था कि सिक्किम द्वारा किसी भी बाह्य संबंध को जोड़ने से पहले भारत से परामर्श करना जरूरी था। वर्ष 1960 तक आते-आते चोग्याल ने अपने लिए अधिक स्वायत्तता की माँग रख डाली, जिससे सिक्किम में एक राजनीतिक संकट उत्पन्न हो गया और वहाँ व्यवस्था बहाल करने के लिए भारत को हस्तक्षेप करना पड़ा।

सिक्किम के लिए जवाहरलाल नेहरू का दृष्टिकोण उसके साथ खास व्यवहार करने का रहा था; लेकिन उनके इस निर्णय का किसी ने भी, जिनमें इंदिरा गांधी भी शामिल थीं, समर्थन नहीं किया। आज यह कहा जा सकता है कि सिक्किम के साथ अलग तरह से पेश आना एक गलती थी।

सिक्किम सामरिक रूप से एक महत्त्वपूर्ण देश था, जो भूटान और तिब्बत के बीच स्थित था। चीन के साथ उसकी सीमा एक संवेदनशील मुद्दा था। इसके बावजूद सिक्किम-नरेश को अच्छी-खासी मात्रा में स्वायत्तता देने में नेहरू विश्वास रखते थे और यही नहीं, सन् 1947 में भारत की आजादी के बाद उन्होंने चोग्याल को अपनी उपाधि और सत्ता बनाए रखने की भी इजाजत दे दी थी। किंतु देशी रियासतों के भारत में विलय को लेकर सरदार पटेल के दृष्टिकोण से यह बिल्कुल अलग था, जिनमें किसी भी रियासत या रजवाड़े को कोई विशिष्ट सत्कार प्रदान करने का अनुबंध नहीं था। बहरहाल, सिक्किम के साथ यह खास रवैया अंततोगत्वा एक समस्या ही सिद्ध हुआ।

सिक्किम हालाँकि, एक छोटा सा ही राज्य है, लेकिन उसकी राजनीतिक चालबाजियों और साजिशों का लंबा इतिहास रहा है। 1950 और 1960 के दशक के शुरुआती वर्षों में सिक्किम में राजनीतिक गतिविधियों के तेजी से बढ़ने का दौर रहा, जिनमें विभिन्न गुटों और व्यक्तियों में सत्ता के लिए स्पर्धा स्पष्ट दिखाई दे रही थी। उस दौर के एक प्रमुख व्यक्तित्व काजी ल्हेनडुप दोरजी थे, जो 'दोरजी साहब' के नाम से लोकप्रिय थे। वे एक प्रमुख राजनीतिक नेता थे और लोकतंत्र एवं स्वशासन के लिए सिक्किम में हुए संघर्ष में उनका बड़ा योगदान रहा।

काजी साहब लोकतंत्र के बड़े पक्षधर थे, जिनका मानना था कि सिक्किम की जनता को अपना नेता चुनने का अधिकार होना चाहिए। उन्होंने सिक्किम में लोकतंत्र के विचार के प्रचार-प्रसार में अथक परिश्रम किया और सिक्किम स्टेट कांग्रेस के गठन में सहायक रहे। यह एक ऐसी राजनीतिक पार्टी थी, जिसका लक्ष्य रियासत में लोकतांत्रिक सुधार लाना था।

फिर भी, सिक्किम के भविष्य को लेकर काजी साहब का जो दृष्टिकोण था, उससे हर कोई सहमत नहीं था। रियासत में ऐसी स्वार्थपूर्ण शक्तियाँ थीं, जो लोकतंत्र के बिल्कुल खिलाफ थीं, इसलिए वे यथास्थिति बनाए रखना चाहती थीं। इसने बड़े पैमाने पर राजनीतिक तनाव और अनिश्चितता को जन्म दिया, जिसकी वजह से नेतृत्व और गठबंधन—दोनों में ही बार-बार बदलाव हुए।

चोग्याल ने अपनी रियासत के लिए पूर्ण स्वायत्तता की माँग कर डाली थी, जिसकी वजह से सिक्किम के हालात दिन-ब-दिन अधिकाधिक तनावपूर्ण होने लगे थे। भूटान और तिब्बत के बीच स्थित इस छोटी सी हिमालयी रियासत को उसकी सामरिक स्थिति की वजह से भारत पूर्ण स्वायत्तता देने के लिए अनिच्छुक था। ऐसे में, भारतीय प्रधानमंत्री इंदिरा गांधी ने इस मुद्दे का समाधान ढूँढ़ने के लिए अपने विश्वासपात्र सलाहकारों—पी.एन. हक्सर और आर.एन. काव की सहायता माँगी।

आर.एन. काव ने काररवाई को योजनाबद्ध करने के लिए एक पखवाड़े का समय माँगा। यह दिसंबर 1972 की बात है। इस दौरान काव और हक्सर ने मिलकर चोग्याल को हमेशा के लिए सत्ता से हटाने और सिक्किम को भारत का हिस्सा बनाने के लिए रणनीति को योजनाबद्ध तैयार किया। आर.एन. काव सिक्किम के मुख्य सचिव से मिले और उन्हें अगली सूचना मिलने तक किसी भी प्रकार का निर्णय लेने पर रोक लगाने की सलाह दी।

बँगलादेश मिशन की सफलता के बाद सिक्किम मुद्दे का समाधान पाने के लिए आर.एन. काव ने अपने विश्वसनीय सहयोगी पी.एन. बनर्जी की सहायता माँगी। दोनों ने मिलकर ऐसी योजना बनाई, जिसके अंतर्गत चोग्याल को या तो भारत की माँगों को स्वीकार करने को राजी होना था, अन्यथा उन्हें भारत के

साथ पूर्ण विलय को स्वीकारना था।

बनर्जी इस नए मिशन को लेकर बड़े उत्साहित थे। दस दिनों के भीतर वे दिल्ली लौट आए। उनके साथ अजित सिंह स्याली थे, जो रॉ के सदस्य थे और गंगटोक में स्पेशल ड्यूटी के तहत नियुक्त थे। स्थानीय परिस्थिति की जानकारी की विशेषज्ञता के कारण से स्याली टीम के एक अमूल्य सदस्य बन गए थे। सिक्किम मुद्दे के समाधान हेतु टीम ने मिलकर एक ऐसी रणनीति तैयार की, जो सिक्किम को भारत सरकार के नियंत्रण के अंतर्गत लाने वाली थी।

पी.एन. बनर्जी, जो उस समय इंटेलिजेंस ब्यूरो (आई.बी.) और रिसर्च एंड एनालिसिस विंग (RAW) इन दोनों में ही दोहरा कार्यभार सँभाल रहे थे, ने भारत लौटकर आर.एन. काव को अपनी योजना से अवगत कराया। उन्होंने काव को यह जानकारी दी कि सिक्किम का भारत में विलय संभव था, लेकिन उसमें कुछ समय लग सकता था। काव ने तत्काल ही प्रधानमंत्री इंदिरा गांधी और उनके विश्वासपात्र सहयोगी पी.एन. हक्सर को इस योजना से अवगत कराया। यद्यपि इंदिरा गांधी ने इस योजना को हरी झंडी दिखा दी, लेकिन वे चाहती थीं कि विदेश सचिव केवल सिंह को भी इस मिशन में शामिल किया जाए। लेकिन साथ ही, उन्होंने स्पष्ट शब्दों में काव को यह निर्देश भी दिया कि योजना के विलय पक्ष को लेकर केवल सिंह को कुछ भी न बताया जाए। उन्हें उससे दूर ही रखा जाए।

बनर्जी की योजना यह थी कि सिक्किम में प्रभावशाली व्यक्तित्वों, जैसे काजी साहब के नेतृत्व का लाभ उठाते हुए चोग्याल के अधिकारों को खत्म कर दिया जाए। इस योजना के लिए बड़े व्यापक रूप से जमीनी कार्यों का कार्यान्वयन आवश्यक था, जैसे एजेंट्स और खबरियों के एक विस्तृत नेटवर्क का गठन करना, जिनका काम खुफिया जानकारियाँ एकत्रित करना और प्रोपेगेंडा का प्रसार करना था। इस योजना को कार्यान्वित करने के लिए काव, बनर्जी और स्याली अब एक साथ काम करने लगे।

उन्होंने इसकी शुरुआत जानकारी एकत्रित करने और सिक्किम के राजनीतिक परिदृश्य के प्रमुख खिलाड़ियों के साथ संबंध स्थापित करने से की।

अब बनर्जी एक ऐसे शख्स थे, जिनके बहुत सारे सूत्र और ताल्लुकात थे और उन्होंने अपने इस नेटवर्क को सक्रिय करते हुए सिक्किम के नेताओं में आक्रोश भर उन्हें अधिक सत्ता की माँग करने के हक में सड़क पर उतर आंदोलन करने को कहा। उनके अपने ही राजा चोग्याल के खिलाफ एक अस्थिर वातावरण बनाने को उकसाया। स्याली, जो कि सिक्किम की परिस्थिति से बखूबी वाकिफ थे, ने वहाँ के जन-मानस में भारत के प्रति इच्छा जाग्रत् करने की जिम्मेदारी अपने कंधे पर ले ली। वर्ष 1973 के आरंभिक दिनों में इस ऑपरेशन को सक्रिय किया गया, एक ऐसे वक्त, जब सिक्किम में रोजगार के अवसर, आय में असमानता, पक्षपात और ऐसे ही दूसरे स्थानीय मुद्दों एवं शिकायतों के कारण अस्थिरता का माहौल बन चुका था।

वहाँ की जनता में मौजूद असंतोष को अपने लाभ के लिए इस्तेमाल करते हुए, उस रियासत के विलय के अपने लक्ष्य की प्राप्ति के लिए, रॉ को यह समय भारत में मिशन के कार्यान्वयन के लिए बहुत सटीक लगा। बनर्जी की योजना थी कि एक लोकप्रिय आंदोलन हो, जो सिक्किम के लिए अधिक स्वायत्तता की माँग करे और चोग्याल के शासन को कमजोर बनाए। वास्तव में उनका लक्ष्य तो अंततः चोग्याल को भारत की माँगें मनवाने को राजी करना था अथवा उन्हें पूर्ण रूप से भारत का हिस्सा बन जाने की संभावना से रू-बरू करवाना था, जिससे चोग्याल की प्रभुता हमेशा के लिए समाप्त हो जानी थी।

यद्यपि विलय की योजना की किसी भी तरह की जानकारी से केवल सिंह को दूर रखा गया था, तथापि चोग्याल पर कूटनीतिक दबाव बनाने के वातावरण के निर्माण की जिम्मेदारी उन्हीं को सौंपी गई थी, जिससे देर-सबेर चोग्याल भारत की माँगें मानने पर राजी हो जाएँ।

सिक्किम की राजनीति में काजी ल्हेनडुप दोरजी का प्रमुख स्थान था और वे एक स्वाभाविक नेता थे। आम जनता के मुद्दों को, उनकी शिकायतों को संबोधित करने तथा उनकी जिंदगी को बेहतर बनाने के अपने प्रयासों के लिए सिक्किम की आम जनता के बीच वे बहुत लोकप्रिय थे।

फरवरी 1973 में काजी ने जनता कांग्रेस के के.सी. प्रधान के साथ शामिल

होकर चोग्याल के विरुद्ध 'यूनाइटेड फ्रंट' का गठन किया। यह गठबंधन अचानक या रातोरात नहीं हुआ, इसके पीछे भी बनर्जी का ही दिमाग काम कर रहा था। उन्होंने ही इन दोनों नेताओं को एक किया और इस नए फ्रंट का नाम 'ज्वाइंट एक्शन कमेटी' (जे.ए.सी.) रखा गया। सिक्किम की राजनीति में यह एक उल्लेखनीय घटनाक्रम रहा, क्योंकि चोग्याल की सत्ता को चुनौती देने के लिए इसने दो प्रमुख विरोधी दलों को एक कर दिया था।

देश में राजनीतिक सुधार और सिक्किम की जनता के अधिकाधिक प्रतिनिधित्व की माँग करते हुए जे.ए.सी. आंदोलन पर उतर आई। उन्होंने चोग्याल राजवंश के तानाशाही शासन के अंत का आह्वान करते हुए एक लोकतांत्रिक सरकार की स्थापना की माँग की। काजी ल्हेनडुप ने भारी संख्या में आम जनता को जुटाकर उन्हें विरोध और प्रदर्शन के लिए संगठित किया। जे.ए.सी. की माँगों को जन-समूह का व्यापक समर्थन मिला और उनके अभियान ने उनके मुद्दों को संबोधित करने का चोग्याल पर बड़ा दबाव भी डाला।

जैसे-जैसे जे.ए.सी. के अभियान में तेजी आती गई, आर.एन. काव और पी.एन. बनर्जी परदे के पीछे अपने मिशन का काम आगे बढ़ाते रहे, जिनका लक्ष्य सिक्किम का भारत में विलय कराना था। उन्हें लगा कि जे.ए.सी. की माँगें चोग्याल की सत्ता कमजोर करने का बेहतरीन अवसर थीं और सिक्किम के भारत के साथ विलय के मिशन को भी साथ ही आगे बढ़ाया जा सकता था। सिक्किम में मौजूद ए.एस. स्याली ने भी जे.ए.सी. द्वारा रखी गई माँगों के लिए और साथ ही सिक्किम के भारत में विलय हेतु समर्थन जुटाने में महत्त्वपूर्ण भूमिका निभाई।

मार्च 1973 में बनर्जी ने आर.एन. काव को सिक्किम की ताजा हालत की जानकारी देते हुए कहा कि जॉइंट एक्शन कमेटी की गतिविधियों की बदौलत किस तरह वह क्षेत्र तनाव और अस्थिरता का बड़ा केंद्र बन चुका था। महल के बाहर व्यापक स्तर पर विरोध-प्रदर्शन से पूरे क्षेत्र में तनाव उत्पन्न हो रहा था और इन सब प्रदर्शनों तथा अस्थिरता से चोग्याल बिल्कुल सकते में आ चुके थे। बनर्जी की रिपोर्ट में ये सब जानकारियाँ भी थीं।

सिक्किम के उभरते हुए हालात में सेंट्रल इन्वेस्टिगेटिव एजेंसी (सी.आई.ए.) की भूमिका की जानकारी बनर्जी को दी गई थी। बनर्जी के अनुसार, पीटर बर्ले नामक एक अमेरिकी सलाहकार, जो कलकत्ता में स्थित था, उसे चोग्याल के साथ खास मुलाकात की इजाजत मिल गई थी।

इस मुलाकात के दौरान चोग्याल ने कथित तौर पर इस बात की ओर इशारा किया था कि वे सिक्किम में बढ़ती अस्थिरता और विरोध-प्रदर्शन को दबाने के लिए भारत की मदद ले सकते थे।

पी.एन. बनर्जी को यह भी मालूम चला था कि चोग्याल काजी ल्हेनडुप, जो सिक्किम नेशनल कांग्रेस के नेता थे, के साथ भी बातचीत की कोशिश कर रहे थे और इसके लिए अकेले में मुलाकात की योजना बना रहे थे। इसके बावजूद बनर्जी को पूरा भरोसा था कि काजी चोग्याल के साथ शामिल होकर उनके एजेंडे का त्याग कतई नहीं करेंगे, क्योंकि सिक्किम की जनता के बीच उनकी जबरदस्त लोकप्रियता थी। वे उनके हकों के लिए लड़ने वाले मसीहा थे।

सी.आई.ए. की भागीदारी के बारे में पी.एन. बनर्जी के खुलासे ने स्थिति को एक बिल्कुल नया आयाम दे दिया था, इसलिए भी कि भारत एक लंबे अरसे से अपने आंतरिक मामलों में विदेशी हस्तक्षेप को लेकर बेहद चौकस और सजग रहा था। इसने इस क्षेत्र के राजनीतिक रहस्यों तथा कूटनीतिक पैंतरेबाजी के जटिल जाल और उसके खेल पर भी रोशनी डाली।

इन सबके बावजूद बनर्जी दृढ़ रहे और सत्ता पर चोग्याल की पकड़ को कमजोर करने तथा आने वाले समय में सिक्किम के भारत में विलय की राह को आसान बनाने की अपने मिशन पर सारा ध्यान केंद्रित करते रहे।

बहरहाल, एक उच्च स्तरीय बैठक के दौरान, जिसमें विदेश सचिव केवल सिंह, रक्षा सचिव के.बी. लाल, गृह मंत्री गोविंद नारायण, आर.एन. काव, विदेश मंत्रालय में उत्तर (नॉर्थ) के निदेशक और पी.एन. बनर्जी ने शिरकत की, यह निर्णय लिया गया कि उस रक्षात्मक परत को, जो चोग्याल का समर्थन करता था, हटा दिया जाना चाहिए। कुछ जिलों को भारत में मिलाने की बात भी हुई, जिसे सिरे से खारिज कर दिया गया। टीम ने अब आगे की अपनी काररवाई पर

विमर्श किया और कई विचार सामने रखे गए।

प्राथमिक रणनीतियों में एक तो यह थी कि आंदोलन को हर हाल में तब तक जारी रखा जाए, जब तक स्वयं चोग्याल भारत से मदद की गुहार न लगा दें। यह फैसला भी लिया गया कि सिक्किम की आम जनता को यह तथ्य मालूम हो कि सिक्किम का राजा गद्दी का कानूनी वारिस नहीं था। इस बैठक में हुई बातचीत के अनुसार, आखिरी राजा के बड़े भाई के बड़े पुत्र ही गद्दी के असली हकदार थे। इस तथ्य को स्थानीय अखबारों में प्रमुखता से छापकर सिक्किम की आम जनता को यह जानकारी देनी थी कि उनके असहनीय स्थिति से निकलने का सबसे सही रास्ता भारत का सहयोग हासिल करना था।

इस बैठक के दौरान जो एक अन्य महत्त्वपूर्ण निर्णय लिया गया, वह यह था कि अस्थिरता के असहनीय होने की स्थिति में भारतीय सेना की टुकड़ियों को नियमित मार्च के लिए वहाँ भेजा जाए, जिससे वहाँ की जनता को यह मालूम हो कि भारत हमेशा मदद के लिए उनके साथ है। इन मार्चों की बदौलत उस क्षेत्र में भारत की उपस्थिति दर्ज करने में मदद मिलने के साथ स्थानीय लोगों को आवश्यक सहायता भी मिलेगी।

यहाँ एक बात पर गौर करना जरूरी है कि यह सारी बातचीत उस समय हो रही थी, जब सिक्किम बड़े राजनीतिक उथल-पुथल से गुजर रहा था। आंदोलन दिन-ब-दिन सशक्त होता जा रहा था और वहाँ के लोग भारत से समर्थन की आस लगाए बैठे थे। बैठक में इन सब मुद्दों पर बात होनी थी और हालात से निपटने के लिए एक ठोस योजना को आकार भी देना था।

जैसे-जैसे दिन गुजर रहे थे, सिक्किम में रॉ की सक्रिय भूमिका उत्तरोत्तर स्पष्ट होती चली जा रही थी। एजेंसी वहाँ की दोनों पार्टियों—एस.एन.सी. एवं जनता कांग्रेस के बीच एकता की भावना बनाए रखने में दिन-रात एक कर रही थी और यह चोग्याल को सतर्क व तैयार रखने के लिए जरूरी था। रॉ को एक बात बखूबी मालूम थी कि इन दोनों पार्टियों के बीच किसी तरह का निजी झगड़ा या असहमति पूरी योजना पर पानी फेर सकता था। ऐसा होने से रोकने के लिए वे विशेष रूप से सतर्क थे और अतिरिक्त सतर्कता बरत रहे थे।

यह सुनिश्चित करने के लिए कि अंततः चोग्याल सहयोग के लिए भारत के पास ही आएँगे, आंदोलन को जीवित बनाए रखना बहुत जरूरी था। आंदोलन की गति को बनाए रखने के लिए उनके पास कई योजनाएँ थीं, जिनमें अखबारों में ऐसे आलेखों का छपना शामिल था, जिसमें कहा जाए कि राजा गद्दी के कानूनी वारिस नहीं थे।

इन सबके बीच रॉ की योजनाओं में काजी एक अहम घटक बने रहे। रॉ को यह समझ थी कि आंदोलन को जीवित रखने के लिए काजी का नेतृत्व और समर्थन अत्यंत महत्त्वपूर्ण था। वे काजी के साथ बड़े करीब से काम करते रहे और उनके सूत्रों के नेटवर्क के जरिए अपनी योजना को आगे बढ़ाते रहे।

कुल मिलाकर, सिक्किम में रॉ की सक्रिय रूप से भागीदारी धीरे-धीरे नतीजे लाने लगी। योजना का त्रुटिहीन एवं सतर्कतापूर्ण निष्पादन हुआ और हर काररवाई अपने लक्ष्य को मद्देनजर रखकर की गई, अंततोगत्वा सिक्किम का भारत में विलय।

चोग्याल की पचासवीं वर्षगाँठ की घटनाएँ आंदोलन का वर्तन बिंदु साबित हुईं। सिक्किम में हो रहे सुनियोजित प्रदर्शन के फल-स्वरूप लोग गंगटोक की सड़कों पर मुठभेड़ पर उतर आए और पुलिस फायरिंग में कई लोगों की जानें भी गईं।

इसी अस्थिरता और अव्यवस्था के बीच चोग्याल के बड़े पुत्र ने महल से बाहर निकलने की कोशिश की; लेकिन पुलिस द्वारा रोक लिये गए। जवाब में युवराज के सुरक्षाकर्मियों ने प्रदर्शनकारियों पर गोलियाँ चला दीं, जिससे हताहतों की संख्या और बढ़ गई।

काजी ल्हेनडुप के लिए अपना एजेंडा आगे बढ़ाने के लिए यह घटना एक सुनहरा अवसर साबित हुई। उन्होंने अपने आंदोलन का दायरा बढ़ाते हुए समूचे चोग्याल परिवार को लपेटे में लेते हुए उन पर हिंसा का जिम्मेदार होने का आरोप मढ़ दिया। इन सबके बीच रॉ सिक्किम में अस्थिरता की आग को हवा देने का काम बाकायदा जारी रखे हुए थी। वे इस बात को सुनिश्चित किए रहे कि प्रदर्शन जारी रहे और आम जनता को इस बात का भान रहे कि उनके

संघर्ष में भारत समर्थन देने को तैयार था। इन दिनों के दौरान आंदोलन हिंसात्मक होते गए और इससे सिक्किम की सीमा के अंदर अतिरिक्त समस्याएँ उत्पन्न होती रहीं।

6 अप्रैल को भारत की तत्कालीन प्रधानमंत्री ने विदेश सचिव केवल सिंह और अपने एक करीबी सहयोगी तथा सलाहकार पी.एन. धर के साथ मीटिंग की। सिक्किम में चल रहा राजनीतिक संकट बातचीत का मुद्दा था। वहाँ सत्ता और प्रभाव हासिल करने के लिए विभिन्न पार्टियों एवं हिस्सेदारों में होड़ लगी हुई थी तथा इससे स्थिति और जटिल बन गई थी।

बैठक के दौरान आधे घंटे के भीतर ही इंदिरा गांधी ने मुद्दे पर अपना रुख स्पष्ट करते हुए दोनों को चौंका दिया। यह बात साफ थी कि इस स्थिति में आगे कैसे बढ़ना होगा, इस पर उन्होंने अपना मन बना लिया था। उन्होंने कह दिया कि चोग्याल जैसे ही अपना अनुरोध सामने रखेंगे, वे तुरंत मान जाएँगी।

तुरंत निर्णय लेना इंदिरा गांधी की नेतृत्व शैली की विशेषता बन गई थी। वे अपने निर्णायक फैसलों के लिए तथा जटिल मुद्दों को सरलता से निपटाने की क्षमता के लिए जानी जाती थीं। हालाँकि, उनके फैसले विवाद से अछूता नहीं थे। बहुतों का ऐसा मानना रहा कि चोग्याल के लिए उनका समर्थन सिक्किम के बहुसंख्य लोगों की इच्छाओं के विरुद्ध था, जो लोकतांत्रिक सुधारों और साम्राज्यवाद के खात्मे के लिए प्रदर्शन व आंदोलन कर रहे थे।

आखिरकार, 8 अप्रैल को चोग्याल का अनुरोध प्राप्त हुआ। सिक्किम के प्रशासन को नियंत्रण में ले लेने का अनुरोध था और इस अनुरोध के मिलने के पश्चात् ही भारत सरकार ने तत्परता एवं कुशलता से एक दिन के अंदर आवश्यक कागजी काररवाइयाँ तथा अन्य औपचारिकताएँ पूरी कीं। 9 अप्रैल को भारतीय संसद् को सिक्किम में हो रहे बदलावों की प्रगति से अवगत कराया गया।

चूँकि अब भारत ने स्थिति पर नियंत्रण हासिल कर लिया था, काजी ल्हेनडुप को भी अब अपने आंदोलन में ढील देने की सलाह दी गई। हालाँकि, यह प्रक्रिया का पहला चरण ही था।

पहले चरण के सफलतापूर्वक पूरा होने के पश्चात् भारत सरकार मिशन के दूसरे चरण पर पहुँची। सिक्किम में चोग्याल-विरोधी शक्तियों से बातचीत की अगुवाई करने के लिए विदेश मंत्रालय ने बी.एस. दास को मुख्य कार्यकारी (चीफ एक्जीक्यूटिव) के तौर पर चुना। सिक्किम के भारत में निर्विघ्न विलय को सुनिश्चित करने के लिए दास को बहुत स्पष्ट आदेश मिले थे कि चोग्याल-विरोधी शक्तियों को भी बातचीत में शामिल किया जाए।

बी.एस. दास पर सिक्किम के लोगों के दिल व दिमाग को जीतने की भारी जिम्मेदारी थी। लोगों को इस बात का यकीन दिलाना था कि उनके हितों की सर्वोत्तम रक्षा भारत में विलय से ही संभव थी। दास को ये निर्देश भी दिए गए कि वहाँ के लोगों को उन्हें यह यकीन भी दिलाना था कि उनकी सांस्कृतिक पहचान और रीति-रिवाजों को बरकरार रखा जाएगा।

बी.एस. दास का मुख्य उद्देश्य उस क्षेत्र में चोग्याल-विरोधी शक्तियों के साथ बातचीत स्थापित करना था, जिससे विलय की प्रक्रिया में वे भी शामिल हो सकें। साथ ही, दास को यह सुनिश्चित करने के निर्देश भी मिले थे कि एक बार विलय की प्रक्रिया पूरी हो जाने के बाद सिक्किम की लोकप्रिय पार्टी को सरकार बनाने का न्यायसंगत अवसर भी दिया जाएगा। यह कदम यह सुनिश्चित करने के लिए बहुत महत्त्वपूर्ण था कि सिक्किम के लोगों में यह भावना पनपे कि उनका सही प्रतिनिधित्व हो रहा था और नए राजनीतिक परिदृश्य में उनकी आवाज को सुना जा रहा था।

इंदिरा गांधी सिक्किम के पूर्ण विलय को जल्द-से-जल्द होते देखना चाह रही थीं। बातचीत खिंचती जा रही थी और वे अधीर हो उठी थीं। इसमें वे अकेली नहीं थीं। चोग्याल-विरोधी पार्टियाँ भी कुछ असहज और अधीर हो उठी थीं।

वे चोग्याल साम्राज्य और सत्ता का अंत देखना चाहते थे और सिक्किम के राजनीतिक भविष्य को अपने नियंत्रण में लेना चाह रहे थे।

हालाँकि, रॉ के निदेशक आर.एन. काव का दृष्टिकोण इन सबसे अलग था। उन्हें इस बात की चिंता थी कि अगर कोई तीसरी शक्ति यहाँ अस्तित्व में आ जाती तो जनता कांग्रेस खुद को ठगा हुआ महसूस करती। इसे रोकने के

लिए उन्होंने सिक्किम के लोगों को यह यकीन दिलाने का काम शुरू किया कि चोग्याल साम्राज्य उनके क्षेत्र के विकास में बाधक था। उन्होंने इस बात की ओर भी उनका ध्यान आकृष्ट करते हुए कहा कि जहाँ आसपास के क्षेत्र, जैसे दार्जिलिंग, भारत का हिस्सा बन खूब फल-फूल रहे थे, वहीं सिक्किम को बिल्कुल भी लाभ नहीं पहुँच रहा था।

आर.एन. काव के रवैए का मकसद यह था कि सिक्किम के लोगों को भारत के साथ विलय के लिए मना लिया जाए। वे उन्हें यह दिखाना चाहते थे कि उनके क्षेत्र का भविष्य भारत के साथ अटूट रूप से बँधा हुआ था और विकास व उन्नति के लिए भारत का हिस्सा बनना सबसे अच्छा विकल्प था। यह एक बड़ा नाजुक संतुलन कार्य था, क्योंकि आर.एन. काव चोग्याल-विरोधी शक्तियों को अलग-थलग भी नहीं करना चाह रहे थे और उन्हें यह अहसास नहीं दिलाना चाहते थे कि उन्हें दरकिनार किया जा रहा था!

अगले छह महीने में, जैसे-जैसे चुनाव करीब आने लगे थे, जे.ए.सी. के लिए बहुत जरूरी था कि आंदोलन को जारी रखा जाए। इन सबके बीच आर.एन. काव को एक ऐसी खबर मिली, जो विचलित करने वाली थी। उन्हें यह रिपोर्ट मिली कि चोग्याल की बहन कूकूला एवं उनके बच्चे अमेरिका और संयुक्त राष्ट्र की सहायता से भारत सरकार पर आरोप लगाने की कोशिश करना चाह रहे थे। यह आरोप अगर फैल जाता तो पूरा मिशन पटरी से उतर जाता और नाकाम हो जाता!

इसे रोकने के लिए आर.एन. काव और उनकी टीम ने एक योजना बनाई। उन्होंने कूकूला को यह याद दिलाया कि अगर वे अपनी योजनाओं को फलीभूत करने की कोशिशें जारी रखेंगी तो गैर-कानूनी ढंग से मूर्तियों के निर्यात में उनकी हिस्सेदारी को लेकर जो पुराना केस था, उसे पुनः खोल दिया जाएगा। इससे न केवल उनकी साख को नुकसान पहुँचेगा, बल्कि चोग्याल परिवार के लिए भी यह समस्या खड़ा कर सकता था। यह चेतावनी कूकूला को अपने मनसूबों में पीछे हटने और बाहरी सहयोग जुटाने की कोशिशों को खत्म करने के लिए काफी थी।

अप्रैल 1975 में सिक्किम में पहली बार चुनाव हुए, जिसमें काजी ल्हेनडुप को भारी बहुमत से जीत हासिल हुई। उन्हें असेंबली में 32 में से 31 सीटें हासिल हुईं। ये नतीजे आर.एन. काव की उम्मीदों से भी परे थे, जिन्होंने सिक्किम के भारत में विलय में इतनी अहम भूमिका निभाई।

भारत के पर्यवेक्षण में काजी ल्हेनडुप ने गवर्नमेंट ऑफ सिक्किम एक्ट-1974 पर हस्ताक्षर किए, जिससे सिक्किम को एक 'सह राज्य' का दर्जा प्राप्त हुआ। वास्तविक विलय का यह पहला कदम था।

काजी ल्हेनडुप और उनकी पार्टी की जबरदस्त जीत के बावजूद सिक्किम का भारत में वास्तविक विलय अभी शेष था। वास्तविक विलय के पहले अभी कितनी और बातें थीं, जो उजागर होनी बाकी थीं, जिनमें चोग्याल का काठमांडू के दौरे पर जाना इनमें से प्रथम था, जहाँ जाकर उन्होंने संयुक्त राष्ट्र से इस मामले में हस्तक्षेप की गुहार लगाई। चोग्याल की यह चाल वो कारण बनी, जिसकी वजह से भारत ने विलय के लिए अपना आखिरी कदम उठाया। भारत ने इसकी योजना दिसंबर 1972 में ही बना ली थी, जिसकी सारी जमीनी कारवाई भी पूरी हो चुकी थी। बस, इंदिरा गांधी से एक इशारे का इंतजार था, जो उन्हें जल्द ही मिल गया।

सिक्किम के विलय के अंतिम चरण की सफलता सुनिश्चित करने के लिए सावधानीपूर्वक योजना का गठन और उसका कार्यान्वयन आवश्यक था। इसमें सबसे पहला कदम सिक्किम गाड्र्स को शस्त्र-विहीन करना था और इसके लिए 8 या 9 अप्रैल, 1975 का दिन निश्चित किया गया। इसके पहले गंगटोक में बड़ी सार्वजनिक सभाएँ करने की जरूरत थी, जिनमें इन गाड्र्स के हटाए जाने और सिक्किम के भारत में विलय की माँग को उठाया जाना था।

इन सभाओं के दौरान सिक्किम गाड्र्स से यह अपेक्षा की जा रही थी कि वे हथगोलों या फायरिंग के जरिए अपना जवाब देंगे, जिससे कैबिनेट को इस पर फौरन कारवाई कर उन्हें महल से निकालने का अवसर मिल जाएगा। गाड्र्स की करतूतों को मीडिया के जरिए खूब फैलाया जाएगा, जिससे हर व्यक्ति को उनके आतंकी बरताव की जानकारी मिल जाए।

गार्ड्स के परिवारों पर इसके प्रभाव को कम करने के लिए यह खबर आम करनी होगी कि इस पूरी काररवाई के दौरान उनके भत्तों पर इसका कोई प्रभाव नहीं पड़ेगा। इस बीच, पूरे सिक्किम में प्रदर्शन जारी रहेंगे, जिसमें आम जनता चोग्याल के पूर्ण निष्कासन की माँग करेगी।

भविष्य में होने वाली घटनाओं के दौरान भारत सरकार सिक्किम की जनता को धैर्य बनाए रखने और शांत बने रहने की अपील करेगी।

यह बेहद जरूरी था कि हालात खराब होते-होते हिंसात्मक या अराजक न हो जाएँ और साथ ही, सरकार को ऐसे कदम उठाते हुए यह सुनिश्चित भी करना था कि चोग्याल सिक्किम से पलायन न करने पाएँ। चोग्याल के संभावित पलायन को रोकने के लिए सारे बहिर्गमन मार्गों पर पहरा बैठाना था। और यह कि यदि उन्होंने शरण माँगी तो उन्हें सीधे 'इंडिया हाउस' ले जाया जाएगा।

हालाँकि, सरकार चोग्याल को 'इंडिया हाउस' में भी ज्यादा दिन रखने के पक्ष में नहीं थी। इससे अनावश्यक तनाव और नाराजगी को ही बढ़ावा मिलता। कुछ समय बाद उन्हें गंगटोक से 15-20 मील की दूरी पर स्थित एक गेस्ट हाउस में स्थानांतरित करने का विचार था। एक बार उनके सुरक्षित स्थान में पहुँचने और व्यवस्थित होने के बाद ईमानदारी से बातचीत आरंभ हो सकती थी।

यहाँ इस बात पर गौर करना जरूरी है कि इस दौरान भारत को कूटनीतिक मोरचों पर काम करते हुए अंतरराष्ट्रीय समुदाय को सिक्किम के हालात से भी अवगत कराना था।

भारत सरकार को उन्हें आश्वस्त करने की जरूरत थी कि भारत में सिक्किम का विलय बहुत शांतिपूर्ण एवं लोकतांत्रिक तरीके से हो रहा था और सिक्किम के नागरिकों के मानवाधिकार पूर्णतया सुरक्षित थे।

सिक्किम में हो रही घटनाओं की मीडिया में की जाने वाली रिपोर्ट पर सतर्कतापूर्वक निगरानी रखी जाए और वे नियंत्रित हों, यह सुनिश्चित करना भी जरूरी था। सरकार को यह संदेश देने की जरूरत थी कि सिक्किम गार्ड्स को निष्कासित करना और अंततः सिक्किम का भारत में विलय सिक्किम के विकास व प्रगति के लिए आवश्यक था और इसमें चोग्याल बाधक साबित हो रहे थे।

एक बार जब सिक्किम गाड्र्स को नि:शस्त्र कर चोग्याल को सत्ता से बाहर कर दिया जाए, फिर अगला कदम सिक्किम का भारत में विलय होना था। इसके लिए नए प्रस्ताव का प्रारूप तैयार करने और उसे पारित करने, प्रशासनिक ढाँचे एवं संस्थानों को स्थापित करने और अंतत: भारतीय अर्थव्यवस्था व राजनीतिक प्रणाली में सिक्किम को समन्वित करने की जरूरत थी।

64 ब्रिगेड के अंतर्गत सेना की तीन बटालियनों की तैनाती ने विलय योजना के अंतिम चरण को चिह्नित किया। जिस तत्परता और कौशल के साथ सिक्किम गाड्र्स को नि:शस्त्र किया गया, 20 मिनट से भी कम समय में यह कार्य पूरा हो चुका था। भारत की इस चाल से जाहिर तौर पर चोग्याल बेहद नाराज और क्रोधित थे; लेकिन इसे रोकने के लिए वे कुछ भी कर पाने में असमर्थ थे।

वे सर्वथा शक्तिहीन महसूस कर रहे थे, और इधर सिक्किम पर भारत का शिकंजा कसता जा रहा था।

भारतीय सेना द्वारा सिक्किम गाड्र्स के नि:शस्त्र होने के बाद अब यह समय काजी के लिए सक्रिय होते हुए सिक्किम के लोगों को यह बताने के लिए बिल्कुल उपयुक्त था कि उनका भविष्य भारत के साथ ही सुरक्षित था। 10 अप्रैल को बुलाया गया असेंबली का आपातकालीन सत्र इसके लिए बिल्कुल सही अवसर था। सत्र में सिक्किम कांग्रेस के 29 विधायक उपस्थित थे और काजी ल्हेनडुप ने इस मंच पर सिक्किम के भारत के साथ संपूर्ण विलय की माँग रख दी।

काजी ल्हेनडुप जानते थे कि सिक्किम की आम जनता चोग्याल के एकतंत्रीय शासन और रियासत की सतत राजनीतिक अस्थिरता से ऊब व थक चुकी थी और उनका विश्वास था कि भारत में सिक्किम के विलय से सिक्किम में स्थिरता और विकास बहाल होगा, जिसकी बड़ी आवश्यकता थी। उन्होंने बड़ा जोशीला भाषण दिया और अपने साथी विधायकों एवं सिक्किम की जनता को इस विलय को समर्थन देने तथा उन नए अवसरों का स्वागत करने, उन्हें अपनाने का आग्रह किया, जो यह विलय अपने साथ लाने वाला था।

काजी ल्हेनडुप ने इस बात पर जोर डाला कि भारत के साथ सिक्किम का

विलय होने से भारतीय लोकतंत्र के लाभ सिक्किम की जनता को भी मुहैया होंगे और बाकी देश से सिक्किम अब और अलग-थलग नहीं रहेगा। उन्होंने विलय से होने वाले आर्थिक लाभ की बात भी की तथा नए उद्योगों के आगमन और रोजगार के अवसरों पर खासतौर पर रोशनी डाली।

आपातकालीन असेंबली सत्र सिक्किम के विलय की प्रक्रिया का एक निर्णायक मोड़ साबित हुआ। काजी का भाषण सिक्किम की जनता में गूँजा और उन्हें भारत के साथ विलय के लाभ नजर आने लगे। भारत के साथ पूर्ण विलय की माँग और जोरदार ढंग से होने लगी। काजी अब सिक्किम की जनता के नए राजा थे।

11 अप्रैल को भारत के विदेश मंत्री वाई.बी. चव्हाण ने संसद् को संबोधित करते हुए सिक्किम के ताजा हालात की जानकारी दी। उन्होंने सदस्यों को बताया कि क्षेत्र में बढ़ती अस्थिरता के चलते सिक्किम के मुख्यमंत्री ने सिक्किम गार्ड्स को नि:शस्त्र करने का अनुरोध किया था। इस अनुरोध पर सेना ने काररवाई करते हुए 9 अप्रैल की दोपहर महल के गार्ड्स को निरस्त्र कर दिया था।

साथ ही, मुख्यमंत्री ने चोग्याल के पद की समाप्ति की माँग रख डाली और इसी सिलसिले में 10 अप्रैल को इस आशय का प्रस्ताव भी पारित कर दिया गया।

यहाँ वाई.बी. चव्हाण का बयान इसलिए भी बड़ी अहमियत रखता था, क्योंकि यह इस मामले में भारत सरकार के सख्त रुख की ओर इशारा करते हुए सिक्किम के भारत के साथ विलय की पुन: पुष्टि भी कर रहा था। उनके कथन ने विलय को लेकर सिक्किम कांग्रेस और मुख्यमंत्री की स्थिति भी स्पष्ट कर दी, जो विलय के पक्ष में ही थी।

इस बयान को मीडिया के जरिए व्यापक रिपोर्टिंग मिली और इसने विलय के लिए चल रहे आंदोलन व प्रदर्शन में ईंधन का काम किया। इसने अंतरराष्ट्रीय समुदाय को स्पष्ट तौर पर यह इशारा भी दे दिया कि भारत सिक्किम के भारत में संपूर्ण विलय के लिए सख्त कदम उठा रहा था और इस मामले में किसी भी बाहरी हस्तक्षेप को बरदाश्त करने की कोई मंशा नहीं रखता था।

आखिरकार, 15 मई, 1975 को सिक्किम असेंबली ने भारत के साथ सिक्किम के पूर्ण विलय के पक्ष में प्रस्ताव पारित किया और सिक्किम भारत का 22वाँ राज्य घोषित हुआ। इस मिशन में रॉ की 27 महीनों की सहभागिता अब कहीं जाकर खत्म हुई और इसमें शामिल सब लोग ऑपरेशन की सफलता से बेहद उल्लसित थे। उनके हर कृत्य के पीछे का एकमात्र एजेंडा शांतिपूर्ण ढंग से विलय का हो जाना था और वही हुआ भी। यह आर.एन. काव की एक और उपलब्धि थी। उनकी टीम ने अथक परिश्रम कर वह हासिल कर दिखाया था, जो आरंभ में असंभव प्रतीत हो रहा था।

□

आर.एन. काव की सबसे बड़ी असफलता

आर.एन. काव एक अनुभवी खुफिया अधिकारी होने के नाते अपने कार्य की प्रकृति को खूब समझते थे। बँगलादेश और सिक्किम में मिली सफलता की बदौलत एक अवकाश लेकर इस गौरव का आनंद उठाना, यह विकल्प नहीं था, वे इसे भी जानते थे। खुफिया कार्यों में सतत प्रयास एवं ध्यान की आवश्यकता रहती है और महज एक चूक के विनाशकारी परिणाम हो सकते हैं।

खैर, भौगोलिक परिदृश्यों में महत्त्वपूर्ण बदलाव के चलते नित दिन नई चुनौतियाँ और खतरे उभर रहे थे। वक्र में आगे रहने के लिए रॉ जैसे संगठनों को लगातार व अथक परिश्रम कर जानकारियाँ एवं तथ्यों को जुटाना, उनका विश्लेषण कर उपयुक्त काररवाई करते रहना होता है। इसके लिए उच्च कोटि का कौशल, दृढ़ता और समर्पण की आवश्यकता होती है।

आर.एन. काव जैसे खुफिया अधिकारियों के लिए काम में कभी विराम नहीं लगता। एक सफल मिशन के बाद भी कितना कुछ और करना शेष रहता है, इसलिए भी कि देश के समक्ष चुनौतियाँ व खतरे लगातार बदलते और नया रूप धारण करते रहते हैं। अब यहाँ आतंकी गतिविधियों पर खुफिया जानकारी एकत्रित करने की बात हो, शत्रु सरकारों पर निगरानी की बात हो या फिर आपराधिक संगठनों की गतिविधियों पर नजर रखनी हो, खुफिया अधिकारी के काम कभी न खत्म होने वाले होते हैं।

सन् 1962 के भारत-चीन युद्ध के पश्चात् भारत की बाह्य खुफिया एजेंसी

रिसर्च एंड एनालिसिस विंग (RAW) को स्थापित करने में सेंट्रल इंटेलिजेंस एजेंसी (सी.आई.ए.) ने महत्त्वपूर्ण भूमिका निभाई और कई गुप्त ऑपरेशनों में सहयोग भी दिया। हालाँकि, 1970 के दशक की शुरुआत तक आते-आते सी.आई.ए. और भारत के बीच रिश्ते में तब्दीली आने लगी।

इस तब्दीली का एक प्राथमिक कारण पाकिस्तान था। क्षेत्र में सोवियत रूस के प्रभाव को रोकने के प्रयास में अमेरिका पाकिस्तान को अपने एक महत्त्वपूर्ण भागीदार के रूप में देखने लगा। नतीजतन, सी.आई.ए. के लिए पाकिस्तान के जरिए चीन तक अपनी पहुँच को अधिक बढ़ाना ज्यादा मायने रखता था और उस समय भारत उसकी नजरों में कम प्राथमिकता रखता था।

इसके अलावा, भारतीय प्रधानमंत्री श्रीमती इंदिरा गांधी और अमेरिकी सरकार के बीच खटास आ गई थी। रिचर्ड निक्सन की सरकार खुले तौर पर इंदिरा गांधी और उनकी समाजवादी नीतियों के प्रति शत्रुतापूर्ण रवैया रखने लगी थी और गुप्त तरीके से उनकी सरकार को कमजोर करने की कोशिश कर रही थी। अमेरिकी सरकार का मानना था कि इंदिरा गांधी सोवियत संघ के कुछ ज्यादा ही करीब थीं और उनकी नीतियाँ इस क्षेत्र में अमेरिकी हितों के लिए हानिकारक थीं।

इन कारणों की वजह से सी.आई.ए. और भारत के बीच क्रमशः दूरियाँ बढ़ने लगीं। हालाँकि, सी.आई.ए. रॉ को उनके गुप्त ऑपरेशनों में कुछ हद तक अब भी सहयोग दे रही थी, सहयोग के स्तर को बहुत हद तक कम कर दिया गया था। 1970 के दशक के अंत तक दोनों देशों के बीच संबंध काफी हद तक खराब हो चले थे, जिसे ठीक होने में बरसों लगने वाले थे।

बहरहाल, आर.एन. काव ने एक अनुभवी खुफिया अधिकारी होने के नाते इस बात को पहचाना कि विश्व की मुख्य शक्तियों, जैसे अमेरिका, के नौसैनिक जहाजों की गतिविधियों को लेकर भविष्यवाणी करने की रॉ की क्षमता को और अधिक बेहतर करने की जरूरत थी। यह चिंता का एक महत्त्वपूर्ण विषय इसलिए भी था कि हिंद महासागर में विदेशी नौसेना के पोतों की उपस्थिति का भारत की राष्ट्रीय सुरक्षा पर महत्त्वपूर्ण प्रभाव पड़ सकता था।

इन क्षमताओं को बेहतर करने की कोशिशों के बावजूद आर.एन. काव यह समझ चुके थे कि सोवियत संघ की सहायता के बावजूद उनके प्रयासों या पेशकश की भी एक सीमा थी। नतीजतन, वे दूसरे विकल्प तलाशने लगे और फ्रांसीसी खुफिया एजेंसी एस.डी.ई.सी.ई. के पास पहुँचे।

फ्रांस एक बड़ी औपनिवेशिक शक्ति थी, जिसका समुद्री गतिविधियों का एक लंबा इतिहास रहा था और नौसैनिक जलपोतों की गतिविधियों पर निगरानी एवं उनकी भविष्यवाणी का वृहद् अनुभव भी था। एस.डी.ई.सी.ई. ने इस क्षेत्र में अत्याधुनिक क्षमताएँ विकसित की थीं और आर.एन. काव का मानना था कि वे रॉ को बेशकीमती सहयोग प्रदान करने की स्थिति में थे। काव जानते थे कि अमेरिका पर जरूरत से ज्यादा निर्भर रहना एक-न-एक दिन उलटा भी पड़ सकता था, इसलिए वे हमेशा विकल्पों को तलाशते रहे और इस कार्य विशेष के लिए फ्रांसीसी सबसे बढ़िया विकल्पों में से एक थे।

जिस दौरान आर.एन. काव ने सहयोग के लिए उनसे संपर्क किया था, उन दिनों फ्रांसीसी खुफिया एजेंसी एस.डी.ई.सी.ई. का नेतृत्व काउंट एलेक्जेंडर डी. मरेंचेस कर रहे थे। काउंट डी. मरेंचेस एक अत्यंत सम्मानित खुफिया अधिकारी थे, जिनका एशिया और मध्य-पूर्व में खुफिया ऑपरेशंस का विस्तृत अनुभव था।

आर.एन. काव ने जब एस.डी.ई.सी.ई. के साथ काम करने में दिलचस्पी जताई, फ्रांसीसियों की ओर से भी उन्हें इसका फौरन जवाब दिया गया। एशिया में अपने खुफिया ऑपरेशन को विस्तृत करने के महत्त्व से वे अनजान नहीं थे और इस प्रयास में भारत उनको एक महत्त्वपूर्ण सहयोगी के रूप में नजर आ रहा था।

नतीजतन, आर.एन. काव को काउंट डी. मरेंचेस और एस.डी.ई.सी.ई. के अन्य वरिष्ठ अधिकारियों से मिलने पेरिस बुलाया गया। काव एवं डी. मरेंचेस में तत्काल सौहार्दपूर्ण रिश्ता बन गया था और इस लिहाज से मुलाकात बहुत सकारात्मक रही। भारत और फ्रांस के बीच खुफिया सहयोग को लेकर दोनों का साझा दृष्टिकोण था और अपने इस लक्ष्य को हासिल करने के लिए दोनों

ने एक-दूसरे के साथ करीब से काम करते हुए रणनीति तैयार की।

रॉ और एस.डी.ई.सी.ई. के बीच खुफिया सहयोग हिंद महासागर में विदेशी नौसैनिक जलपोतों की गतिविधियों पर निगरानी रखने में बहुत प्रभावशाली साबित हुआ। फ्रांसीसियों की मदद से रॉ न सिर्फ अमेरिकी जलपोतों, वरन् उस क्षेत्र में सोवियत जलपोतों के क्रिया-कलापों की भी वास्तविक समयकाल की खुफिया जानकारी हासिल करने में सक्षम हुआ ।

फ्रांसीसियों की नजर में यह खुफिया सहयोगिता बहुत महत्त्वपूर्ण थी, क्योंकि एशिया में अपना खुफिया नेटवर्क को विस्तृत करने का उन्हें यह अच्छा अवसर प्रदान करता था। इसी उद्देश्य की पूर्ति के लिए काउंट डी. मरेंचेस ने रॉ को ईरानी खुफिया एजेंसी 'सावाक' (SAVAK) को भी इसमें भागीदार बनाने का सुझाव दिया।

ऐसी धारणा थी कि मध्य-पूर्व में 'सावाक' (SAVAK) की खुफिया क्षमताएँ बहुत व्यापक थीं और उनके पास उस क्षेत्र में सोवियत एवं अमेरिकी गतिविधियों की व्यापक जानकारी भी थी। आर.एन. काव को 'सावाक' (SAVAK) के साथ भागीदारी के संभावित लाभ नजर आ रहे थे, इसलिए इस विकल्प पर कुछ और खोजबीन करने को वे सहमत हो गए।

'सावाक' के साथ कार्य करने को लेकर शुरुआती झिझक और आपत्तियों के बावजूद काव अपने सहयोगियों को इस भागीदारी की महत्ता के लिए राजी करने में कामयाब हुए। फ्रांसीसियों की मदद से रॉ ने 'सावाक' के साथ कामकाजी संबंध स्थापित किया, जो बहुत सफल साबित हुआ।

अब भारत, फ्रांस और ईरान के बीच पनपी इस त्रिपक्षीय व्यवस्था के लिए इसमें श्रम-विभाजन अंतर्निहित था और इसके लिए तीनों देशों ने अपने कौशल तथा अपनी ताकत का योगदान किया। ईरान ने तकनीकी कौशल और उपकरण हासिल करने के लिए आर्थिक सहायता उपलब्ध कराई, फ्रांस ने आवश्यक तकनीकी कौशल एवं उपकरण मुहैया कराए और भारत ने उन उपकरणों को संचालित करने के लिए अपने प्रशिक्षित जन-बल का योगदान दिया।

इस व्यवस्था के अंतर्गत फ्रांस ने आधुनिक तकनीकी उपकरण और

सॉफ्टवेयर हासिल किए, जो उन्होंने भारत को उसके खुफिया ऑपरेशंस में इस्तेमाल करने के लिए मुहैया कराए। ईरान ने इन उपकरणों को खरीदने के लिए और इसमें भागीदारी के लिए भी आवश्यक आर्थिक सहायता प्रदान की।

बदले में भारत ने उच्च प्रशिक्षित तकनीकी कर्मी दिए, जो फ्रांस से उपलब्ध इन अत्याधुनिक उपकरणों के संचालन का कौशल रखते थे। इन कर्मियों ने खुफिया डाटा एकत्रित करने और उनके विश्लेषण के लिए अपने फ्रांसीसी व ईरानी समकक्षों के साथ बड़ी निकटता से कार्य किया। खुफिया ऑपरेशंस के नतीजे तीनों पक्ष आपस में साझा किया करते थे और उन हासिल जानकारियों से तीनों देशों को ही लाभ पहुँचता था।

यह त्रिपक्षीय व्यवस्था तीनों देशों की खुफिया क्षमताओं को विस्तृत करने में और खुफिया क्षेत्र में उनकी भागीदारी को सुदृढ़ करने में बहुत प्रभावशाली सिद्ध हुई।

आर.एन. काव ने पेरिस में गुप्त खुफिया अधिकारी के तौर पर बी. रमण का चयन किया, जिन्हें पेरिस में एक पत्रकार के छद्म रूप में रहना था। पत्रकारिता में उनके कौशल को मद्देनजर रखते हुए ही उनका चयन किया गया था। उन्होंने इस क्षेत्र में अपना अध्ययन किया था और कई साल 'दि इंडियन एक्सप्रेस' के साथ कार्यरत रहे थे। उन्हें मीडिया उद्योग की कार्यशैली की गहन जानकारी थी और इस लिहाज से इस भूमिका के लिए वे स्वाभाविक चयन रहे।

बी. रमण का यह कार्यभार वर्ष 1975-1979 तक, यानी चार साल तक रहा, जिस दौरान उन्होंने भारत के पूर्वी और पश्चिमी तट पर दो महत्त्वपूर्ण स्टेशनों की स्थापना में महत्त्वपूर्ण भूमिका निभाई। इन स्टेशनों को हिंद महासागर में आते-जाते नौसैनिक जलपोतों पर निगरानी रखने का, खासकर सोवियत संघ और अमेरिका के जलपोतों पर निगरानी रखने का कार्यभार सौंपा गया।

बी. रमण का पेरिस में किया गया कार्य रॉ के लिए अमूल्य था और बहुत मायने रखता था। खुफिया जानकारी एकत्रित करने की क्षमता को सुदृढ़ करने में इसे अहम माना गया। हालाँकि, सन् 1979 में ईरान में सरकार के गिरने से भारत, फ्रांस और ईरान के बीच की त्रिपक्षीय भागीदारी अचानक खत्म हो गई।

फ्रांस, भारत और ईरान की त्रिपक्षीय भागीदारी में रॉ की असफलता का सामना करने के बावजूद 1970 के दशक में एजेंसी आर.एन. काव के नेतृत्व में अपने उत्थान पर रही। बँगलादेश और सिक्किम में सफलता के बाद काव ने प्रधानमंत्री इंदिरा गांधी का विश्वास और भरोसा जीत लिया था, जो भारत की खुफिया क्षमताओं को मजबूत करने के क्षेत्र में उन पर बहुत ज्यादा भरोसा करती थीं।

भारतीय युवाओं में रॉ एक बेहद लोकप्रिय संगठन बनकर उभरने लगा था। एजेंसी की लगातार व्यापक होती जिम्मेदारियों की भरपाई के लिए बुद्धिमान एवं हुनरमंद युवाओं का संगठन में भरती होना अत्यावश्यक था, इस बात को आर.एन. काव बखूबी जानते थे। एक कठोर चयन-प्रक्रिया की मदद से उन्होंने सीधे कॉलेज और विश्वविद्यालयों से युवाओं को संगठन में भरती करना शुरू किया, जिससे यह सुनिश्चित हो सका कि सर्वश्रेष्ठ युवकों का ही चयन हो।

रॉ की चयन-प्रक्रिया बहुत ही विशिष्ट थी। उम्मीदवारों को 35 पन्नों का एक आवेदन-पत्र भरना होता था, जो उनकी पृष्ठभूमि के हर एक पहलू तक गहराई से पहुँचता था। प्रारंभिक जाँच-प्रक्रिया के पूर्ण होने पर उम्मीदवारों को सिलसिलेवार परीक्षाओं से गुजरना होता था, जो अकसर बेवक्त, जैसे सुबह के 3 बजे, हुआ करती थीं। खुफिया कार्य के लिए उनकी योग्यता और उपयुक्तता का आकलन करने के लिए ऐसा हुआ करता था। जो इन परीक्षाओं में उत्तीर्ण होते, वे व्यक्तिगत साक्षात्कार के लिए आगे बढ़ते थे।

इन साक्षात्कारों के नमूने इस तरह से तैयार किए जाते, जिससे उम्मीदवारों का ज्ञान, उनकी बुद्धिमत्ता, आलोचनात्मक सोच एवं विमर्श की क्षमता, समस्या-समाधान की क्षमता—इन सबकी परीक्षा हो जाती। पूछे गए प्रश्नों में विषयों की विस्तृत श्रृंखला को सम्मिलित किया जाता, जिनमें राजनीति, अर्थशास्त्र, इतिहास और समसामयिक घटनाएँ शामिल रहतीं। जो उम्मीदवार असाधारण क्षमता दिखाते, जिनसे खुफिया क्षेत्र में संभावित सफलता की अपेक्षा रहती, उन्हीं का चयन किया जाता था।

1975 रॉ के लिए चुनौतियों वाला वर्ष रहा, जिसमें उसने सफलता के

साथ असफलता भी भोगी। सन् 1971 के बँगलादेश मुक्ति संग्राम में जहाँ रॉ ने अहम भूमिका निभाई, वहीं बँगलादेश के प्रथम राष्ट्रपति शेख मुजीबुर्रहमान और उनके परिवार के सदस्यों की नृशंस हत्या को वह नहीं रोक पाया। तख्ता-पलट के दौरान जब सरकार को उखाड़ फेंका गया, उस दौरान उनके साथ उनकी पत्नी, तीन बेटे और दो बेटियों की बर्बरतापूर्ण हत्या हो गई। उनकी सिर्फ दो बेटियाँ—शेख हसीना और शेख रेहाना जीवित रह पाईं, क्योंकि वे उस समय अपने देश के बाहर थीं।

शेख मुजीबुर्रहमान और उनके परिवार की हत्या रॉ के लिए बहुत बड़ी नाकामी थी, क्योंकि इसने उसके खुफिया जानकारी एकत्रित करने और उस पर प्रभावी ढंग से काररवाई करने की काबिलियत पर ही सवाल खड़े कर दिए थे। बँगलादेश में अपनी अच्छी-खासी खुफिया उपस्थिति के बावजूद समय रहते इस षड्यंत्र को भाँप पाने में रॉ की असमर्थता और तदनुसार बँगलादेशी अधिकारियों को आगाह करने में उनकी नाकामी, इन सबकी कड़ी निंदा हुई। बँगलादेश भारत का एक मजबूत सहयोगी हुआ करता था। इस घटना का भारत-बँगलादेश के आपसी संबंधों पर बड़ा नकारात्मक प्रभाव पड़ा।

शेख मुजीब और उनके परिवार जनों की हत्या एक त्रासद घटना थी, जिससे रॉ ने अहम सबक हासिल किए।

रॉ की असफलता का प्रमुख कारण उनके संपर्क पी.एन. बनर्जी की क्षति थी, जिनका जुलाई 1974 में ढाका में आकस्मिक निधन हो गया था। बनर्जी के पास वह नेटवर्क था, जो आर.एन. काव और रॉ के लिए बँगलादेश में कान व आँख का काम किया करते थे। बनर्जी की मृत्यु के बाद रॉ के लिए उस दूरदर्शिता को पुनः प्राप्त करना मुश्किल हो गया था।

इसके साथ कुछ और कारण भी रहे थे। बहुधा ऐसा हुआ कि रॉ ने शेख मुजीब को चेताया, दो बार तो स्वयं आर.एन. काव ने ऐसा किया था; लेकिन वे इन चेतावनियों को बिल्कुल गंभीरता से नहीं लिया करते थे और काव सोचा करते कि अगर मुजीब स्वयं इन चेतावनियों को लेकर गंभीर नहीं थे तो इसे रॉ की गलती या खामी कैसे माना जा सकता था?

शेख मुजीब के विषय में अपनी नाकामियों से रॉ उबरने की कोशिश कर ही रहा था कि अगला बड़ा कांड हो गया और इसके लिए श्रीमती इंदिरा गांधी जिम्मेदार थीं—आपातकाल। आपातकाल, जो वर्ष 1975–1977 तक रहा, जो भारत के इतिहास का 'स्याह काल' कहलाता है। देश में वर्ष 1971 में हुए लोकसभा चुनाव को जब एक कोर्ट ने चुनावी भ्रष्टाचार के चलते अमान्य घोषित कर दिया, तो उसके जवाब में इंदिरा गांधी ने देश में आपातकाल घोषित कर दिया। ऐसा माना जाता है कि उनके छोटे पुत्र संजय गांधी ने ही उन्हें आपातकाल घोषित करने की सलाह दी थी, जिससे सत्ता पर उनकी पकड़ बनी रहे। संजय का अपनी माँ पर बहुत दबदबा था।

आपातकाल के दौरान नागरिकों की स्वतंत्रता निलंबित कर दी गई, प्रेस पर अंकुश लग गया और राजनीतिक विरोधियों को बगैर किसी सुनवाई के गिरफ्तार कर जेलों में डाल दिया गया। यह तानाशाही और दमन का एक भीषण दौर था, जिसकी देश में और देश के बाहर विदेशों में बड़े व्यापक स्तर पर कड़ी निंदा हुई।

यहाँ तक कि आर.एन. काव को भी इसकी कोई अग्रिम सूचना या जानकारी नहीं थी। यह इतना अकस्मात् ही हुआ था। इंदिरा गांधी बहुत सारी बातों और स्थितियों को लेकर संभ्रमित व खौफजदा हो चली थीं। उन्हें लगता था कि सी.आई.ए. उनके और उनके परिवार के पीछे पड़ा था। उन्हें किसी पर भी भरोसा नहीं रह गया था। जब शेख मुजीब की हत्या की खबर उन तक पहुँची तो वे पूरी तरह से होश गँवा बैठी थीं। उस नेता और उसके परिवार की ऐसी नृशंस हत्या, जिनमें मुजीब का 9 वर्षीय बेटा भी शामिल था, इस वाकए ने इंदिरा गांधी को हिलाकर रख दिया था।

खुफिया रिपोर्ट्स की मानें तो अपनी सुरक्षा के लिए श्रीमती गांधी की चिंताएँ निराधार नहीं थीं। यद्यपि यह खतरा विदेशी ताकतों से नहीं था, तथापि खतरा था और वह देश के अंदर था। ऐसे में शेख मुजीबुर्रहमान की हत्या ने उनके खौफ को और बढ़ा दिया।

अपने परिवार और स्वयं की सुरक्षा को लेकर वे बहुत आशंकित हो गई

थीं। खुफिया समुदाय भी उनके इस खौफ का समर्थन कर रहा था, क्योंकि उनके पास ऐसे संभावित खतरे की जानकारी थी।

शेख मुजीबुर्रहमान और उनके परिवार की निर्मम हत्या का इंदिरा गांधी पर बहुत गहरा असर पड़ा था। उन पर इस बात का खास असर पड़ा था कि मुजीब का छोटा बेटा उनके अपने पौत्र राहुल की उम्र का था। मासूम बच्चों के साथ किया गया ऐसा जघन्य कृत्य उन्हें रात भर जगाए रखता था और इसके चलते अपने परिवार और समग्र देश को लेकर अंदरूनी खतरे का उनका जो खौफ था, वह और घनीभूत होता गया।

इधर संजय गांधी का अपने दायरे के बाहर के मुद्दों में दखलंदाजी करना आर.एन. काव के लिए समस्या खड़ी कर रहा था, जो रॉ के प्रमुख थे। संजय गांधी, जो सरकार में किसी भी पद पर आसीन नहीं थे, उन्होंने नियुक्ति की फाइलों पर पहुँच की माँग की, जो पूरी तरह से असंवैधानिक था। यह आर.एन. काव के लिए एक सिरदर्द बन गया था तथा मौजूदा तनाव को और बढ़ा रहा था।

आपातकाल की घोषणा के पहले इंदिरा गांधी ने आर.एन. काव से अनुरोध किया कि वे के. शंकरन नायर, जो काव के करीबी थे, को आई.बी. के निदेशक के तौर पर नियुक्त कर दें। यद्यपि काव ने उन्हें याद दिलाया कि नायर यह पद दो बार पहले ठुकरा चुके थे; लेकिन इस बार श्रीमती गांधी 'न' सुनने वाली नहीं थीं और नायर की नियुक्ति आई.बी. के निदेशक के तौर पर हो गई।

आपातकालीन दौर के कुछ दिन पूर्व संजय गांधी आई.बी. नायर की निष्ठा पर सवाल उठाने लगे, जिन्हें श्रीमती गांधी के अनुरोध पर नियुक्त किया गया था। एक शाम श्रीमती गांधी ने शंकरन नायर को अपने घर बुलावा भेजा, लेकिन नायर ने जाने से इनकार कर दिया। इसलिए भी कि वे बहुत कम ही प्रधानमंत्री से मिलते थे और अगर मिलते भी तो दफ्तर में ही मिलते थे। संजय गांधी इस इनकार से बहुत तैश में आ गए और उन्होंने नायर जैसे इनसान की आई.बी. निदेशक के तौर पर नियुक्ति पर ही सवाल खड़े कर दिए।

दूसरे दिन शंकरन नायर को सूचित किया गया कि आई.बी. निदेशक के

तौर पर उनकी पदोन्नति को खारिज कर दिया गया था। नायर इस खबर से खुश हुए। यह उनके अपने लिए बड़ी राहत की बात थी। वे पहले से ही इस पदोन्नति के खिलाफ रहे थे।

आपातकाल के दौरान रॉ को जबरदस्त दबाव में काम करना पड़ा था और उन पर सरकार सतत निगरानी रख रही थी।

आर.एन. काव और शंकरन नायर ने भरसक कोशिश की कि रॉ को इस राजनीतिक उथल-पुथल से बाहर रखा जाए और उसके ऑपरेशंस को सिर्फ बाह्य खुफिया जानकारी के एकत्रीकरण पर ही केंद्रित रखा जाए। लेकिन सन् 1977 में सरकार बदलने के साथ रॉ को भी नई चुनौतियों के समुच्चय से सामना करना पड़ा।

बहरहाल, भारत के नए प्रधानमंत्री श्री मोरारजी देसाई का रवैया खुफिया एजेंसियों को लेकर कुछ अलग था। उनका यकीन उनकी शक्तियों को कम करना और उनके संचालन के दायरे को सीमित करने में था। इस आशय से उन्होंने सारी खुफिया एजेंसियों, जिनमें रॉ भी शामिल था, की समीक्षा माँगी और उन्हें अधिक निगरानी तथा नियंत्रण के अंतर्गत लाने की ओर कदम उठाए।

इसने रॉ के लिए बड़ी कठिन स्थिति उत्पन्न कर दी, क्योंकि एक तरफ तो उसे बाह्य खुफिया जानकारी एकत्रित करने के अधिदेश थे और दूसरी ओर सरकार की अधिक पारदर्शिता और जवाबदेही की माँग—इन दोनों के बीच दिशा-ज्ञान लिये काम करना था! एजेंसी को नई सरकार का भरोसा पुनः प्राप्त करने के लिए बहुत मेहनत करनी थी और साथ-साथ वह भारत की राष्ट्रीय सुरक्षा उपकरण का एक प्रमुख अंग था, इसे भी साबित करना था।

रॉ को अब बदलते राजनीतिक परिवेश के साथ ही देश के समक्ष सुरक्षा से संबंधित उभरते हुए नए खतरों के अनुसार खुद को ढालना था। एजेंसी को अपनी प्राथमिकताओं को पुनः व्यवस्थित करना था और सरकार द्वारा निर्धारित सीमा में रहते हुए खुफिया जानकारी एकत्रीकरण के नए रास्ते ढूँढ़ने थे।

रॉ के प्रति मोरारजी देसाई की गलतफहमी से आर.एन. काव को बड़ी ठेस पहुँची थी। रॉ एक महत्त्वपूर्ण खुफिया एजेंसी थी, जिसकी राष्ट्रीय सुरक्षा

संबंधी हितों की रक्षा में एक अहम भूमिका रही थी, ऐसा रॉ का विश्वास रहा था। बहरहाल, मोरारजी देसाई पारदर्शिता में गहरी आस्था रखते थे और शासन-विधि के संबंध में उनका दृष्टिकोण अलग था। खुफिया एजेंसियों के गुप्त प्रकृति के वे समीक्षक थे और उनका यह मानना था कि उन्हें सरकार के प्रति और अधिक जवाबदेह बनाया जाना चाहिए।

मोरारजी देसाई के भारत के प्रधानमंत्री के रूप में उनके कार्यकाल के दौरान उन्हें सलाह दी गई कि वे शंकरन नायर को रॉ का सचिव नियुक्त करें। चूँकि काम करने की परिस्थिति नायर को माकूल नहीं लगी थी, अत: अपनी नियुक्ति के तीन महीने के भीतर ही उन्होंने इस्तीफा देने का निर्णय ले लिया था। हालाँकि, मोरारजी देसाई ने उन्हें बने रहने के लिए राजी करने की कोशिश की, लेकिन नायर अपने उसूलों पर दृढ़ रहे और पद से हट गए। उनके जाने से संगठन में शोक की लहर दौड़ गई। संगठन की सौवीं वर्षगाँठ पर यह घटित होना, एक परित्याग की भावना संगठन पर तारी हो गई।

काम के प्रति अपनी निष्ठा, कार्य में राजनीतिक दखलंदाजी के प्रति उनका रोष, इन वजहों से अपने सहकर्मियों के बीच नायर की बड़ी इज्जत थी। फिर भी, काव ने रॉ अधिकारियों को खूब अच्छी तरह से प्रशिक्षित किया था और अब दूसरे नियंत्रण की जिम्मेदारी के लिए बिल्कुल तैयार थे, जिनमें एन.एफ. सुंतूक भी थे। रॉ के नए प्रमुख के रूप में उनकी नियुक्ति रॉ के लिए बड़ी किस्मत की बात रही।

रॉ प्रमुख बनने से पहले एन.एफ. सुंतूक की पृष्ठभूमि काफी प्रभावशाली रही थी। सन् 1955 में वे भारतीय पुलिस सेवा में शामिल हुए और 1968 में आर.एन. काव द्वारा रॉ के लिए चुने जाने से पहले पुलिस सेवा में अपने कार्यकाल के दौरान वे कई पदों पर सेवारत रहे।

रॉ में अपने कार्यकाल के दौरान सुंतूक ने कई पदभार सँभाले, जिनमें विभिन्न देशों में स्टेशन के डिप्टी चीफ या चीफ का कार्यभार और पद भी शामिल थे। वे अपनी विश्लेषणात्मक और सामरिक सोच एवं कौशल के लिए और साथ ही दूसरे देशों की खुफिया एजेंसियों के साथ मजबूत संबंध बनाने

के लिए जाने जाते थे।

रॉ के कुछ अति महत्त्वपूर्ण खुफिया ऑपरेशनों के साथ वे संलग्न रहे थे। उदाहरणस्वरूप, सन् 1971 के बँगलादेश मुक्ति संग्राम (बँगलादेश लिबरेशन वॉर) के दौरान 'मुक्ति वाहिनी' के संगठन में उनकी प्रमुख भूमिका रही, जो कालांतर में बँगलादेश के निर्माण में परिणत हुआ।

रॉ के साथ अपने कार्य के अलावा, सुंतूक अपने साहित्यिक शौक के लिए भी विख्यात थे। वे एक विपुल लेखक थे, जिन्होंने कई पुस्तकें लिखीं, जिनमें एक 'द सेकंड स्कैंडल ऑफ द सेंचुरी' थी, जो वास्तविक जीवन में घटित एक वित्तीय घोटाले पर आधारित था।

बहरहाल, शंकरन नायर के इस्तीफे के बाद रॉ प्रमुख का पद खाली पड़ा हुआ था। भारत के नए प्रधानमंत्री श्री मोरारजी देसाई रॉ एजेंसी के खास प्रशंसक नहीं थे; लेकिन उन्हें सलाह दी गई कि वे एन.एफ. सुंतूक को रॉ प्रमुख के तौर पर नियुक्त करें। मोरारजी देसाई अपने महाराष्ट्र के मुख्यमंत्री पद के कार्यकाल के दौरान सुंतूक को काररवाई करते देख चुके थे।

बंबई पुलिस में कार्यरत रहते हुए सुंतूक जितना ही स्वयं को सुर्खियों से या लोक-छवि से दूर रखे हुए थे, उतना ही अधिक प्रभावी उनका नेतृत्व कौशल था। इस पद को स्वीकारने में शुरुआती हिचक के बावजूद सुंतूक अंततः रॉ प्रमुख की भूमिका निभाने के लिए राजी हो गए थे।

यह रॉ के लिए निर्णायक मोड़ सिद्ध हुआ। सुंतूक ने जब जिम्मेदारी सँभाली, रॉ संकट के दौर से गुजर रहा था और नेतृत्व एवं दिशा-निर्देशों के अभाव में बिल्कुल टूटने की कगार पर पहुँच चुका था।

सुंतूक वह लंगर साबित हुए, जिसकी रॉ को उस समय तलाश थी। उन्होंने रॉ का पुनर्गठन किया, उनमें नए कौशल को शामिल किया गया और प्रभावी रणनीतियों का समावेश हुआ। उनके नेतृत्व में रॉ ने अपनी शक्ति और प्रतिष्ठा पुनः प्राप्त की। सुंतूक ने एजेंसी की खुफिया जानकारी एकत्रीकरण क्षमता को और सुदृढ़ करने तथा अन्य खुफिया एजेंसियों के साथ तालमेल को बेहतर करने पर अपना ध्यान केंद्रित किया।

रॉ प्रमुख की हैसियत से सुंतूक ने अपने कार्यकाल में न सिर्फ बाहरी चुनौतियों का सामना किया, बल्कि अपनी सरकार की अंदरूनी चुनौतियों का भी सामना किया। प्रधानमंत्री मोरारजी देसाई की कैबिनेट के दो मंत्री आर.एन. काव को नापसंद करते थे और इसका कारण उनका यह यकीन था कि काव ने ही इंदिरा गांधी को आपातकाल लागू करने की सलाह दी थी। वे मंत्री चौधरी चरण सिंह और अटल बिहारी वाजपेयी थे, जो खुफिया एजेंसियों के प्रति अपने संदेह के लिए जाने जाते थे।

उनकी चिंताओं को संबोधित करने के लिए गृह मंत्रालय ने गहन जाँच के आदेश दिए, जिससे आपातकाल में आर.एन. काव की किसी भी तरह की भूमिका की पुष्टि हो सके। जाँच के बाद इन दोनों मंत्रियों को काव को लेकर अपना निर्णय बदलना पड़ा।

हालाँकि, स्थिति में कोई विशेष परिवर्तन नहीं आया, क्योंकि मोरारजी देसाई ने रॉ के बजट को आधा कर दिया था, जिससे सुंतूक के सामने ढेरों चुनौतियाँ आ खड़ी हुई थीं।

सन् 1977 में सुंतूक को मालूम चला कि विदेश मंत्रालय का नौकरशाही वर्ग भारत को एन.पी.टी. (न्यूक्लियर नॉन प्रोलीफेरेशन ट्रीटी) पर दस्तखत करने के लिए राजी करवाने की कोशिश कर रहा था और यह बिल्कुल भारत के हित में नहीं होता। इस मुद्दे की अहमियत को समझते हुए सुंतूक को यह तथ्य प्रधानमंत्री मोरारजी देसाई तक पहुँचाना ही था। हालाँकि, उन्हें यह मालूम था कि प्रधानमंत्री उनकी बात को सुनने के लिए अनिच्छुक होंगे, सिर्फ एक व्यक्ति ऐसा था, जो मोरारजी देसाई को मनवाने का अधिकार रखता था और वे थे—भारत के विख्यात वैज्ञानिक डॉ. होमी सेठना।

होमी सेठना ऐसे शख्स थे, जो सिर्फ काव की सुनते थे। इंदिरा गांधी के शासनकाल में आर.एन. काव के साथ उनकी अच्छी मैत्री हो गई थी और सुंतूक इस बात से वाकिफ थे। नतीजतन, काव से उन्होंने सहयोग माँगा कि वे सेठना को इस मामले में हस्तक्षेप करने के लिए राजी करें।

यद्यपि आर.एन. काव अब पहले की तरह विशिष्ट व्यक्ति नहीं रह गए

थे, तथापि उनकी विशेषज्ञता की जरूरत रॉ को अब भी थी। इस बात को लेकर सुंतूक यथेष्ट सजग थे और इन मुश्किल हालात में से निकलने के लिए काव के नेटवर्क और उनकी वृहद् जानकारी पर भरोसा कर सकते थे, वे इस बात को भी खूब समझते थे। प्रधानमंत्री मोरारजी देसाई से बात करने के लिए सेठना को मनाने के लिए काव की सेठना के साथ दोस्ती बेहद अहम साबित हुई, जहाँ वे प्रधानमंत्री को एन.पी.टी. में शामिल न होने के लिए राजी कर पाए। आर.एन. काव के इस छोटे से योगदान ने भारत के इतिहास पर शानदार छाप छोड़ी। अगर भारत ने एन.पी.टी. पर दस्तखत कर दिए होते, हमारे पास आज कोई परमाणु हथियार नहीं होता और हमें आजादी के मायने की वह अनुभूति, वह समझ नहीं रहती, जो समझ आज हासिल है।

भारत के प्रधानमंत्री के रूप में मोरारजी देसाई के अपने कार्यकाल के दौरान सोचने के ढंग में आमूल-चूल परिवर्तन आया और उन्होंने भारत जैसे विकासशील देश की प्रगति, उसकी सुरक्षा के लिए रॉ जैसी खुफिया एजेंसी के अस्तित्व की अहमियत को समझा। यह और बात है कि इस सजगता को आने में काफी देर हो चुकी थी और उनके पूर्व की अदूरदर्शिता रॉ के इतिहास में गहरा घाव कर चुकी थी।

रॉ और उसके अधिकारियों को लेकर मोरारजी देसाई के आरंभिक विश्वास की कमी ने संगठन की प्रगति और उसकी साख को बहुत धक्का पहुँचाया था। उसके बजट में 50 प्रतिशत की कटौती के उनके फैसले से पूरे संगठन में खौफ की लहर दौड़ गई थी, जिसके चलते संगठन असफलता के कगार पर पहुँच गया था। इसके साथ ही आपातकाल में आर.एन. काव की भूमिका को लेकर उनकी शंका ने संगठन और सरकार के बीच एक दरार पैदा कर दी थी।

सन् 1980 में इंदिरा गांधी की सत्ता में वापसी के बाद एक बार फिर उन्होंने आर.एन. काव पर अपनी आस्था जताई; लेकिन साथ ही सुंतूक के नेतृत्व की महत्ता को समझते हुए उन्हें रॉ प्रमुख बनाए रखने का फैसला लिया। जब वे सत्ता में आईं तो उन्होंने आई.बी. और सी.बी.आई. के प्रमुखों को पद से

हटाना आरंभ किया। इसलिए यह समझना स्वाभाविक था कि वे सुंतूक को भी प्रतिस्थापित कर देंगी। आखिरकार, सुंतूक भी मोरारजी देसाई द्वारा ही नियुक्त किए गए थे।

लेकिन उन्होंने आर.एन. काव की सलाह मानी और सुंतूक को रॉ प्रमुख बनाए रखा और साथ ही उन्होंने काव को कैबिनेट सचिवालय के वरिष्ठ सलाहकार के तौर पर भी नियुक्त किया। काव का अनुभव और सुंतूक का प्रभावी नेतृत्व, रॉ के लिए यह संयोजन बहुत उम्दा साबित हुआ।

इस दौरान आर.एन. काव और एन.एफ. सुंतूक ने मिलकर उन मुद्दों को संबोधित किया, जो काव की गैर-मौजूदगी में अनसुलझे रह गए थे। खुफिया क्षेत्र में काव का अनुभव और उनकी विशेषज्ञता यहाँ अमूल्य सिद्ध हुई और उन्होंने सुंतूक के साथ रॉ के अन्य अधिकारियों को भी मार्गदर्शन व सहयोग प्रदान किया।

श्रीमती इंदिरा गांधी के दूसरे कार्यकाल के दौरान रॉ के चार अधिकारियों पर इंदिरा गांधी के विरुद्ध साजिश रचने का आरोप लगा और उन्हें बहुत बेइज्जत होना पड़ा। आर.एन. काव के प्रभाव के बावजूद काव उन्हें बचा नहीं पाए और उन्हें अपने संबंधित राज्यों में भेज दिया गया। उनकी पदोन्नति को उलट दिया गया था। उनमें शिवराज नाम का चकाचौंध से दूर रहनेवाला एक शख्स था, जो सबका चहेता था और जिसके लिए काव का विशेष स्नेह रहा था। दुर्भाग्य से, यहाँ आर.एन. काव का समर्थन भी उन्हें इंदिरा गांधी के क्रोध से नहीं बचा पाया था।

बहरहाल, 1980 का वर्ष रॉ के लिए बहुत बुरा गुजरा। संगठन के अंदर ही ढेरों चुनौतियाँ रहीं, जिनका सामना करना था। वरिष्ठ और कनिष्ठ अधिकारियों के बीच की खाई अब स्पष्ट होती जा रही थी। कनिष्ठ अधिकारियों की यह धारणा थी कि वरिष्ठ अधिकारी उनके द्वारा मुश्किलों का सामना किए जाने को कोई महत्त्व नहीं देते और बिल्कुल भी परवाह नहीं करते। पदोन्नति एवं तबादले आदि को लेकर कोई स्पष्टता या पारदर्शिता नहीं थी।

सी.आई. एंड एस. (काउंटर इंटेलिजेंस एंड सिक्योरिटी) द्वारा किए गए

नियमित निरीक्षण (इंस्पेक्शन) का रॉ के मध्यम और निचले वर्ग के स्टाफ पर बड़ा नकारात्मक प्रभाव पड़ा। वह निरीक्षण बगैर किसी दस्तावेजीकरण के किया जाता था, जहाँ उन अधिकारियों का कर्मचारियों के साथ व्यवहार बहुत बेरुखी लिये हुए और संदिग्ध हुआ करता था। वहीं वरिष्ठ अधिकारियों के साथ वे ऐसी सख्ती नहीं बरतते थे। इससे निचले और मध्यम श्रेणी के कर्मचारियों के बीच अविश्वास की भावना पैदा हो गई। उन्हें ऐसा लगने लगा कि संगठन इस बात को मानकर चलता था कि वे ही ऐसे थे, जो संगठन के लिए मुश्किलें पैदा करते थे, अत: उन पर नियमित रूप से निगरानी रखने की जरूरत थी।

इन निरीक्षणों से न केवल कर्मचारियों के मनोबल पर प्रभाव पड़ा, उनमें गलतफहमी और खौफ की भावना भी पनपी। उन्हें महसूस होने लगा कि जहाँ उनके वरिष्ठ अधिकारियों को खुली छूट थी, वहीं उन्हें गलत तरीके से निशाने पर लिया जा रहा था। इससे संगठन में दरार पैदा हुई और रॉ की समग्र क्षमता पर इसका प्रभाव पड़ा। कर्मचारियों के विभिन्न स्तरों के बीच आपसी सहयोग और विश्वास की कमी का प्रभाव संगठन की कार्य-प्रणाली पर हुआ, जो राष्ट्रीय हित के लिए नुकसानदेह था।

एक बार सी.आई. एंड एस. द्वारा किए गए ऐसे ही एक निरीक्षण के दौरान रॉ के कर्मचारी बहुत रोष में आ गए और उन्होंने हड़ताल घोषित कर दी। सी.आई. एंड एस. की टीम को बचाने के लिए दिल्ली पुलिस को पहुँचना पड़ा। इंदिरा गांधी को शायद इसका अंदाजा था कि सुंतूक अपने कर्मचारियों में अनुशासन नहीं ला पा रहे थे; लेकिन उन्होंने इसपर ज्यादा ध्यान नहीं दिया। इसका मुख्य कारण यह भी था कि इसमें आर.एन. काव भी जुड़े हुए थे। सुंतूक को मामले को नियंत्रण में लाने में समय लगा। एक बार स्थिति नियंत्रण में आने के बाद ही वे इसके परे भी ध्यान केंद्रित कर पाए। जुल्फिकार अली भुट्टो की फाँसी के बाद पाकिस्तान में उपजी अस्थिरता का लाभ उठाकर, उसका इस्तेमाल कर उन्होंने पाकिस्तान में अपना खुफिया नेटवर्क बनाना आरंभ किया, जिसमें आर.एन. काव ने उनकी कई तरीके से मदद की। उन्होंने अपने कितने ही सूत्र सुंतूक को दिए, जिससे वे पाकिस्तान के बिल्कुल आधार तक पहुँच

पाए। यह वो समय था, जब पाकिस्तान अपनी परमाणु शक्ति को विकसित कर रहा था और उसके परीक्षण का प्रयास कर रहा था।

1980 के दशक में पंजाब का खालिस्तान आंदोलन भारत के लिए एक बहुत बड़ी सुरक्षा चुनौती बनकर सामने आया। विद्रोह का यह आंदोलन पंजाब का था, जो पंजाब में एक अलग सिख राज्य की स्थापना करना चाह रहा था। इस आंदोलन के पीछे कई कारण थे, जिनमें धार्मिक और आर्थिक शिकायतों के शामिल होने के साथ ही यह भावना भी थी कि भारत सरकार सिखों के विरुद्ध भेदभाव बरतती रही थी!

पंजाब में खालिस्तान समस्या को संबोधित करने में रॉ ने अहम भूमिका निभाई। एजेंसी ने खुफिया जानकारियों, गुप्त ऑपरेशंस और मनोवैज्ञानिक लड़ाइयों, इन सबके संयोजन की सहायता से खालिस्तानी उग्रवादियों का मुकाबला किया और उनका मनोबल तोड़ने का कार्य किया। रॉ भारतीय सेना के साथ भी बड़े करीब से कार्य करती रही, जिसे पंजाब में शांति व व्यवस्था बनाए रखने के लिए तैनात किया गया था।

रॉ ने पंजाब में जितनी भी गंभीर चुनौतियों का सामना किया, उनमें से सिख समुदाय के वास्तविक शिकायतों और खालिस्तानी कार्यकर्ताओं के हिंसात्मक क्रिया-कलापों—इन दोनों की पृथक्ता को समझना, यह उनकी सबसे बड़ी चुनौती थी। रॉ ने अपनी विभिन्न प्रकार की खुफिया जानकारियाँ एकत्रित करने की तकनीकों के जरिए खालिस्तानी आंदोलन में घुसपैठ कर उनके समर्थकों और नेताओं की पहचान की।

भारतीय सुरक्षा बल और रॉ की तमाम कोशिशों के बावजूद '80 के दशक के अधिकांश हिस्से के दौरान खालिस्तान आंदोलन भारतीय सुरक्षा पर बहुत बड़ा खतरा बना रहा था।

'ऑपरेशन ब्लू स्टार' के बाद हालात बहुत ज्यादा बिगड़ गए थे। 'ऑपरेशन ब्लू स्टार' भारतीय सेना के उस ऑपरेशन का सांकेतिक नाम (कोड नेम) था, जो सन् 1984 में अमृतसर के स्वर्ण मंदिर (गोल्डन टेंपल) परिसर में प्रवेश कर गया था। भारत में सिख अलगाववादी आंदोलन का यह निर्णायक

मोड़ साबित हुआ। इस ऑपरेशन का मुख्य उद्देश्य वहाँ से उन उग्रवादियों को निकालना था, जिन्होंने खुद को मंदिर परिसर में किलाबंद कर लिया था। हालाँकि, इसमें भारी तादाद में जान-माल की हानि हुई और मंदिर को भी भारी क्षति पहुँची। बहुत सारे सिखों ने इसे अपने धर्म पर हमला और अपने अधिकारों का उल्लंघन समझा। इसकी वजह से सिख समुदाय में व्यापक रूप से आक्रोश और विरोध फैला।

इस आक्रोश ने ऐसी स्थिति उत्पन्न की कि 31 अक्तूबर, 1984 को इंदिरा गांधी के दो अंगरक्षकों, जो सिख थे, ने नई दिल्ली में उनके घर पर उन्हें गोली मार दी। भारतीय सेना की अमृतसर के स्वर्ण मंदिर (गोल्डन टेंपल) में की गई काररवाई का यह जवाब था। इस हत्या के फल-स्वरूप पूरे देश में सिख समुदाय के खिलाफ व्यापक हिंसा हुई, जिसमें हजारों की संख्या में सिख मारे गए।

सन् 1975 के पहले इंटेलिजेंस ब्यूरो (आई.बी.) में वह विभाग, जो प्रधानमंत्री की सुरक्षा के लिए उत्तरदायी था, अपेक्षाकृत एक छोटा विभाग था, जिसमें मात्र तीन अधिकारी थे। सन् 1975 में भारत में आपातकाल की घोषणा करने के बाद स्थिति बदल गई। नागरिक स्वतंत्रता पर कड़े प्रतिबंध लगाए गए और सत्ता का अधिकाधिक केंद्रीकरण हुआ।

तत्कालीन प्रधानमंत्री इंदिरा गांधी पर बढ़ते सुरक्षा खतरों को मद्देनजर रखते हुए उनकी सुरक्षा की जिम्मेदारी लेने वाले विभाग को और विस्तृत व सशक्त किया गया। इसी दौरान 'आनंद मार्ग' नामक एक और दल उभरकर सामने आया था, जिसे प्रधानमंत्री की सुरक्षा के लिए खतरा माना जाता था। यह एक हिंदू आध्यात्मिक दल था, जिसके अंतरराष्ट्रीय अनुगामियों की संख्या अच्छी-खासी थी।

नतीजतन, प्रधानमंत्री और दूसरे दिग्गज नेताओं की सुरक्षा सुनिश्चित करने के लिए आई.बी. ने 'आनंद मार्ग' और इससे मिलते-जुलते दलों की गतिविधियों पर अपनी निगरानी व निरीक्षण दोनों बढ़ा दिए। आपातकाल की घोषणा के चलते भारतीय नेताओं की सुरक्षा पर मँडराता खतरा बहुत पेचीदा

और बहुआयामी हो चला था। और सुरक्षा उपकरण का विस्तार भी इस बात का द्योतक था कि इस वास्तविकता का बोध अब बढ़ रहा था।

विदेशी दौरों के दौरान प्रधानमंत्री की सुरक्षा सुनिश्चित करने की अहमियत और गंभीरता को आर.एन. काव समझ रहे थे और इसलिए रॉ के अंदर ही एक खास इकाई का गठन हुआ, जिसे 'वी.आई.पी. सिक्योरिटी डिवीजन' कहा गया। इस इकाई पर प्रधानमंत्री के विदेशी दौरों पर उनकी सुरक्षा को लेकर संभावित खतरों पर खुफिया जानकारी इकट्ठा करने और ऐसे खतरों को कम करने के लिए उचित उपाय लागू करने का कार्यभार सौंपा गया था। 'वी.आई.पी. सुरक्षा विभाग' इंटेलिजेंस ब्यूरो के स्पेशल ब्रांच के साथ, जो देश के भीतर प्रधानमंत्री की सुरक्षा के लिए जिम्मेदार था, बड़े करीब से कार्य करने लगा। इन दोनों एजेंसियों ने साथ मिलकर भारत के राजनीतिक नेतृत्व की देश में और विदेशों में सुरक्षा सुनिश्चित करने में बड़ी अहम भूमिका निभाई।

श्रीमती इंदिरा गांधी जब देश-विदेश से तमाम खतरों का सामना कर रही थीं, रॉ के लिए यह जरूरी हो गया था कि उनकी सुरक्षा सुनिश्चित करने हेतु वह ठोस कदम उठाए। इसके लिए आर.एन. काव ने अपने सहकर्मियों के साथ विस्तृत विचार-विमर्श किया और विभिन्न स्थितियों के ब्लू प्रिंट तैयार किए। उनके समाधान कागजों पर दर्ज हुए। इसके बाद उनके कार्यान्वयन की बात थी, जिसकी अपनी कई मुश्किलें थीं। किंतु आर.एन. काव हर बात के लिए प्रस्तुत थे।

जब इंदिरा गांधी को बुलेट प्रूफ गाड़ी देने की बात चली, तब विभाग को विरोध का सामना करना पड़ा था। तब भारत में ऐसी कोई गाड़ी बनाने वाली कंपनी नहीं थी, जो बुलेट प्रूफ एंबेसडर बना पाए! गाड़ियों को बुलेट प्रूफिंग के लिए जर्मनी भेजा गया। श्रीमती इंदिरा गांधी, जो भारतीय गाड़ियों में सफर करना पसंद करती थीं, शुरुआत में इस व्यवस्था से खुश नहीं थीं।

आर.एन. काव ने इस बात को भी सुनिश्चित किया कि प्रधानमंत्री के काफिले में डॉक्टर और नर्स के साथ एक एंबुलेंस हमेशा उपस्थित रहे। हालाँकि, श्रीमती गांधी हर समय अपने घर के आगे एक एंबुलेंस को देख बहुत

सहज नहीं महसूस करती थीं। काव ने इस बात को सुनिश्चित किया कि एंबुलेंस थोड़ी दूरी पर सही, लेकिन हमेशा काफिले का हिस्सा बनी रहे।

तीसरा निर्णय, जो काव के लिए संभवतः सबसे ज्यादा चुनौतीपूर्ण था, वह श्रीमती गांधी को बुलेटप्रूफ वेस्ट पहनने के लिए राजी करना था। इसके लिए बड़े साहस की जरूरत थी, क्योंकि किसी में भी उनसे उनके नाप के बारे में पूछने का साहस नहीं था। आर.एन. काव ने अपने महिला कर्मियों के दल में से एक, जिनकी कद-काठी श्रीमती गांधी से बहुत हद तक मिलती थी, का ब्लाउज लिया और उसके नाप के तीन वेस्ट बनवाए। बहुत अनुनय-विनय के बाद श्रीमती गांधी आखिरकार उसे पहनने को राजी हुईं, लेकिन नियमित रूप से वे उसे नहीं पहनती थीं।

इंदिरा गांधी की जब हत्या हुई, आर.एन. काव श्रीमती इंदिरा गांधी के निर्देशानुसार एक मिशन पर चीन गए हुए थे। इंदिरा गांधी ने भारत-चीन संबंधों को मजबूत करने की मंशा से काव को चीन भेजा था। त्रासदी की खबर सुनकर चीनी अधिकारियों ने काव को जल्द-से-जल्द भारत पहुँचाने के लिए खास विमान की व्यवस्था की।

इंदिरा गांधी की हत्या के बाद आर.एन. काव का स्वदेश लौटना, यह समय उनके लिए बहुत सख्त रहा होगा! रॉ के संस्थापक और इंदिरा गांधी के विश्वासपात्र सलाहकार होने की हैसियत से उन्हें यह अहसास जरूर रहा होगा कि प्रधानमंत्री की सुरक्षा करने में वे असफल रहे थे! काव एक बेहद निजी व्यक्ति थे, जो कभी भी सार्वजनिक तौर पर अपनी निजी भावनाओं और अनुभवों को व्यक्त नहीं करते थे।

हालाँकि, उनकी जिंदगी के साथ असफलताएँ भी जुड़ी रहीं, उनकी सफलताएँ इतनी विशाल थीं कि बाकी सबकुछ नजरअंदाज किया जा सकता है। आज तक रामेश्वर नाथ काव को बड़े व्यापक तौर पर भारतीय इतिहास के सबसे बेहतरीन खुफिया अधिकारियों में माना जाता है। भारत की बाह्य खुफिया एजेंसी रॉ की स्थापना, उसका संगठन और उसको एक विश्व स्तरीय संगठन में तब्दील करने का श्रेय उन्हीं को जाता है। उनकी रणनीतिक सोच, संगठनात्मक

कौशल, उनके द्वारा उत्कृष्ट अधिकारियों की संगठन में भरती और संगठन में उन्हें बनाए रखना तथा इन सबके जरिए दुनिया के बड़े चुनौतीपूर्ण क्षेत्रों में खुफिया जानकारियों का एकत्रीकरण, गुप्त ऑपरेशनों का संचालन—रॉ की सफलता के ये प्रमुख कारक थे। भारत की राष्ट्रीय सुरक्षा और विदेश नीति में आर.एन. काव का योगदान अप्रतिम है और उनके द्वारा स्थापित व सृजित एजेंसी में उनकी परंपरा आज भी जीवित है।

□□□

अनुवाद

तृणा मुकर्जी का जन्म दिल्ली में हुआ; वह देश के विभिन्न स्थानों में रहते हुए बड़ी हुई हैं। लखनऊ विश्वविद्यालय से अंग्रेजी, इतिहास और अर्थशास्त्र में स्नातक की डिग्री प्राप्त की। वर्ष 2012 से लेखन कार्य आरंभ किया। स्वरचित कविताओं का संग्रह 'आगाज' 2013 में प्रकाशित। सर वी.एस. नायपॉल कृत 'द एनिग्मा ऑफ अराइवल' तथा सबा नकवी द्वारा लिखी 'शेड्स ऑफ सैफरन' का हिंदी अनुवाद। डिजिटल मंच के लिए भी काम किया है, जिनमें म्युचुअल फंड सही है, वेबसाइट का हिंदी अनुवाद प्रमुख है। हाल ही में एक और कविता-संग्रह 'अंतर्मन का पंचतंत्र' प्रकाशित।